Amor y Respeto
en la familia

AMOR Y RESPETO
en la
familia

El respeto que los padres desean,
el amor que los hijos necesitan

DR. EMERSON
EGGERICHS

GRUPO NELSON
Una división de Thomas Nelson Publishers
Desde 1798

NASHVILLE   MÉXICO DF.   RÍO DE JANEIRO

Dedico este libro a mi familia, con amor y respeto.

A Sarah: por ser muchísimo mejor madre que yo padre. Como declara la Biblia: «Se levantan sus hijos y la llaman bienaventurada; y su marido también la alaba: muchas mujeres hicieron el bien; mas tú sobrepasas a todas» (Proverbios 31.28–29).

A Jonathan, David y Joy: ustedes han madurado, se han convertido en adultos solícitos y responsables que nos honran grandemente como padres. Sé que pueden recordar muchas ocasiones en que necesitaron perdonarnos por no satisfacer sus necesidades de amor y respeto, pero nos levantábamos y continuábamos creciendo juntos. ¡Gracias, chicos Eggerichs! Mamá y yo nos sentimos como proclama Salmos 127.3: «Los hijos son una herencia del Señor, los frutos del vientre son una recompensa» (NVI).

CONTENIDO

PRIMERA PARTE: EL CICLO ALIENANTE DE LA FAMILIA

SEGUNDA PARTE: EL CICLO ENERGIZANTE DE LA FAMILIA

CONTENIDO

TERCERA PARTE: EL CICLO GRATIFICANTE DE LA FAMILIA

RECONOCIMIENTOS

L e agradezco a mi sabia y devota esposa, Sarah, por sus oraciones, su consejo y su transparencia. Sin su inconmensurable contribución, no habría podido escribir este libro. En verdad, ella lo dio a luz al trabajar con esos chicos en maneras que no puedo imaginarme. ¡Gracias, cariño!

Les agradezco a Jonathan, a David y a Joy por leer cada capítulo mientras lo escribía y proporcionarme una opinión sincera. Sin ellos, no habría podido escribir este libro.

Le agradezco a Fritz Ridenour por trabajar conmigo en esto durante dos años. Él ha soportado mi plétora de información, ¡treinta y cinco años de notas! Le estoy eternamente agradecido por ayudarme, pero más importante aun, por ser mi amigo. Permítame añadir que como octogenario, ha creado en mí un deseo de ser fuerte, sabio y tan ingenioso como él cuando llegue a los ochenta. Él es bastante extraordinario.

Le agradezco a Joanne Timms, la mejor amiga universitaria de Sarah, por ser nuestro tercer par de ojos a última hora. Sus ediciones nos bendijeron a Fritz y a mí más de lo que se imagina. Ella fue realmente un regalo para nosotros.

Le agradezco a mi dulce nuera, Sarah, por leer el manuscrito y ayudarnos durante la revisión final. ¡Encontró cosas que ninguno de nosotros vio!

Le agradezco a toda la gente que me ha escrito estos años para compartir cómo ha aplicado el amor y el respeto en su familia. Muchas veces he sido conmovido hasta las lágrimas. He cambiado muchos nombres y he arreglado muchos detalles para proteger a los inocentes, pero todos los testimonios de este libro son verdaderos.

Le agradezco a Rick Christian de Alive Communications y a los de Thomas Nelson, bajo el liderazgo de Matt Baugher, por su visión de llevar *Amor y Respeto en la Familia* al mundo.

Le agradezco al personal y la junta directiva de Amor y Respeto por sus oraciones, su apoyo y su afirmación de que este libro necesitaba escribirse para servir a los padres y a los hijos.

Les agradezco a mi papá y mi mamá, que conocieron a Cristo en mi primer año de la universidad. En ese momento nuestra familia comenzó a cambiar. Perdonamos el pasado, nos amamos y respetamos unos a otros en el presente, y esperamos nuestra vida eterna con Cristo. Mamá y papá están ahora en un lugar que Jesús llamó el Paraíso. Le agradezco al Señor por mi querida hermana, Ann, que ora fielmente por mí en ausencia de mis padres. Ellos están experimentando para siempre su perfecto amor y gloria.

Le agradezco a nuestro amoroso Señor por esta revelación acerca de los hijos que honran a sus padres y de los padres que aman a sus hijos; y por iluminarme acerca de cómo criar a su manera, *sin importar lo que suceda*.

Una palabra personal de los chicos Eggerichs y acerca de ellos

E speré para escribir este libro hasta que mis hijos crecieran. Ahora los tres tienen treinta y tantos años. Es el tiempo, pero primero me gustaría decir algo de ellos y que usted lo sepa de ellos mismos.

Acerca de ellos...

Habiendo servido como psicólogo clínico y teniente de la Marina de Estados Unidos durante cuatro años, Jonathan inició el programa de consejería profesional de Amor y Respeto en Grand Rapids, Michigan. Él desea ayudar a las personas que luchan con problemas importantes como los retos que plantea el despliegue militar, los conflictos matrimoniales o con cuestiones diarias del alma. Así que emprendió la psicología clínica como profesión, porque deseaba marcar una diferencia en la vida de la gente.

David tiene grandes habilidades en la producción de video y posee su propia empresa de cine, Motivity Pictures. Él nos ha ayudado numerosas veces a captar en video el mensaje de Amor y Respeto. Aunque confiesa que ha batallado más que sus hermanos con la manera en que lo criamos, también afirma que es mi más grande admirador. Recientemente se me acercó, pidiéndome que le hablara a un grupo de amigos casados acerca de cómo ser buenos padres. Él sintió que no estaban dando en el clavo y me dijo: «Papá, yo sé que si te sentaras y platicaras con ellos, ellos te escucharían. Necesitan escuchar lo que tienes que decir».

Al estar trabajando en los Ministerios de Amor y Respeto, Joy tiene su propio ministerio nacional entre su generación, en el que habla de la importancia vital de la sabiduría en las relaciones. Su sitio de Internet, loveandrespectNOW.com, proporciona muchas porciones de su sabiduría. Recientemente hicimos una serie de video juntos, llamada Illumination Project [El proyecto iluminación]. Como padre e hija compartimos revelaciones con adultos jóvenes de entre dieciocho y treinta y cinco años, acerca de cómo amar y respetar en las relaciones. Estamos orando que nuestra transparencia —con todo y nuestros defectos— ayude a los demás.

De parte de ellos...

Jonathan: Como psicólogo clínico, a menudo escucho la impresión que tienen los clientes acerca de la paternidad mediocre, la falta de padres o incluso la mala paternidad. Eso me deja muy triste y enfadado. Por otro lado, también escuchó a clientes que expresan el deseo y la esperanza de ser algo diferente, de cambiar un legado. Ellos desean conocimiento, herramientas y sabiduría. Esa es una de las razones por las que apoyé a mi padre para escribir este libro, entre otras razones más personales.

Cuando pienso cómo son los buenos padres, pienso en mis padres. ¿Soy parcial? Sí. Pero ellos crearon una parcialidad basada en su amor y sus esfuerzos. ¿Fueron perfectos? No, y sé que hubo muchas ocasiones en mi infancia en que pensé que estaban muy lejos de serlo. Sin embargo, estoy seguro de que la parcialidad madurará y envejecerá tal como un vino muy costoso con el pasar de los años, y mi esposa y yo criaremos a nuestra joven familia, buscando sorbos de su sabiduría.

Finalmente, mi padre expresó dudas acerca de escribir este libro, basado en sus fracasos percibidos. ¿Cuál fue mi respuesta? «Detente; basta. Ustedes fueron muy buenos y mucho más que eso. Ustedes deseaban seguir a Cristo y hacer lo que les parecía mejor. Yo sé que el libro impactará a muchos; escríbelo». Yo respaldo sinceramente esta obra, basada en el esfuerzo y dedicación que mis padres tuvieron con nosotros sus hijos y en el impacto que creo que tendrá en otros. Más específicamente aun, es un reflejo de la sabiduría y el discernimiento de mi padre. Gracias a ambos.

David: Creo que escribir este libro, para mi padre, ha sido la tarea más difícil que ha tenido, además del padecimiento de cáncer de mi madre. Durante dos años, mientras lo escribía, su nivel de introspección en sus métodos de paternidad ha causado gran cantidad de dolor e incluso remordimiento. Ha intentado exponer meticulosamente todas las batallas, los errores y las imperfecciones que él y mi madre tuvieron como padres.

A menudo luchaba con la manera en que fui criado. La verdad es que tuve los mejores padres del mundo. ¿Cómo puede ser?

Leer este libro revelará los múltiples errores que cometemos de pequeños y la manera en que los padres cometen errores mucho más grandes para lidiar con ellos.

Mi padre lo escribió no porque esté interesado en salvar las apariencias, sino porque le interesa salvar las relaciones entre los padres y sus hijos.

Joy: Aunque todos estén buscando la fórmula para tener la familia perfecta, esta siguiente generación de padres, muchos de los cuales son mis amigos y compañeros, necesita escuchar este mensaje a partir de la experiencia de mis padres, a través de la revelación y la escritura de mi papá. Usted no solamente obtendrá toneladas de sabiduría y consejos, también conocerá las historias acerca de los propios errores de mis padres. (Ay, ay... en verdad, ¡estoy bien!) Y espero que de ahí venga la libertad para usted como padre, mientras intenta no arruinar demasiado a su hijo. Recuerde que no existe la familia perfecta, pero este libro le dará instrumentos muy necesarios para su caja de herramientas.

Como mencionaron nuestros tres hijos, he escrito acerca de los altibajos de nuestra jornada en la paternidad. Deseo compartir nuestros incidentes desalentadores para aclarar lo siguiente:

- No existe la *familia perfecta*, término que casi es un oxímoron. La inmadurez, la irresponsabilidad y la impiedad garantizan la imperfección.
- Hay esperanza para usted, no se rinda. Encuentre aliento en nuestras historias. Nosotros lo llamamos *aliento negativo*, para que usted pueda buscar lo positivo en lo que Dios está haciendo en su familia.
- Existe un plan para criar a la manera de Dios, incluso cuando a veces sus hijos puedan buscar ir por su camino. El secreto es seguir este plan a pesar de todo. Cuando lo haga, creo que tendrá éxito a los ojos de Dios. Este libro es un humilde intento por explicar su plan.

Introducción

¿Pueden el Amor y el Respeto operar juntos mientras cría a sus hijos?

Todos hemos estado ahí...

Nos encontramos en la fila de pago en el almacén, batallando para sacar la mercancía del carrito, mientras nuestro hijo de cinco años (que tiene edad suficiente para no hacerlo) actúa groseramente porque le negamos un caramelo. Para empeorar las cosas, mientras estaba en el suelo pataleando y gritando, Buddy grita lo suficientemente fuerte como para que el carnicero que está moliendo carne en la parte trasera, lo oiga: «¡Ustedes no me quieren!».

Con vergüenza, levantamos al niño y le susurramos claramente: «Jovencito, estás siendo muy irrespetuoso. Levántate y detente. ¡Ahora!». Desde luego, esto solamente intensifica su llanto, y para cuando salimos del lugar estamos totalmente avergonzados, derrotados y desanimados... otra vez.

¿Qué está sucediendo en realidad aquí, además del hecho de que Buddy no se salió con la suya? ¿Por qué las cosas se salieron tan rápidamente de control?

Lo mismo sucede cuando Kelli cumple dieciséis y desea tomar prestadas las llaves del coche, pero escucha que mamá y papá dicen: «No esta noche, Kelli, lo sentimos». Ella se queja: «No puedo creerlo. No les importa. ¡Necesito el coche! ¡Ustedes dijeron que podía conducir! ¡Esta familia me odia!».

Estas expresiones de falta de amor, falta de cuidado o incluso de odio han sido utilizadas por todos los hijos e hijas desde el comienzo de los tiempos. Nuestros hijos parecen nacer con la habilidad de manipularnos cuando no obtienen lo que necesitan, pero ¿son siempre sus quejas manipulación? ¿Suponen que el hijo realmente siente que no es amado? Algunas veces resulta difícil saberlo.

Mamá y papá en ese momento se están preguntando por qué su hijo no puede tomar un no razonable como respuesta. En tales ocasiones los padres se sienten ignorados e irrespetados. ¿Por qué sucede esto una y otra vez?

Deseo proporcionarle un plan de acción para criar a sus hijos, sin importar la edad. Para ayudarle a construir este plan de acción existen dos principios básicos qué comprender y aplicar en todas las edades y etapas:

1. Los chicos necesitan amor.
2. Los padres necesitan respeto.

La relación padres e hijos es tan fácil y tan difícil como el amor y el respeto.

Cuando se está frustrado con un chico indiferente, el padre no declara: «¡No me amas!». Al contrario, concluye: «Estás siendo irrespetuoso ahora». El padre necesita sentirse respetado, especialmente durante los conflictos. Cuando se enfada, el niño no lloriquea: «No me respetas». Al contrario, dice enojado: «No me aman». El niño necesita sentirse amado, especialmente durante las disputas.

La buena noticia es que cuando los chicos se sienten amados, son motivados a responderles positivamente a los padres; y cuando los padres se sienten respetados, son energizados para ser afectuosamente amorosos con sus hijos. Cuando estas necesidades son satisfechas, suceden cosas buenas en la familia.

Pero desde luego, muy a menudo sucede lo contrario. El chico no amado reacciona negativamente en una manera que el padre siente que es irrespetuosa. Un padre irrespetado reacciona negativamente en una manera que el chico siente que no es amado. Podemos decir que cada acción negativa en la familia tiene la misma reacción negativa opuesta. Esta dinámica da como resultado el Ciclo Alienante de la Familia: sin amor, el chico reacciona sin respeto; y sin respeto, el padre reacciona sin amor.

¿Aborda la Biblia esta necesidad de amor en un niño y esta necesidad de respeto en los padres? Sí.

Los padres necesitan y desean el respeto que la Escritura dice claramente que es su derecho: «Honra a tu padre y a tu madre, para que tus días se alarguen en la tierra que Jehová tu Dios te da» (Éxodo 20.12); este es uno de los muchos pasajes en que se les dice claramente a los hijos que honren y respeten a sus padres. Y los niños necesitan y desean el amor y la comprensión que la Escritura les enseña a los padres que les den. Vea Tito 2.4; Efesios 6.4 y Colosenses 3.21 para obtener algunos ejemplos de los lugares en que se mencionan o describen las responsabilidades parentales.

Al investigar la Escritura he encontrado algo que podría servirles bien a muchos padres, incluso a revolucionar su relación de padres e hijos. Pero una cosa es tener una teoría teológica y otra es hacerla funcionar, especialmente cuando se trata de la crianza. Como lo saben todos los padres, desde que son niños hasta que son adolescentes, los chicos no siempre son respetuosos ni honrosos, y no siempre es fácil ser amorosos frente a un niño que es irrespetuoso. El desafío evidente es entonces: ¿cómo mostrarle amor a su hijo preescolar, especialmente cuando está teniendo un colapso justo en la fila del supermercado, haciendo que usted se sienta mortificado e irrespetado? ¿O cómo lidia un padre con una hija adolescente que le grita: «Eres el peor padre (o madre) del mundo», mientras reacciona tan dramáticamente que podría conseguir un papel en Broadway?

Cuando criábamos a nuestros tres niños, Sarah y yo pasamos por eso muchas veces. Recuerdo bien cómo se siente ganar una batalla pero darse cuenta de que posiblemente estaba perdiendo la guerra. Como padres, Sarah y yo no somos perfectos, como ella lo expresa en esta historia:

> Un día conversando con nuestro hijo mayor, Jonathan, me dijo: «Mamá, tú deseabas una familia perfecta y ¡no la obtuviste!». Quedé asombrada. Yo nunca había dicho eso, pero obviamente lo había comunicado sin palabras. Al venir de una familia rota y determinada a hacer las cosas de manera diferente, en ese momento me di cuenta de que había deseado algo imposible de alcanzar. Más tarde cuando estaba sola, reflexionando en sus palabras, comencé a derramar lágrimas. A menudo le había pedido a Dios que compensara mis errores pero, en retribución, ¿había pensado que me daría hijos perfectos? Como lo leerá en este libro, nosotros no fuimos padres perfectos, nuestros hijos no fueron perfectos y ¡no existe una familia perfecta! Anímese... ¡estamos juntos en esto!

Él hará que los padres se reconcilien con sus hijos y los hijos con sus padres, y así no vendré a herir la tierra con destrucción total.
—Malaquías 4.6, NVI

Al investigar para este libro he escudriñado las Escrituras desde Génesis hasta Apocalipsis para encontrar pasajes pertinentes acerca de la paternidad... y hay muchos. Le digo estos y le proporciono suficientes ejemplos personales —lo que he aprendido de mis errores y también lo que encajó bien—. Tenga por seguro que mis hijos adultos, ahora de treinta y tantos años, han rubricado todo lo que comparto: ¡lo bueno, lo malo y lo feo!

Entonces, ¿cuál es el plan de acción?

Este libro trata acerca del poder transformador del amor y el respeto entre padre e hijo.

Aprenderemos a:

- Ver el amor y el respeto como necesidades básicas.
- Detener el Ciclo Alienante de la Familia.
- Criar en seis maneras bíblicas llamados los principios G-U-I-A-S que energizarán a sus hijos.
- La resistencia a la disciplina y la subestimación del infantilismo.
- Ser maduros, ya que la crianza solo es para los adultos.
- Trabajar como equipo de acuerdo con el género del niño.
- Ser un padre amoroso a los ojos de Dios, a pesar de la respuesta del niño.

La paternidad es como una aventura de fe. A medida que criamos «como para Cristo» segamos la recompensa de Dios, «sabiendo que el bien que cada uno hiciere, ese recibirá del Señor» (Efesios 6.8).

Posiblemente usted sea como muchos padres con quienes he hablado que se sienten derrotados y, a veces, hasta listos para rendirse. He escrito este libro para ayudarle. Si sus hijos son pequeños, todavía le falta mucho al juego; si son adolescentes, usted todavía tiene mucho tiempo para mejorar su relación. Y si son adultos, estas verdades son atemporales, ya que ¡los padres siempre serán padres!

El Amor y el Respeto pueden funcionar en su familia y lo harán. Permítame mostrarle por qué... y cómo.

—Dr. Emerson Eggerichs

PRIMERA PARTE

El Ciclo Alienante de la Familia

Como padre he observado algunas cosas interesantes en las Escrituras. Por un lado observé el mandamiento que se les da a los hijos de *honrar* a su padre y a su madre. Pero por otro lado, no hay ningún mandamiento que les diga que *amen* a su padre y a su madre.

De manera similar, vi que a los padres no se les ordena *honrar* a sus hijos, sino se les ordena *amar* a sus hijos (Tito 2.4). «Amar» en este pasaje es *phileo*, amor de amistad; pero no hay ningún mandamiento que les ordene a los padres a amar a sus hijos con amor *ágape*, que es el amor incondicional de Dios.

Concluí que Dios colocó el amor ágape en el corazón de los padres por el bien de sus hijos.[1] Sin embargo, aunque sienta ese amor ágape por el niño naturalmente, cuando se frustra o se enfada, el padre parece ser poco amigable (Tito 2.4), y el niño puede sentir que no es amado. Entonces reacciona negativamente en maneras que al padre le parecen irrespetuosas.

Ahí estuvo, ¡el Ciclo Alienante de la Familia! Cuando un niño siente que no es amado, tiende a reaccionar en maneras que al padre le parecen irrespetuosas. Y cuando el padre se siente irrespetado tiende a reaccionar en formas que el niño siente como falta de amor. Y eso continúa y continúa, a veces todo el día... a menos que se haga algo para detenerlo.

En los primeros tres capítulos aprenderemos cómo decodificar, al ver que el Ciclo Alienante de la Familia se calienta. Posiblemente más importante aun, le diré algunas estrategias para desactivar las situaciones antes de que se conviertan en un completo viaje hacia la locura.

1

Si los chicos cooperaran, ¡todos seríamos padres grandiosos!

E ra un día caluroso de verano de 1986. Estábamos conduciendo a casa en nuestra camioneta luego de unas refrescantes y placenteras vacaciones. Todo estaba calmado mientras disfrutábamos a la luz de la unidad, hasta los últimos trescientos kilómetros. De repente, Jonathan de diez años; David de ocho y Joy de cuatro, comenzaron a reñir por nimiedades y, a pesar de pedirles que «cedieran y desistieran», las batallas verbales continuaron hasta que nos detuvimos en la parada para almorzar en el área destinada para ello. Habíamos esperado que la contienda hubiera terminado, pero aparentemente ese no fue el caso. Jonathan continuó molestando a Joy y David les refunfuñaba a los dos. Finalmente, cuando los decibeles y la tensión alcanzaron su punto máximo, Sarah se hartó. Se levantó de la mesa y anunció: «¡Quiero renunciar!». Luego, simplemente se marchó y se dirigió hacia otra mesa para estar sola. Rápidamente reuní a los chicos y los llevé a los sanitarios para tomar un descanso e ir al baño.

Sarah estaba sentada en una mesa y observó un grupo de motociclistas que se habían detenido para aprovechar un poco de sombra y tomar licor. Observó a los sujetos tatuados con las botas de combate y los chalecos de jean, montar sus motocicletas, acelerar los motores e irse rápidamente. Recuerda que en ese momento pensó: *me pregunto cómo sería irse en motocicleta al atardecer y dejar detrás estas cargas de la maternidad*. Ella en realidad no deseaba abandonar a la familia, pero recuerda sentirse tan desanimada con su maternidad que tuvo este fugaz pensamiento irracional y la asustó.

Regresé con los niños, los metí en la camioneta y luego me acerqué a la mesa donde Sarah comenzó a contarme lo que sentía. La conclusión fue que se había hartado. Durante lo que pareció una eternidad de silencio (probablemente fue como un minuto), ambos nos quedamos mirando a la distancia. Era tiempo de que el hombre de la familia hablara. Yo deseaba intentar aliviar la situación con un poco de humor y dije algo como: «¡No te atrevas a irte sola! ¡Vámonos juntos!». Pero la mirada del rostro de Sarah me detuvo. Pude ver que realmente estaba dolida hasta lo profundo de su ser. Con los hombros caídos y lágrimas en los ojos, dijo: «Simplemente no está funcionando. Me siento como un fracaso».

Intenté darle algunas palabras de consuelo, pero estaba demasiado turbada. En ese momento se sentía completamente derrotada y, para ser sincero, yo me sentía casi igual.

Mientras hablábamos recientemente sobre esta historia, Sarah confesó: «Además de decirte cómo me sentía, nunca le mencioné este episodio a ninguna de mis amigas hasta muchos años después. Me creía demasiado culpable por sentir tan intensamente desear rendirme».

Los chicos no siempre aplican Proverbios 23.25: «Alégrense tu padre y tu madre, y gócese la que te dio a luz».

Estoy seguro de que usted podría comparar este episodio del *Ciclo Alienante de los Eggerichs* con sus propias historias. Recuerdo a una joven madre que estaba asistiendo a nuestro taller del Ciclo Alienante de la Familia que yo estaba impartiendo. Se acercó al final y me dijo que esa mañana las cosas habían estado verdaderamente trastornadas con sus tres hijos, hasta que le preguntó a su hijo de nueve años, uno de los mayores infractores: «¿Deseas conocer a Jesús?». Antes de que pudiera responder, ella le dijo: «¡Porque si no te detienes, lo *vas* a ver ahora mismo!».

Desde luego, esta mamá en realidad no estaba planeando algo drástico, pero estaba harta y tenía que decir algo que enviara un mensaje, tal como Sarah se sintió en una milésima de segundo en que se imaginó montando una Harley y dejando a su familia tras el polvo. Todos sabemos cómo se siente eso. Si los chicos cooperaran, sería tan simple. Pero todos los padres saben que no es tan simple. Una y otra vez, tienen que intentar dilucidar lo que está sucediendo realmente cuando un niño tiene una rabieta, y sin importar lo que hagan, parece que eso lo hace lloriquear aun más.

¿Qué sugiero, entonces? En primer lugar, no importa lo que sea —una riña menor o mayor, una explosión dramática o posiblemente un lloriqueo sin parar—, no tema admitir: «el Ciclo Alienante está comenzando a girar».

Observe el diagrama del Ciclo Alienante de la Familia de la página 1: sin amor (o al percibir lo que él piensa que debe ser el amor), su hijo reacciona negativamente. Cuando su hijo no coopera o se porta mal en diferentes maneras, usted se siente irrespetado. Sin respeto, usted puede reaccionar negativamente (y lo hace a menudo) en maneras que el niño siente aun más como falta de amor. Naturalmente, el niño reacciona incrementando su comportamiento desagradable —el lloriqueo, el holgazaneo, lo que pueda hacer para que usted sepa que está sintiendo falta de amor— y esto puede continuar y continuar.

En cuanto a nuestro viaje que se amargó, no creo que los niños estuvieran sintiendo falta de amor; solamente eran niños que habían estado metidos en un coche durante mucho tiempo. Eran hermanos en un conflicto típico: Jonathan quería leer su libro; Joy deseaba la atención de Jonathan; Jonathan se molestó porque Joy no lo dejaba en paz. David se enfadó porque, mientras intentaba dibujar algo, Joy le pegó en el codo y arruinó su dibujo.

El problema fue que ellos no respondieron a nuestros esfuerzos persistentes por lograr que se detuvieran. Sarah y yo definitivamente nos sentimos irrespetados y no sabíamos cómo lidiar con la situación. Cuando los chicos no obedecen a los padres, en cierto grado, los padres se sienten irrespetados.

Desde entonces hemos descubierto que hay tres preguntas útiles que hacer cuando el Ciclo Alienante comienza a estallar:

1. ¿Está mi hijo sintiendo falta de amor?
2. ¿Me estoy sintiendo irrespetado?
3. ¿Cómo podré ser padre a la manera de Dios a pesar de todo?

En esta sección del Ciclo Alienante de la Familia estamos analizando las primeras dos preguntas. En la segunda parte analizaremos la importantísima tercera pregunta: «el Ciclo Energizante de la Familia», así como en la tercera parte: «el Ciclo Gratificante de la Familia». Ahora profundicemos en cuándo y dónde un niño puede sentir falta de amor; y cuándo y dónde usted —el padre amoroso— puede sentirse irrespetado.

Con respecto a la primera pregunta: «¿Está mi hijo sintiendo falta de amor?», deseo remarcar que el niño muchas veces no se está sintiendo necesariamente «no amado». Es completamente posible que esté actuando así por irresponsabilidad, egoísmo o incluso un franco desafío infantil. Él está triste y simplemente no se está saliendo con la suya, por lo que se lo está haciendo saber. Por otro lado hay veces en que, según el punto de vista del

Los niños hacen cosas tontas o descuidadas naturalmente.
—Proverbios 22.15

niño, él necesita amor en el momento, al menos un poco de atención. Posiblemente esté pidiéndole amor en una manera infantil y burda, pero eso es lo que desea. Usted es su fuente principal de amor. Necesita su amor y siempre lo está buscando en una manera u otra. Permítame ejemplificarle. Un día cuando casi tenía cinco años, Joy estaba haciendo que se quejaba, asegurando que era porque estaba enferma. Deseaba que me recostara con ella y, aunque todavía tenía gran parte de mi sermón que preparar, puse de un lado mi enfado y decidí hacerlo, al menos durante algunos minutos. Mientras yacíamos ahí, ella dijo: «Abrázame». Yo le respondí: «De modo que ese es el verdadero problema. Solo necesitabas un momento de amor». Nunca olvidaré su respuesta: «Desde luego y tú debes saberlo». Abracé a Joy varias veces, de hecho, e instantáneamente fue «sanada». Minutos más tarde, corrió a toda prisa felizmente a jugar.

Ese día aprendí algo que me ayudó muchas otras veces mientras criaba a Joy y a sus dos hermanos, David y Jonathan. Aprendí la importancia de hacer la primera pregunta: ¿está mi hijo sintiendo falta de amor? Pero también comencé a sintonizarme con la otra pregunta que continuaba forjándose en mi alma durante esos primeros años: ¿me estoy sintiendo irrespetado? A menudo lo percibía así, pero no estaba seguro si debía sentirlo, ya que se supone que yo debía ser el adulto maduro. Me preguntaba si solamente estaba siendo egoísta o sensible. Posiblemente los chicos solo estaban siendo niños y yo me estaba enfocando demasiado en mí mismo y en mi sensibilidad.

En esa primera instancia del Ciclo Alienante de la Familia, cuando nuestros hijos están actuando menos que positivamente, debemos evitar la reacción abrupta que nos lleve a pensar: *este niño no está siendo respetuoso. Se supone que los chicos deben obedecer a sus padres. ¡Voy a tener que ponerle un alto a esto!* Los padres saben instintivamente que sus hijos deben respetarlos. La mayoría de los padres conoce el quinto mandamiento: «Honra a tu padre y a tu madre» (Éxodo 20.12). El apóstol Pablo lo repitió en Efesios 6.1–2, cuando escribió: «Hijos, obedeced en el Señor a vuestros padres [...] Honra a tu padre y a tu madre».

Con todo este respaldo de las Escrituras a nuestra autoridad como padres, sentimos la presión de asegurarnos de que nuestros hijos sean obedientes, reaccionando con bastante severidad, con frustración o con ira. Este es un ejemplo de cómo los padres pueden comenzar el Ciclo Alienante de la Familia al reaccionar cuando los chicos están siendo solo niños. Nuestros hijos perciben nuestra rigidez y negatividad como falta de amor, por lo que se sienten incorrectamente juzgados y es que ya hemos entrado en el Ciclo Alienante de la Familia.

Una vez que usted admita: «Sí, me estoy sintiendo irrespetado», puede preguntarse: «¿*Debería* sentirme irrespetado?». Esta es una pregunta crucial que no debe responder sin pensar al respecto. El padre debe evitar molestarse con el hijo que no tiene intenciones de faltarle al respeto. La irresponsabilidad no es lo mismo que la falta de respeto. En verdad no estoy intentando negar que las acciones irresponsables puedan sentirse como falta de respeto. Por ejemplo, usted instruye a su hijo a que sea más cuidadoso con su taza de leche, pero de alguna manera su pequeño codo tropieza con la taza y la voltea. Es un momento crítico. Usted puede sentirse irrespetado. ¿Por qué su hijo no puede ser más cuidadoso? Pero este es el momento adecuado para expresar el antiguo dicho: «¡No llores por la leche derramada!». Sí, el niño hizo un desastre, pero los chicos siempre serán niños. Son irresponsables a veces, sí, pero no confunda esto con la falta de respeto.

«Pero usted no sabe cuántas veces lo arruino todos los días». Sí, lo sé. Sarah y yo criamos a tres hijos a quienes se les daba por derramar la leche. ¿Respondimos perfectamente todas las veces? No. De hecho, Sarah recuerda su recurrente oración: «Señor, ayúdame a responder y no reaccionar».

En verdad, hay veces en que, tal como el niño puede estar reaccionando por infantilismo y no porque se esté sintiendo no amado, el padre también reacciona por impaciencia, frustración y simple agotamiento.

Limpiar un desastre más por leche derramada puede llevarnos al límite. En ese momento, posiblemente no nos sintamos irrespetados, pero reaccionamos negativamente de igual manera. Lo importante a recordar es que nos sintamos irrespetados o solamente hartos de limpiar derrames, nuestros hijos sienten nuestras reacciones fuertes como falta de amor... y es que hemos comenzado una reacción del Ciclo Alienante de la Familia.

En tales ocasiones, todos necesitamos hacer esa simple oración: «Señor, ayúdame a responder y no reaccionar». Nuestras reacciones reflejan nuestra naturaleza pecaminosa, pero pedir la ayuda de Dios calma nuestro corazón. Como padres necesitamos mostrar compasión del tipo que el salmista describió cuando comparó la compasión del Señor con la que un padre debe tener con sus hijos (Salmos 103.13). El Señor es nuestro modelo para mostrar compasión.

Si usted vio la película *Hook, el regreso del capitán Garfio*, posiblemente recuerde la escena en que Peter Banning (interpretado por Robin Williams) está en un avión con su hijo, Jack, y se frustra cuando este comienza a enfadar a todos los que estaban cerca. Finalmente, Peter dice: «¿Cuál es tu problema? ¿Cuándo vas a dejar de actuar como niño?». Jack responde: «Pero es que *soy* un niño», y su padre contesta: «¡Madura!».

Aunque esta escena debe ser graciosa, Peter Banning no estaba siendo un buen padre en ese momento. Yo tuve un padre parecido al personaje de Robin Williams, y sé por experiencia personal cómo es que un chico puede ser provocado y exasperado, y el comportamiento poco amoroso de su padre puede terminar por desmoralizar su espíritu.

En mi mente permanece vívidamente un momento tal. Cuando casi cumplía los tres años, vi que mi padre intentó estrangular a mi madre. Yo me apresuré hacia él y comencé a pegarle con mis pequeños puños. Él me golpeó en la cabeza y yo me hundí, llorando. Él soltó a mamá y ella lloró. Ese episodio, entre otros, a menudo me hacía preguntarme en mi niñez: «¿Me ama mi papi?».

Con el pasar del tiempo, papá continuó reaccionando conmigo sin amor. Yo actué irrespetuosamente muchas veces, pero en realidad estaba intentando hacer que él despertara y viera mi necesidad de su amor reconfortante. Eso sucedía rara vez. En mis años de infancia, a menudo me dejó desconcertado, por lo que me sentí rechazado.

De pequeño sentía que no podía hacer nada bien. Cuando intentaba ayudar a mi papá a hacer algún proyecto en la casa pero no hacía lo que él deseaba, eso lo fastidiaba en gran manera. Todavía puedo escuchar sus palabras en mis oídos: «¡Eres un inútil! Si deseo que se haga algo, ¡tengo que hacerlo yo mismo!».

No es de sorprenderse que me orinara en mi cama hasta los once años; le habría cerrado mi espíritu completamente a mi padre, de no haber sido por mi mamá. Cuando acudía a ella para contarle mi dolor, frustración e ira con papá, me decía: «Bien, tu papi no sabe cómo ser papá, porque cuando tenía tres meses su papi murió. Él creció sin su papi, por eso no sabe cómo serlo».

De alguna manera, esa respuesta pareció ayudarme en mi infancia, pero a medida que entré en la adolescencia, mi madre pudo ver claramente que mi vida en casa con mi padre estaba perjudicando mi desarrollo como joven. Así que buscó enviarme al colegio militar. Mi papá no protestó (supongo que fue porque anticipaba muchos líos conmigo como adolescente). Desde los trece hasta los dieciocho años asistí al colegio militar y, a la edad de dieciséis, cuando puse mi fe en Cristo como mi Señor y Salvador, recibiéndolo en mi corazón, llegué a ver y creer que Dios había hecho que todas las cosas ayudaban a mi bien (Romanos 8.28).

Debido a mis propias heridas puedo comprender las luchas y las necesidades internas de un niño que siente falta de amor. Mi madre era muy amorosa y eso marcó la diferencia; pero debido a cómo me trataba mi padre, puedo sentir empatía con un niño que sienta que no es comprendido ni amado y que nunca intente ser respetuoso.

Lamentablemente, no siempre apliqué esa empatía como padre. Adelantemos el tiempo a cuando era pastor y hablaba en un campamento cristiano de verano. Estaba a punto de dar un mensaje en la noche y mi hijo David, que tenía aproximadamente diez años entonces, estaba portándose mal, porque deseaba hacer algo para lo que no teníamos tiempo en ese momento. Recuerdo claramente haber pensado: *este niño me está desafiando a propósito. Me está irrespetando para contraatacar, porque no se está saliendo con la suya.*

Llevé a David afuera a nuestro coche, donde esperaba razonar con él. Se sentó en el asiento trasero, yo en el delantero. Intenté hacer que hablara, pero solamente obtuve un

> *Tú, pues, que enseñas a otro, ¿no te enseñas a ti mismo?*
> —Romanos 2.21

frío silencio, lo cual me hizo sentir cada vez más irrespetado. Al final, furiosamente le grité por su falta de respeto, pero eso solo hizo que se convenciera más de que yo estaba siendo injusto y poco amoroso. Él miró hacia la ventana sin remordimiento ni disculpas —solo silencio— y terminó en un callejón sin salida. Yo tenía que hablar en unos minutos, de manera que hice que David me acompañara al auditorio, donde me dirigí a la audiencia lo mejor que pude, mientras me sentía como un completo hipócrita por mi pésima crianza. Lo fascinante de ese episodio es que aunque lo recuerdo vívidamente, David no se acuerda en absoluto y no cree que eso le haya dañado. Parece ser que nuestros hijos no siempre retenían mucho de lo que nosotros excavamos de nuestros recuerdos, pero lo que a menudo sí recuerdan como injusto o doloroso, nosotros no lo recordamos en absoluto. ¡Bienvenido a la paternidad!

Mientras reflexiono en esa escena en la que lo arruiné con David, nunca se me ocurrió que posiblemente él estaba sintiendo falta de amor. Tal vez solo deseaba tiempo conmigo y se estaba sintiendo excluido. Si yo hubiera abordado la situación con esa comprensión, ¿podría haberse evitado ese conflicto? Es difícil estar seguro de ello.

David podía ser obstinado y desear salirse con la suya, especialmente a esa edad. Pero una cosa es segura: mi estallido de ira, acusándolo de ser irrespetuoso, no le ayudó a abrirme su corazón.

Hay muchos otros incidentes en que Sarah y yo avergonzamos por error a nuestros hijos por lo que pensábamos que era irrespetuoso, los cuales contaré. Cuando Sarah y yo lo hemos discutido, ella ha observado: «Ahora recuerdo que fallamos muy lentamente e intentamos decodificar. Lo que recuerdo es que muy a menudo reaccionábamos inmediatamente. No esperamos a pensarlo y responder luego. No nos tomamos algunos minutos para recopilar nuestros pensamientos y calmar nuestras emociones».

Y estoy de acuerdo. Creo que algunas veces disparábamos, luego apuntábamos y nos preparábamos. Éramos demasiado cerrados gran parte del tiempo. Puedo recordar haber dicho: «Debemos lidiar con estas situaciones más como mamá, que permanece en silencio y piensa antes de hablar o actuar».

En esa noche del campamento con David, pude haberlo decodificado mucho mejor, pero entonces no sabía lo que sé ahora. Lo que tuve que aprender, a modo de prueba y error, es que la paternidad es solamente para los adultos. Como padres necesitamos decodificar al niño y hacer el primer movimiento. Decodificar es un arte, y en el capítulo dos profundizaremos más sobre cómo conducirse en ello.

2

DETENER EL CICLO ALIENANTE DE LA FAMILIA, PARTE I

Decodificar

Cuando mi hijo David tenía veintitantos años, era árbitro de la liga infantil de béisbol. Un día, el padre de uno de los jugadores llegó ebrio al campo de juego. Sucedió que su hijo de ocho años perdió un lente de sus gafas en el jardín central y estaba buscándolo. A medida que el padre se acercaba al campo, comenzó a gritarle a su hijo por haber perdido el lente.

David llamó a un receso y se dirigió al jardín central junto con otros para buscar el lente. Sin embargo, el papá continuaba gritándole amenazas y obscenidades a su hijo. Luego, ladeó su puño y golpeó al pequeño en el rostro. El chico se cayó. Y el papá, todavía en el estupor de la borrachera, se volteó y se tambaleó por el campo antes de que alguien tuviera tiempo para confrontarlo.

El pequeño yació ahí aturdido. Luego se sentó, conteniendo las lágrimas. Estaba determinado a no llorar. Inmediatamente, David se le acercó. Colocando su brazo alrededor del chico, le dijo tiernamente: «No te preocupes, no era tu intención perderlo. Encontraremos el lente. Todo estará bien». El chico estalló en lágrimas.

Mi corazón se conmovió cuando David me lo dijo, todavía me quebranto cuando cuento la historia. En el momento en que David le tocó, el chico lloró. Su pequeño espíritu respondió al amor.

> *Siempre debemos recordar que nuestro hijo no es más que «un muchacho»* (1 Samuel 17.33).

¿Recuerda lo que es tener ocho años? En un momento como ese, este pequeño estaba confundido. En su pequeña mente él había hecho algo malo al perder su lente. Él sabía que no había sido su intención, pero las intenciones no se comprenden a esa edad. Después de todo, ya que su papá estaba enojado, él debió haberse comportado muy mal. Él no tenía idea de lo que sentían los demás. Hasta donde él sabía, ellos se sentían igual que su papá. Ah, la inseguridad que este pequeño debió haber sentido en ese momento.

Un espíritu desmoralizado es un espíritu aplastado

Usted puede preguntarse: pero ¿qué tiene que ver esta historia con decodificar, la primera tarea del padre es alejarse del Ciclo Alienante de la Familia? Seguramente el padre ebrio no era capaz de decodificar nada ni a nadie. Pero utilizo a ese niño como un ejemplo para subrayar cuánto necesita el pequeño nuestro amor y cómo debemos decodificarlos constantemente tanto a ellos como a la situación, incluso aunque podamos sentirnos irrespetados por lo que está sucediendo. Nuestras primeras preguntas en cualquier situación deben ser: «¿Qué está sucediendo?

¿Cuál parece ser el problema?». Aparentemente fue el lente perdido de las gafas del chico; pero cuando el padre comenzó a clamar contra su hijo y a golpearlo, la raíz del problema se hizo más evidente: el chico tenía una sensación sobrecogedora de que «mi padre no me ama».

De sentirse asustado a culpable por perder su lente, el chico fue impactado con un dolor mucho más profundo: un espíritu aplastado por los gritos y un corazón quebrado por el puño. Él había sido creado por Dios para ser amado, pero nadie lo amaba, eso sentía. Él fue diseñado para ser valorado y tratado como alguien importante. De manera que contuvo las lágrimas. Si lloraba, las cosas podrían empeorar. Todo mundo podría voltearse contra él. Él se sentía solo y asustado. Deseaba que alguien lo consolara.

Entonces colocaron una mano sobre su hombro y un brazo lo rodeó. Él escuchó la dulce voz de un adulto: «No te preocupes, no fue tu intención perderlo. Encontraremos el lente. Todo estará bien». El chico estalló en lágrimas. Era amor. Era respeto. Cada espíritu humano anhela ser amado y respetado, clamando: «¿Alguien me ama? ¿Le importo a alguien?».

El escritor de Proverbios observó: «Mas por el dolor del corazón el espíritu se abate» (Proverbios 15.13); y además planteó la estremecedora pregunta: «¿Pero quién podrá levantar al abatido?» (Proverbios 18.14, NVI).

La historia del abuso del jugador de la liga infantil capta una extrema y maligna tragedia que nos parece difícil de imaginar. No lo digo porque crea que usted es remotamente como ese padre, sino porque el pequeño sirve como un profundo recordatorio del tierno, vulnerable y precioso espíritu de los niños.

Un espíritu desmoralizado y quebrantado en los niños es algo serio. En Colosenses

Jesús dijo: «Miren que no menosprecien a uno de estos pequeños. Porque les digo que en el cielo los ángeles de ellos contemplan siempre el rostro de mi Padre celestial»
(Mateo 18.10–11, NVI).

3.21, el apóstol Pablo advierte: «Padres, no exasperéis a vuestros hijos». ¿Por qué? Porque pueden desalentarse. La palabra «desalentarse» es especialmente significativa,[1] porque describe acertadamente lo que sucede cuando se desmoraliza el espíritu del niño. Usted puede ver en los hombros caídos y el rostro decaído, la expresión: «¿Cuál es el problema?».

No tenemos que golpear al niño para desmoralizarlo. Podemos hacerlo con palabras duras, miradas severas o incluso con amonestaciones bien intencionadas como: «¿Por qué no mejoras tus calificaciones como tu hermana?». Siempre debemos evitar enfadarnos o molestarnos tanto que provoquemos que nuestro hijo se desmoralice derrotado, que se desaliente. Su tierno corazón puede sentirse perplejo, confundido acerca de cómo agradarnos. Cuando su espíritu se aplaca, ellos finalmente se cierran a nosotros. Cuando se desalientan, nosotros perdemos su corazón.

Mi mamá pensó que yo estaba suficientemente enfadado como para asesinar a papá

Pero un espíritu desmoralizado no es el único peligro. Otra manifestación de un niño no amado es la ira. Algunos no se desmoralizan tan a menudo como explotan. Contraatacan como si su supervivencia emocional dependiera de ello. Como lo declaró Pablo, algunos hijos pueden ser provocados a ira (Efesios 6.4), y recuerdo varias veces en que mi padre me provocó a ira. Al mirar en retrospectiva ahora, estoy seguro de que no era su intención. Él en realidad era un hombre bienintencionado, pero tenía un temperamento volátil y yo tenía una manera de enfadarlo con regularidad.

Recuerdo un episodio sobresaliente: entré en la cocina, donde mi madre estaba trabajando, agarré un enorme cuchillo de carnicero de un cajón y le dije que iba a matar a papá en la otra habitación. Aunque yo estaba haciendo todo tipo alardes de macho, en realidad solo estaba provocando. Estaba enfadado, pero no tenía intenciones de asesinarlo.

Desde luego, mamá no sabía que yo estaba fingiendo y se asustó. Yo nunca había visto un pánico tal y su mirada traumatizada me aterró. Me di cuenta de que casi la había llevado al límite de sus emociones, de modo que cuando me pidió el cuchillo se lo entregué.

Recuerdo que mamá y papá nunca me hablaron de ese episodio, y asumo que ella nunca se lo mencionó a papá. Tampoco dijo: «Hijo, ¿qué estás sintiendo en tu interior? ¿Sientes que no nos importas? Habla con nosotros». Me pregunto lo que habría sucedido si mi papá hubiera discernido mi actitud enfurecida y dicho: «Puedo darme cuenta de que estás molesto conmigo. Hablemos acerca de cómo te lastimé y te provoqué a ira. Necesito tu perdón». Cuando reviso la escena en mi mente, no puedo recordar lo que me provocó la ira, pero se había tornado en «el problema»: no me sentía amado y mostré falta de respeto. El silencio de mi papá solamente reforzó lo que en realidad no importaba.

El espíritu desmoralizado de un niño que se menciona en Colosenses 3.21, y el espíritu enfadado del niño que se observa en Efesios 6.4 son problemas,[2] pero de los dos, la ira puede tener los resultados más trágicos. Un niño no amado puede mostrar un espíritu exacerbado que arde con ira, o puede esconder su ira y dejar que se hunda en lo profundo, solamente para explotar cuando se le lleva al límite. En las noticias aparecen historias con regularidad acerca de niños —a menudo adolescentes— que llevan a la escuela una pistola y abren fuego, asesinando al azar a compañeros y maestros. La mayor parte de los chicos enfadados no van demasiado lejos, pero la posibilidad siempre está presente. Los padres no son directamente responsables de tales matanzas. Como lo veremos en la parte tres, el «Ciclo Gratificante de la Familia», lo chicos pueden tomar sus propias decisiones fuera de la influencia de los padres. Sin embargo, el apóstol Pablo advirtió claramente: «Y vosotros, padres, no provoquéis a ira a vuestros hijos» (Efesios 6.4). Como padres debemos tomarnos en serio esta advertencia. Aunque no somos responsables de los pecados de nuestros hijos (Ezequiel 18.1–3, 20), la Escritura también enseña que los pecados de los padres pueden afectar a una familia hasta la tercera y cuarta generación (Éxodo 20.5). La manera en que criamos es importante y podemos tener repercusiones a corto o largo plazo.

De acuerdo, relajémonos

Ahora que todos estamos petrificados al pensar en la destrucción emocional de nuestros hijos, enviándolos directamente a prisión y luego al infierno, respiremos profundamente y relajémonos. (La buena noticia, como mi mamá solía decir, es que en la prisión pueden tener una Biblia, mientras que en la escuela no).

Los incidentes que pueden desmoralizar o provocar a nuestros hijos suceden todo el tiempo. Ellos terminan sintiendo falta de amor; nosotros terminamos sintiéndonos irrespetados y como fracasos, porque lo arruinamos otra vez. De manera decepcionante, un pequeño problema parece crecer y convertirse en algo mucho más grande. Cuando el Ciclo Alienante de la Familia comienza a girar, el problema —en lo que sea que usted esté en desacuerdo—, se está convirtiendo en «el problema». Recuerde que el primer paso para decodificar es *discernir* lo que está sucediendo en dos niveles:

1. ¿Qué está sucediendo en el corazón de mi hijo?
2. ¿Qué está sucediendo en mi corazón en realidad?

Cuando el espíritu de un niño se desmoraliza o explota, el padre debe preguntarse: «¿Está mi hijo sintiendo falta de amor?». Cuando el espíritu del padre se desmoraliza o explota, el padre debe preguntarse: «¿Me estoy sintiendo irrespetado?».

Si el comportamiento del chico ha irritado o enfadado a su padre en cierto grado, este debe intentar dar un paso atrás, examinar la situación y preguntarse: «¿Por qué me molesta esto y por qué mi hijo está molesto? ¿Cuál fue aparentemente el problema que se convirtió en un asunto mucho más grande?». Puede ser que comience por parecer ser un gran desastre, negarse ir a la cama o no irse a dormir cuando se le ordenó, pero pronto escala a algo más que golpea profundamente el corazón del niño o del padre, o de ambos.

En la paternidad intente comprobar «lo que agrada al Señor» (Efesios 5.10).

Ejemplos de cómo discernir mientras decodificamos

Cuando el asunto se convierte en «el problema», resulta crucial comprender que usualmente algo está sucediendo en el espíritu del niño y otra cosa completamente distinta está ocurriendo en el espíritu del padre. Pero la conclusión es: el niño está sintiendo falta de amor y el padre se está sintiendo irrespetado. Miremos tres diferentes situaciones para practicar el discernimiento de cómo es que un problema se convierte en «el problema».

Cuando se le dice que el tiempo de juego se acabó y debe tomar una siesta, la niña de cuatro años se funde en un ataque de ira y corre hacia la otra habitación donde está su caja de juguetes, saca su osito de peluche y sus bebés. La mamá la persigue, le coge el brazo y grita: «¡No! Ya no vas a jugar. ¡Vas a tomar una siesta!». Así que levanta a su hija que está pateando y gritando, y la lleva a su habitación. Luego de ponerla en la cama y de recobrar el aliento, la madre murmura: «¿Por qué es tan demandante todo el tiempo? ¿Por qué no puede cooperar de vez en cuando?».

El problema —que el tiempo de la siesta y de juego debe acabarse ahora— se ha convertido en «el problema»: mamá se siente frustrada y agotada. Y entonces viene un pensamiento: *¿por qué mi hija no respeta mis instrucciones? ¿Por qué no me escucha?* Entre tanto, la pequeña de cuatro años se lamenta y chilla desde su cama: «¡No me amas!», mientras llora hasta quedarse dormida.

O imagínese a un padre que regaña a su hijo de diez años por arrojar la pelota de béisbol a los cojines del sofá. Días antes le había dicho que no arrojara las pelotas de béisbol en la casa. Cuando el niño afirma: «Lo olvidé», su padre grita: «¡No lo olvidaste! ¡No me mientas o no jugarás en el partido de la liga infantil esta tarde!».

Cuando el chico se arroja en el sofá abatido y desmoralizado, el problema ya no se trata de arrojar la pelota de béisbol en la casa. El «problema» es de amor y respeto, y he aquí la razón: el padre le está gritando a su hijo porque al lado del sofá hay lámparas costosas que pueden ser golpeadas y rotas por la pelota. Días antes también se lo advirtió y el padre no cree cuando el hijo dice: «Lo olvidé». Él siente que su hijo no está siendo sincero con él, sino que está llevándolo al límite con su deshonestidad. Sintiéndose ignorado e irrespetado, el papá explota. Sintiéndose maltratado y no amado, su hijo se desmoraliza. Casi con lágrimas, se sienta en el sofá creyendo que su papá es malo y lo acusó injustamente de mentir.

En un ejemplo más, la madre le grita a su hija de quince años por no recoger su habitación, y la hija le grita aun más fuerte. Ahora, el problema no se trata de la habitación desordenada. La hija se está sintiendo provocada, porque está siendo tratada como una niña pequeña cuando ya es suficientemente grande como para mantener su propia habitación. ¿Y mamá? Ella se está sintiendo completamente irrespetada, porque es la tercera vez en la semana que le ha recordado a su hija que ordene su habitación. Su adolescente no le está obedeciendo, ¿y la Biblia no dice claramente: «Hijos, obedezcan a sus padres»? No es de sorprenderse que la mamá persiga a su adolescente, regañándola por su falta de respeto, y parece que lo único que obtiene es falta de respeto, mientras el Ciclo Alienante de la Familia gira.

Estas son escenas cotidianas. Usted pudo haber tenido una similar con su hijo esta mañana o anoche. Estas muestran de lo que parece tratarse la paternidad. El primer paso para decodificar es poner atención al espíritu desmoralizado o enfadado de su hijo. Luego, pregúntese: «¿Está mi hijo sintiendo falta de amor?». A la vez, usted debe poder discernir si posiblemente *su* espíritu está desmoralizado o enfadado también. Cuando lo reconozca, pregúntese: «¿Me estoy sintiendo irrespetado?».

No tema admitir que se está sintiendo irrespetado

Como padre, usted no debe avergonzarse de admitir: «Sí, en realidad me estoy sintiendo irrespetado». Algunos padres creen que porque son adultos deben tener el control absoluto y nunca admitir lo que está mal. Es mucho mejor que reconozca lo que está sucediendo (decodifique) y lo admita. Usted *está* enojado, sintiéndose irrespetado y hasta sintiéndose como Sarah en el descanso cuando nuestra vacación familiar se fue a pique: «No está funcionando. Soy una madre terrible».

¿Y qué una vez que reconozcamos que nos encontramos en el Ciclo Alienante? Bien, volvamos a considerar nuestros tres ejemplos, trabajando desde el adolescente al preescolar.

Yo hablo a menudo con padres que se han metido en conflictos con sus adolescentes, pero no están realmente seguros de por qué. Me identifico, porque recuerdo momentos similares en que nuestros tres hijos fueron adolescentes. Usted ve a su hija (o hijo) adolescente volverse frío o resentido y piensa:

> *La realidad es que los chicos pueden ser «desobedientes a los padres»*
> (2 Timoteo 3.2, NVI).

¿qué sucede aquí? Los hijos deben honrar a sus padres, ¡no tratarlos así! Su adolescente está invadiendo su terreno... otra vez.

Su primera tentación es ir y regañarla por su falta de respeto, pero usted ya siente que eso no funcionará. *Ahora es momento de decodificar lo que está sucediendo dentro de su adolescente.* Ahora es tiempo de preguntar: «¿Está siendo irrespetuosa o inmadura y egocéntrica?». Por lo general, los adolescentes se preocupan por sus deseos y anhelos, y se interesan menos en los de los demás.

Por lo tanto, aunque pueda parecer difícil, usted debe retroceder y preguntarse: «¿Está mi adolescente actuando en una manera típica para su edad y etapa?». (En otras palabras, ¿la inmadurez y el egocentrismo que está mostrando ahora son típicos en las chicas de su edad?) Si usted es sincero, la respuesta es: «Tal vez... de hecho, definitivamente».

La siguiente pregunta a plantearse es: «¿Puedo mantener la calma o automáticamente decidiré que mi hijo está siendo deliberada y vengativamente irrespetuoso?». Respire profundo y recuérdese que a través de estos episodios con sus padres, los adolescentes finalmente madurarán y aprenderán a enfocarse en los demás y a no ser tan egoístas.

> *La Biblia reconoce «los pecados de [la] juventud» (Salmos 25.7).*
>
> *Esta es una etapa difícil para adolescentes y padres.*

Admito que estas no son preguntas fáciles de plantearse cuando se está sintiendo irrespetado. Pero si desea lidiar positivamente con la situación y salir del Ciclo Alienante de la Familia, usted debe intentarlo. Solo porque se sienta ofendido no significa automáticamente que su adolescente le esté enviando el mensaje: «¡No te respeto!». No concluya de inmediato que debido a que la cama no esté hecha y la ropa cubra el suelo, a su adolescente no le importa en absoluto lo que usted diga y piense. Es mucho mejor darle el beneficio de la duda.

Para regresar específicamente al ejemplo original, la hija de quince años puede haber tenido la intención de ordenar su habitación, pero se distrajo con el mensaje de texto de una amiga acerca del lindo chico nuevo de la escuela que rápidamente se está convirtiendo en el nuevo amor de su vida. Y desde luego, un mensaje de texto la llevó al intercambio de varios más, todos los cuales eran más interesantes que colgar suéteres o colocar la ropa sucia en el cesto. Sí, la hija ha sido irresponsable (es decir, inmadura y egocéntrica) a lo sumo, pero eso no necesariamente la hace irrespetuosa.

Tenga por seguro que siento su dolor cuando recuerdo que eso me sucedió no hace muchos años. Cuando mi hija era adolescente, yo estaba bastante segura de que si la hija de tres años del vecino merodeaba por la habitación de Joy, se perdería en el desastre y se necesitaría de un cuerpo de búsqueda y rescate durante dos días para encontrarla. En un momento consideré martillar clavos en el suelo para dar la impresión de que todo estaba colgado. Pero adivine qué. Hoy, como una joven muy madura y una adulta capaz, Joy no vive de esa manera, al menos la mayor parte del tiempo. ¡Cuando ella viene a casa para Navidad regresa a sus viejos hábitos!

¿Le estoy diciendo que ignore la evasión de sus hijos a sus reglas? No. Obviamente, cuando su adolescente es irresponsable, inmaduro o egocéntrico, usted debe lidiar con ello con firmeza, y tan pacientemente como sea posible. Si usted ya hizo un acuerdo con su adolescente y ella está consciente de que usted espera que mantenga pulcra su habitación, usted se lo recuerda y le permite explicarle por qué no lo ha hecho todavía. Si le ha explicado las consecuencias a su hija, recuérdele cuáles son (abstenerse de usar el celular, por ejemplo). Su decisión es si usted implementa las consecuencias esta vez. (Para obtener más información acerca de cómo lidiar con la irresponsabilidad, ver el capítulo 7: «Disciplina».)

Una regla general que Sarah y yo utilizamos era darles oportunidad a nuestros adolescentes para que maduraran y se movieran con responsabilidad por sí solos. Entre usted más respete la sensación creciente de independencia de su adolescente, más se sentirá amado. A medida que los niños se vuelven adolescentes, necesitan más amor, sí, pero también tienen una creciente necesidad de respeto. Hacerles saber las expectativas y completar con consecuencias, es una manera respetuosa de tratar a un adolescente. Rendirse ante su irresponsabilidad no es respetuoso y no edifica confianza entre ustedes. Los adolescentes aprenden pronto a deletrear R-E-S-P-E-T-O, tal como usted cuando era joven. Recuerda haberles preguntado a sus padres (o al menos haber pensado): «¿Por qué no respetas mis ideas? ¿Por qué no confías en mí?». (Ver el capítulo 11: «Paternidad rosa y azul».)

¿Qué hay acerca del niño de diez años que lanzó su pelota de béisbol hacia los cojines... otra vez? Si usted tiene un hijo preadolescente, puede verse en esta escena fácilmente. Pero en lugar de gritar y amenazarlo con no dejar que juegue en la liga infantil, deténgase, reagrupe y reconozca que el Ciclo Alienante está calentando motores. No deje que presione el embrague y arranque en acción. *Decodifique, justo en ese momento.*

Sí, usted le recordó que le ordenó no lanzar la pelota en su casa. ¿Olvidó su orden y lo hizo impulsivamente? Posiblemente. ¿Estaba intentando retarlo e irrespetarlo? Es poco probable. ¿Lo que hizo fue irresponsable, enfocado en sus propios intereses y en la diversión de lanzar la pelota? ¡Desde luego! Sí, necesita una firme reprimenda y disciplina, pero gritarle y decirle que es un mentiroso solamente continuará el Ciclo Alienante.

¿Y qué de la niña de cuatro años que deseaba continuar jugando y no tomar una siesta? Yo tiendo a quitarles a las mamás de preescolares muchos tiempos de distención como este. Su hija desenfadada demanda que ella la persiga, la agarre y la cargue hacia la cama. ¿Qué más puede hacer? ¿Ceder, rendirse y dejar que su hija se salga con la suya? No, ella debe ganar esta batalla de voluntades.

¿Debería sentirse culpable porque su hija llora hasta quedarse dormida? Probablemente no. ¿Debe sentirse irrespetada porque su hija no escuchó su petición original de dejar de jugar y tomar una siesta? Para nada. Su hija estaba siendo una niña de cuatro años. Infantil, sí. Irrespetuosa, no.

¿Estaba su hija sintiendo falta de amor mientras lloraba hasta quedarse dormida? Posiblemente, pero es más probable que estuviera regodeándose con la autocompasión. Recuerde que ella tiene cuatro años y, para colmo, es un poco testaruda. A ella le gusta salirse con la suya, y no salirse con la suya no es igual a sentir falta de amor.

Esto es lo que quiero decir: cuando decodifique lo que está sucediendo dentro de su hijo, no concluya inmediatamente que está siendo deliberadamente irrespetuoso cuando la cama no esté hecha, la pelota de béisbol esté volando por la sala de estar o no coopere con usted para tomar una siesta. Cualquiera que sea el nivel etario, si usted concluye esto erróneamente, inevitablemente se sentirá ofendido y enfadado. Es bastante probable que una reacción de enfado se convierta en una reacción exagerada. Su hijo entonces sentirá falta de amor y reaccionará en una manera que usted puede sentir mucho más irrespetuosa. En ese momento es cuando el problema —ser desordenado, tirar las pelotas de béisbol sin cuidado, no irse a dormir— se degenera hasta convertirse en «el problema», y el Ciclo Alienante de la Familia enciende motores.

> *En la crianza, si usted «tarda en airarse es grande de entendimiento» (Proverbios 14.29).*

Al calor de la batalla, manténgase frío

Su reacción poco amorosa y la respuesta desmoralizada o enfadada de su hijo son los dos boletos para abordar el Ciclo Alienante de la

Familia. ¡Hablando de drama! Sí, un mejor acercamiento, como su primera reacción, es asumir que su hijo —lamentablemente— está siendo inmaduro y egocéntrico, pero no necesariamente irrespetuoso. Debemos intentar lo más que podamos no hacer lo siguiente:

- Gritarles a nuestros hijos porque ellos lo hagan.
- Explotar de ira con nuestro hijo, incluso cuando se tire airado al suelo.
- Decir: «¡Eres el peor niño del mundo!», como respuesta a que nos digan que *nosotros* somos los peores padres del mundo.
- Mentirles acerca de la disciplina que recibirán por mentir.
- Exasperarlos al punto que pierdan la esperanza (incluso cuando nos sintamos exasperados y parezca que hemos perdido la esperanza).
- Lamentarnos por nosotros frente a su berrinche y lamentarnos por ellos.
- Empatar sus palabras y acciones tontas con nuestra falta de sabiduría y paciencia.

Esto es lo que quiero decir: si usted identifica cada acción inmadura, egocéntrica e irresponsable de su hijo como falta de respeto, estará juzgando mal muy a menudo y su rigidez dará cabida al Ciclo Alienante de la Familia. De la nada, toda la casa parece estar llena de locura.

La solución se encuentra en el amor y el respeto. No debemos privar a nuestros hijos de amor cuando sintamos que ellos nos privan de respeto. Además, no debemos mostrarles falta de amor para motivarlos a ser respetuosos, más de lo que ellos pueden ser irrespetuosos para motivarnos a ser amorosos. La paternidad es en definitiva solamente para los adultos. Debemos poner en uso nuestra madurez en las escaramuzas diarias de la familia. Al calor de la batalla, debemos permanecer tranquilos, serenos y compuestos.

Decodificar es nuestro trabajo de primera importancia, pero hay un segundo paso vital que debemos dar prácticamente al mismo tiempo. Debemos *desactivar* la situación, haciendo algunas cosas bastante obvias para asegurarles a nuestros hijos que los amamos pese a lo que suceda. No siempre es fácil, pero es posible con la ayuda de Dios. Le explicaré por qué y cómo en el capítulo siguiente.

3

DETENER EL CICLO ALIENANTE DE LA FAMILIA, PARTE II

Desactivar

E n el capítulo 2 analizamos el primer paso para detener el Ciclo Alienante de la Familia: decodificar lo que está sucediendo tanto en el espíritu de su hijo como en el suyo propio. Hemos visto cómo un pequeño problema puede transformarse rápidamente, a veces en una décima de segundo, en «el problema»: el niño no se siente amado y muy probablemente usted se siente irrespetado.

Aunque decodificar sea importante, solamente es el primer paso para detener el Ciclo Alienante de la Familia. Todos hemos visto películas de suspenso en que una bomba está por estallar y el héroe tiene unos cuantos segundos para cortar el cable correcto. Justo antes del segundo final, él desactiva la bomba y apaga el aparato detonador. ¡Uf! ¡La catástrofe es evitada!

En sentido real, los padres enfrentan situaciones de desactivación muchas veces al día. No solamente debemos decodificar por qué hay locura o alienación en la familia, debemos desactivarla. Pero ¿qué hacemos para detener las reacciones negativas de un niño o un adolescente que perturba a toda la familia? Lo que es más, ¿cómo modificamos nuestra propia negatividad para no encender la locura?

Dios hizo a los niños de manera que necesitaran amor. Lamentablemente, la naturaleza pecaminosa de nuestros hijos lleva a las reacciones irrespetuosas cuando sienten falta de amor. En esos momentos, Dios nos llama a intentar desactivar su llanto y su clamor. Dios formó a los padres para que necesitaran respeto. Lamentablemente, la naturaleza pecaminosa de los padres los lleva a actuar con poco amor cuando se sienten irrespetados. Debemos desactivar nuestra potencial precipitación y nuestro deseo de contraatacar.

> *Entre los cuales también todos nosotros vivimos en otro tiempo en los deseos de nuestra carne, haciendo la voluntad de la carne y de los pensamientos, y éramos por naturaleza hijos de ira, lo mismo que los demás.*
> —*Efesios 2.3*

¿Cómo? Cuando ha decodificado la situación y visto que el Ciclo Alienante de la Familia está calentando motores o posiblemente ha comenzado a girar, hay cinco pasos que usted puede dar. Algunos los expuse en el capítulo 2, pero están en forma de «plan de juego» para darle una secuencia que seguir, a medida que se pase de decodificar a desactivar.

- Llame a un receso.
- No asuma automáticamente la falta de respeto.
- Enseñe los principios básicos del Ciclo Alienante de la Familia.
- Asegúrele su amor a su hijo.
- Abra paso a la imperfección.

Algunas veces es probable que usted vaya a través de los cinco pasos. En otros casos bastará con solo llamar a receso. Un paso obviamente puede sobreponerse al otro, pero todos son útiles para ayudarle a desactivar el Ciclo Alienante de la Familia.

Llame a receso o pausa cuando la locura incremente

Proverbios 17.14 describe perfectamente la desactivación: «Iniciar una pelea es romper una represa; vale más retirarse que comenzarla» (NVI). Cuando un argumento o un desacuerdo comience a calentarse, detenga el conflicto... ¡ahora! Y cuando todos se calmen, repase el problema.

Cuando hablo con los padres y analizo nuestras propias situaciones familiares, me convenzo de que muchos de nosotros experimentamos riñas innecesarias en la familia, porque permitimos que la locura pase de mal a peor. Todos hemos tenido esos momentos, ¿o no? La solución bíblica (así como la práctica) es abandonar la riña antes de que estalle. El niño necesita ir a su habitación, sentarse en una silla o alejarse de alguna manera para calmarse. Los niños más grandes son capaces de callarse diez minutos para recobrar la compostura, eso también se aplica para los adultos. Cuando Sarah llevaba a su habitación a los niños quejosos para tener un receso, algunas veces decía: «¡Me encantaría irme a mi habitación! Por favor, envíame a mi habitación para tener un poco de paz y silencio». Ellos nunca comprendieron su deseo, pero todos los padres lo comprenden, y un receso tal puede evitar que el enfado de los padres se vuelva furia.

Yo solía decirles a los niños: «Necesitamos enfriar nuestros reactores». Cuando estábamos muy acelerados, yo sabía que no podríamos lidiar con el problema sensatamente. Todos necesitábamos tranquilizarnos y hablar respetuosa y amorosamente, para que pudiéramos escucharnos mutuamente. Al usar el receso, yo intentaba dejarles en claro a los niños que en unos momentos escucharía las preocupaciones de todos. Nosotros teníamos una gran regla: ellos tenían que hablar de manera respetuosa y nosotros teníamos que hablarles con amor. Lo justo es lo justo.

A modo de descripción visual, nuestros hijos tienen un «tanque de amor» y nosotros un «tanque de respeto». Nuestros hijos tienen una manguera de aire que llega a su tanque de amor. Cuando nosotros pisamos su manguera de aire (o ellos piensan que lo hicimos), pueden reaccionar en maneras irrespetuosas al calor del momento. Tomar un receso o pausa les ayuda a enfriarse y comenzar a hablar respetuosamente.

> *«El buen juicio hace al [padre] paciente; su gloria es pasar por alto la ofensa», tal como la imposibilidad del niño para mostrar respeto (Proverbios 19.11, NVI).*

A la inversa, como padres, nosotros tenemos una manguera de aire que llega a nuestro tanque de respeto. Cuando nuestros hijos pisan nuestra manguera de aire, no nos hace bien gritar y chillar cuando sentimos que no somos tratados justamente. Necesitamos tranquilizarnos y hablar amorosamente para desactivar la situación y evitar que el Ciclo Alienante de la Familia gire. Este sería un buen momento para orar: «Señor, ayúdame a responder y no reaccionar».

Otro pasaje para memorizar y recordar es Proverbios 10.12: «El odio despierta rencillas; pero el amor cubrirá todas las faltas». Cuando están pisando las mangueras, siempre recuerde que *usted es el adulto*. Como el más maduro, usted tiene la gran capacidad de elegir entre detonar la bomba tintineante de sentimientos *o* desactivarla ahí mismo.

Permítame hacerle una pregunta personal: ¿algunas veces tiene poca tolerancia con los niños? La Escritura nos dice: «El que es iracundo provoca contiendas; el que es paciente las apacigua» (Proverbios 15.18, NVI). Hay algunos días que pueden dejar a un padre normalmente tranquilo y lento para la ira, listo para enloquecer en cualquier momento. Usted pierde el control, lo cual es su problema, no el de los niños. Es posible que ellos enciendan la mecha, pero usted tiene la decisión de soplarla o solamente hacerla estallar y poner a todos en el Ciclo Alienante de la Familia.

A decir verdad, la locura se intensifica y empeora en la familia por causa de la inmadurez de los padres, no la de los niños. No es que nuestros hijos nos provoquen a ira, sino más bien que sus acciones pueden revelar nuestra personalidad sanguínea. Necesitamos crear un nuevo modo por omisión: ser lentos para la ira, tomarnos un momento para tranquilizarnos y desconectar la locura.

Puede ser que todo lo que necesite hacer sea llamar a un receso. Algunas veces es así de simple. Nuestro nieto de dos años, Jackson, ya está aprendiendo. Su mami me mandó un mensaje de texto: «Jackson acaba de darme una pieza de sus rieles y dijo: "Baterías estropeadas". Yo le dije que no podía ser arreglado con las baterías y le pregunté si él las había estropeado. Él me dijo que sí y que necesitaba un receso. Yo le pregunté: "¿De cuánto tiempo?". Él me dijo: "Tres minutos". ¡Si la crianza siempre fuera así de fácil!».

> *Cuando leemos «no sean niños en su modo de pensar [...] pero adultos en su modo de pensar», nos acordamos de que los niños viven inmaduramente (1 Corintios 14.20, NVI).*

No asuma la falta de respeto automáticamente

Desde luego, no siempre es así de fácil. Supongamos que usted ha podido llamar a un receso, pero continúa sintiéndose bastante frenético y definitivamente se siente irrespetado. Mientras se tranquiliza, usted necesita analizar la situación. Como lo vimos en el capítulo 2, su hijo ha sido irresponsable, sin duda, pero eso no significa automáticamente que haya sido irrespetuoso. Siempre recuerde: *irresponsable no es lo mismo que irrespetuoso.*

Aunque nuestros hijos puedan ser testarudos y resistir nuestra instrucción, no debemos concluir que siempre lo hacen para molestarnos. Los niños viven en el momento. Ellos no se levantan temprano para planear maneras de enervarnos.

Debemos ver a nuestros hijos como niños de buena voluntad, aunque no siempre se porten bien. Los padres deben preguntarse continuamente: «¿Es esta una ocasión en que mi amor debe pasar por alto la ofensa?». Muy a menudo, la respuesta es sí, y probablemente el Ciclo Alienante no girará.

Cuando mis hijos tenían breves escaramuzas de pequeños, muchas veces llamaba a receso, los separaba y los tranquilizaba. Usualmente, el receso se encargaba del problema y diez minutos después, estaban otra vez jugando pelota. Si todo marchaba bien, se debía a que no me entrometía mucho en su disputa. Le hacía caso a la advertencia de Proverbios 26.17: «Meterse en pleitos ajenos es como agarrar a un perro por las orejas» (NVI).

Estoy seguro de que me comprende. Seríamos tontos si agarráramos a un perro halándole las orejas fuertemente. ¿Por qué hacerlo de manera figurada con sus hijos?

Pero tengo que admitir que hubo otras ocasiones en que yo tontamente intensificaba el Ciclo Alienante de la Familia otra vez al brincar durante el receso y «agarraba al perro por las orejas». Esto normalmente se debía a que sentía que los chicos estaban peleando indiferentes conscientemente a mis instrucciones de no pelear. Yo pensaba que su riña mostraba que mi autoridad no importaba. Les proyectaba mi falsa creencia de que ignoraban mi instrucción, porque desafiaban mi liderazgo y mis reglas. En aquellos momentos me regresaba al modo de la escuela militar, donde en mi último año me gané el rango de militar, segundo en comando del cuerpo. Yo tenía responsabilidades de líder para entrenar a jóvenes de otros grados menores y revisar que mantuvieran el decoro apropiado. Los cadetes obedecían mis órdenes y me respetaban, porque yo tenía la autoridad de hacerles la vida difícil si no obedecían.

Hubo ocasiones en que esperé inconscientemente recibir de mis hijos el mismo respeto que había recibido de los cadetes. Tuve que aprender que la familia no es una escuela militar. Un día estresante en particular, supuse tontamente que me estaban faltando el respeto, cuando la verdad era que no estaban pensando en mí, sino discutiendo o peleando entre sí. Yo leí en su comportamiento algo que no existía. Empeoré las cosas al comenzar a darle a uno o a los dos chicos un sermón, y solamente logré reavivar la riña. Me olvidé del mismo consejo de Proverbios 20.3: «Honroso es al hombre evitar la contienda, pero no hay necio que no inicie un pleito».

Enseñe los principios básicos del Ciclo Alienante de la Familia

De acuerdo, pero ¿qué hay de las veces en que los chicos son alborotadores, descuidados y groseros; y usted se siente irrespetado, por lo que reacciona negativamente, haciendo que los niños se sientan heridos y no amados? Todos pueden estar un poco aturdidos al entrar en el Ciclo Alienante, pero ¿hay algo positivo que pueda hacer? Sí, lo hay. Ahora es el momento perfecto para enseñar los principios básicos del Ciclo Alienante de la Familia. En primer lugar, desactive la locura disculpándose por perder la calma, y luego comente: «¿Sabes?, acabamos de entrar en el Ciclo Alienante de la Familia». Luego, en el lenguaje que funcione con su hijo, explíquele que sin amor, el

Nadie sabe cuándo comienza la edad de la responsabilidad, pero sí sabemos que los «niños no saben hoy lo bueno ni lo malo» (Deuteronomio 1.39).

hijo reacciona sin respeto; y sin respeto, el padre reacciona sin amor. El resultado es el Ciclo Alienante de la Familia con el que nadie está feliz.

¿Cuántos años debe tener un niño cuando usted comience a enseñarle cómo opera el Ciclo Alienante de la Familia? Mi opinión personal es que ellos deben poder razonar con sus padres y explicarles sus intenciones. Muchos niños están listos a los seis o siete años; a otros puede tomarles más. Usted conoce a sus hijos y podrá saber cuándo. Si ya son adolescentes o incluso adultos jóvenes, las diferencias de género en cuanto a cómo se relacionan mutuamente también se convierte en una pieza esencial en el laberinto de la relación. Nuestros hijos pueden hablarles dura y abruptamente a sus hermanas en maneras que se sienten poco amadas, y nuestras hijas pueden sacar de quicio a sus hermanos al utilizar palabras irrespetuosas y un tono condescendiente. Ambos necesitan comprender que no es solo lo que digan, sino lo que hacen lo que enloquece las cosas entre ellos (ver el capítulo 11: «Paternidad rosa y azul»).

Cuando les enseñe a los niños los rudimentos del Ciclo Alienante de la Familia, comience por explicar que cuando ellos se sienten de mal humor y están teniendo un mal día, eso puede irritarles o enfadarles, sintiendo falta de amor. Pueden decir o hacer cosas que parezcan groseras e irrespetuosas, las cuales enfadarán a quienes los rodean, quienes entonces terminarán sintiendo falta de amor o de respeto. Algunas veces podemos ser estrictos con ellos y sonar como si no nos importara cómo se sienten, lo cual solamente los hace sentirse peor, de manera que regresan más groseros y molestos, y eso puede seguir y seguir en el Ciclo Alienante de la Familia.

Luego continúe diciendo que pueden unirse a usted para detener la locura. Ellos pueden comprender la idea de que algunas veces parecemos ser groseros, irrespetuosos o poco amorosos cuando no deseamos serlo en absoluto.

Nuestros hijos son capaces de comprender que los padres y los hijos pueden «pisarse su manguera de oxígeno» sin desear hacerlo. Su manguera se conecta al «tanque de amor»; nuestra manguera de oxígeno se conecta a nuestro «tanque de respeto». Ellos necesitan amor tal como necesitan el aire para respirar; nosotros necesitamos respeto de la misma manera. Cuando no obtenemos suficiente amor o respeto, podemos cruzar la línea y comenzar a hablar irrespetuosamente o con poco amor, de modo que el Ciclo Alienante gire.

Cuando expliquemos estas ideas, podemos preguntarle al niño: «¿Cómo podemos detener el Ciclo Alienante de la Familia una vez que comience a girar?». A los niños les gusta ofrecer soluciones. Usted se sorprenderá con lo que se les ocurra.

A los niños más grandes podemos decirles: «Me resulta difícil responder a tu problema cuando eres grosero. Tranquilicémonos y abordemos lo que está sucediendo aquí. Necesito que me hables con respeto. No deseo que ninguno de los dos enloquezcamos. ¿Estás listo para hablar respetuosamente de manera que yo pueda escuchar lo que sientes?». Ellos pueden aprender a asegurarnos su buena voluntad y suavizar su negatividad.

Una mamá ayudó a sus hijos a aplicar el respeto en las conversaciones con sus hermanos también. Ella escribió:

Nuestros tres hijos menores se llevan pocos años entre sí y a menudo pelean por cosas tontas. Un día me senté con los chicos y Amy, y les hablé acerca del Ciclo Alienante de la Familia. Hablamos aproximadamente diez minutos, lo cual son millones de millones de millones de años en el tiempo de los niños. Esta mañana, mi hijo Isaías me dijo: «Mamá, Ethan y yo estamos en el ciclo feliz. Continuamos siendo amables entre nosotros». Él continuó diciendo que algunas veces era amable solo porque deseaba ser «más maduro» que Ethan. Me reí un poco y le dije que estaba bien; algunas veces yo hago lo mismo.

Enseñarles a nuestros hijos acerca del Ciclo Alienante de la Familia y de cómo el amor y el respeto pueden detenerlo, o al menos desacelerarlo, no se hace en un día. De hecho, es algo que necesita hacer continuamente mientras crezcan, desde preescolar, hasta la preparatoria y más adelante. En este sentido, véase como un entrenador que repetirá la información y practicará esas habilidades.

Confírmele su amor a su hijo

Sabemos que el amor por nuestros hijos continúa siendo fuerte, pero en el momento puede ser que ellos no sientan ese amor. Especialmente a los niños pequeños, podemos asustarlos de verdad sin darnos cuenta. Ellos son sensibles y pueden interpretar nuestra reacción negativa como resentimiento, incluso como odio. Nosotros sabemos que moriríamos por nuestros hijos, pero ellos pueden estar pensando que planeamos deshacernos de ellos si pudiéramos.

¿Le doy mucho peso a las posibles reacciones negativas de los padres? Es probable. Pero no olvide que desconectarse es básicamente un proceso negativo que estamos haciendo lo más positivo posible. Los niños oyen y son confiados, lo cual significa que creen lo que escuchan. Es importante que cuando los reprendamos les confirmemos nuestro amor verbal y físicamente. Tales confirmaciones de amor desactivan el Ciclo Alienante de la Familia bastante rápido, sobre todo con los niños más pequeños.

«Como madre que consuela a su hijo», todos los padres deben tranquilizar a sus hijos (Isaías 66.13).

Así como Abba Padre nos confirma su amor, nosotros debemos confirmarles nuestro amor a nuestros hijos. Todos necesitamos seguir Su ejemplo, el de Romanos 8, cuando inspiró al apóstol Pablo a escribir: «Si Dios es por nosotros, ¿quién contra nosotros?» (v. 31); «Antes, en todas estas cosas somos más que vencedores por medio de aquel que nos amó» (v. 37); y que nada «nos podrá separar del amor de Dios, que es en Cristo Jesús Señor nuestro» (v. 39). Las palabras que Dios nos dice valen y asimismo las que nosotros les decimos a nuestros hijos.

Pero hay una pregunta que permanece. Cuando les confirmamos nuestro amor a nuestros hijos, ¿debemos suprimir nuestros sentimientos sinceros? Creo que podemos comunicar nuestra frustración en una manera controlada, condimentada con palabras que aseguren nuestro amor. De hecho, cuando declaramos nuestro amor, eso nos enternece. Esas palabras afectan nuestro espíritu, evitando que perdamos el control. Por ejemplo, podemos verlos a los ojos y decir sinceramente:

«Aunque te ame muchísimo, estoy enojado por ignorarme después de que te dije lo que tenías que hacer».

«Mira, sabes que te amo, pero lo que hiciste es inaceptable».

«Te amo, pero estoy muy desilusionado. No hiciste tu cama, ni te vestiste, ni llegaste a desayunar a tiempo. Esta es la tercera vez seguida. Vuelve arriba, haz tu cama y vístete. Lo siento, pero tendrás que comerte los huevos fríos».

Pero, enfrentémoslo. No importa cuán duro intentemos moderar la negatividad, nuestros hijos pueden ofenderse. Y algunas veces simplemente lo arruinamos. En esas ocasiones, la disculpa de un padre puede sanar la ofensa en un niño, como lo ejemplifica esta hermosa carta de un papá:

Cuando mi hijo tenía alrededor de cuatro años, quiso ayudarme a servir el helado para el postre. Yo no estaba muy entusiasmado al respecto, porque el helado estaba duro. Sin embargo, lo senté en un banco en la mesa de la cocina, abrí el paquete y le di la cuchara. Él empujó, pero no pudo meterla profundamente, e intentando introducir la cuchara para sacar lo deseado, un pedazo de helado voló por la habitación y cayó en el suelo. Yo le quité la cuchara impacientemente, hice un comentario como: «Ya sabía que esto pasaría», y continué haciéndolo yo mismo. Sin decir palabra, él se bajó del banco y caminó hacia la sala de estar, actuando como si no le importara. Pero el Señor me ayudó a darme cuenta de que debí haber dejado que sostuviera la cuchara y colocar mi mano sobre la suya para ayudarle. Me acerqué a él inmediatamente y me disculpé, explicándole que me había equivocado. Él estalló en lágrimas, me abrazó y me perdonó.[1]

Técnicamente, este papá y su hijo no estaban en el Ciclo Alienante de la Familia, ¿o sí? Vemos el incremento de dolor emocional en el chico, que estalló cuando su papá se disculpó. Papá no solamente desactivó la situación, drenó el dolor y la negatividad del corazón de su hijo. Una disculpa es una cirugía cardiaca.

Cuando fallamos como padres, le debemos una disculpa a dos partes: a nuestros hijos y al Señor. Herimos el corazón de nuestro Padre celestial cuando fracasamos en criar como Él nos llama a criar. Podemos confesarle nuestras deficiencias a Él y luego disculparnos con los hijos. Por ejemplo, cuando provocamos a ira a nuestros hijos o los exasperamos al punto que se desanimen y se desilusionen (Efesios 6.4; Colosenses 3.21), debemos buscar su perdón, justo después de decirle al Señor que fallamos... otra vez.

La infancia puede ser un tiempo difícil, por lo que el salmista oró: «olvida los pecados y transgresiones que cometí en mi juventud» (Salmos 25.7, NVI).

La buena noticia es que nuestro Padre celestial es perdonador y nuestros hijos también. Un papá escribió: «Los niños pueden perdonar la mayoría de los errores que cometen los padres, si perciben un amor sincero de parte de estos». Lo importante es que podamos ofrecer perdón tal como lo pedimos. Sabemos que nuestros hijos pueden parecer irrespetuosos sin intentar serlo. Debemos estar seguros de no asirnos de ninguna ofensa que pudimos haber sentido por su mal comportamiento. Debemos avanzar. Si albergamos sentimientos escondidos, simplemente alimentamos la locura con nuestro espíritu de falta de perdón a nuestros hijos, quienes después de todo, están solo siendo niños.

Tolere la imperfección

A medida que he ahondado en mi plan de juego de desactivación, usted puede estar pensando: *bien, todo eso suena bien, Emerson... me gustaría que siempre fuera tan simple, pero ¿qué sucede cuando mi hijo no desea escuchar, cuando definitivamente está siendo irrespetuoso, cuando desactivar no funciona?*

Mi hijo, Jonathan, me mencionó mientras escribía este libro: «Recuerdo que de niños éramos una pesadilla».

Yo le respondí: «Sí, y mamá y yo algunas veces deseábamos que eso solo fuera una pesadilla».

Pero la pesadilla es real. Los niños serán niños, todos los días, en todas las formas. Admito que desactivar no siempre funciona, no solamente por la inmadurez del niño, sino también por su corazón poco cooperativo y pecaminoso. En la parábola del hijo pródigo que relató Jesús, el padre intenta desactivar cosas en el hermano mayor, que se enoja y se encela cuando el papá le da una fiesta a su hermano menor, con todo y un becerro gordo, música y baile. El hijo mayor se enfrasca en una actitud de resistencia. Él ha permanecido obedientemente con el padre, ha llevado a cabo su trabajo diario fielmente durante años, pero nunca se le ha hecho una fiesta. Ahora su hermano menor, que había andado con prostitutas, regresa a casa en desgracia y recibe la bienvenida de un héroe. A pesar de las súplicas de su padre, el hermano mayor finalmente rehúsa unirse a la fiesta. ¡Todo es tan injusto! Parecería como si todo lo que pudo lograr el papá fue encender las flamas de la locura, lo cual le hizo verse como un fracaso como padre.

No estoy de acuerdo. El padre ha actuado con amor. Él siempre amó a los dos hijos y continúa amándolos. Pero tiene que gozarse cuando el que «era muerto, y ha revivido; se había perdido, y es hallado» (Lucas 15.32).

La parábola de Jesús enfatiza drásticamente una verdad que todos los padres conocen: los niños son criaturas obstinadas, completamente preparadas para arquear la espalda y sacar la lengua. Debemos darnos cuenta de que este es su problema. Sí, nosotros podemos intentar darles el beneficio de la duda y no etiquetar a nuestros hijos como irrespetuosos, pero cuando intentamos tranquilizarlos, ellos se vuelven más negativos y de hecho, *son* irrespetuosos. Podemos intentar confirmarles nuestro amor, disculparnos por ser poco amorosos y pedir perdón, pero ellos no lo van a aceptar, prefiriendo permanecer en modo irrespetuoso e implacable. En el mejor de los casos sigue habiendo tensión. El Ciclo Alienante de la Familia puede no estar girando fuera de control, pero la riña continúa chispeando.

Mientras trabajaba en este capítulo, le pregunté a cada uno de mis hijos: «¿Pueden recordar alguna vez en que se sintieron ignorados, incomprendidos, tontos, sin control y desanimados, y mamá y yo no pudimos desactivar la situación?».

Joy respondió: «Yo estaba en proceso de frustrarme mucho por algo y tú hacías una pregunta retórica como: "¿Por qué no todos damos gracias?". ¡En momentos como ese simplemente deseaba arrojar algo por la ventana!».

Jonathan respondió: «A pesar de lo que decías o hacías, había momentos en que me sentí como el peor pecador del mundo; si lo hubieras sabido, me habrías odiado. Yo equiparaba cómo me conocía Dios con cómo me conocías tú. Sentía una vergüenza que me sobrecogía y durante un periodo endurecí mi corazón. Puedo recordar despreciándome a mí mismo y temiéndoles a ustedes y a Dios, deseando que nunca hubiera sido hijo de un pastor, no obstante sabiendo que tu amor era incondicional».

David recordó la tensión surgía en numerosas ocasiones, porque continuaba «sintiéndose incomprendido».

Esos comentarios muestran que no importa cuán amorosa o sinceramente busquemos desactivar la negatividad, no siempre funciona. La exageramos, la utilizamos incorrectamente o simplemente no logramos ver lo que nuestros hijos necesitan realmente. Y a menudo ni siquiera ellos lo saben o posiblemente no estén preparados ni dispuestos para recibir nuestro consejo sabio. Cuando criamos a nuestros hijos, no creo que pase un día sin un estallido.

La naturaleza pecaminosa —nuestra y de ellos— relucirá con regularidad y se convertirá en riñas, desacuerdos, malos entendidos o en un evidente comportamiento del Ciclo Alienante de la Familia que tiene que ser desactivado. Sarah y yo decimos, en base a nuestra experiencia como padres, que podemos ser muy cuadrados y nuestros ideales ser tan demandantes que no permanecemos relajados ni tranquilos cuando surgen los momentos de imperfección.

Enfrentémoslo. El paraíso se ha perdido. Tener una familia perfecta no sucederá en esta tierra. E incluso si pudiéramos alcanzar la perfección, ¿estaríamos satisfechos? Me lo pregunto. Eva tuvo el Paraíso, sin embargo todavía deseaba más y, desde entonces, todos pagamos el precio.

Esto no nos hace malos padres, simplemente enfatiza que todos los niños necesitan al Salvador que murió por el pecado, porque cada niño tiene una naturaleza pecaminosa y actúa con pecado. La buena noticia es que Dios usa los momentos negativos para hablarle al corazón de nuestros hijos acerca de su naturaleza rebelde y obstinada.

Sarah recuerda sentirse culpable cuando niña por su actitud hacia su madre soltera. Su conciencia le abrió los ojos a su necesidad del

Salvador. Descanse en que el Espíritu Santo siempre está obrando y la conciencia hablará de acuerdo con el tiempo perfecto de Dios. Usted no sabe cuándo su hijo finalmente verá su necesidad del Señor Jesús.

Mientras tanto, el proceso de crianza continúa y, cuando la falta de respeto es claramente el problema, debemos movernos al Plan D; es decir, Disciplina, lo cual defino como un proceso positivo, no negativo. Con frecuencia hay una fina línea entre la desactivación y la disciplina, y podemos ir y venir muchas veces al día. Usted intenta desactivar la situación, pero cuando sus hijos simplemente no cumplen con sus reglas establecidas y están siendo deliberadamente irrespetuosos, usted debe confrontarlos, corregirlos y, cuando sea necesario, continuar con las consecuencias lógicas y sensibles. Y una vez más, tal como en muchas situaciones de desactivación, usted los reafirma con su amor y recompensa su obediencia cuando es adecuado (ver el capítulo 7: «Disciplina»).

Usted puede ir de desactivar a energizar

¿Deberíamos desesperarnos? ¿Deberíamos rendirnos? No, en absoluto. Nunca tiramos la toalla... ¡nunca! Los padres más exitosos reconocen que en promedio dan tres pasos hacia delante y uno hacia atrás. Ellos saben que aunque fallan, pueden levantarse otra vez. Comprenden que a medida que permitan la imperfección, son capaces de acercarse a su ideal, no alejarse.

Comprender el Ciclo Alienante de la Familia y cómo decodificarlo y desactivarlo, traerá más paz a su hogar. Pero las cosas pueden ser incluso ¡mejores que eso! Es posible pasar de estar a la defensa del Ciclo Alienante a estar en la ofensa al energizar a su familia con amor y respeto. En la parte 2, «El Ciclo Energizante de la Familia», explicaremos cómo.

Segunda parte

El Ciclo Energizante de la Familia

E n los siguientes capítulos deseo mostrarle cómo utilizar el poder del Amor y el Respeto para hacer entrar a su familia en el Ciclo Energizante. Este ciclo declara: el amor del padre motiva el respeto del hijo y el respeto del hijo motiva el amor del padre.

No es casualidad que los Diez Mandamientos instruyan a los hijos a honrar a su padre y a su madre. «Honor» es otra palabra para «respeto». Si hay algo que motive a un padre a amar a su hijo es recibir el respeto de este. Y naturalmente, Dios ha puesto en el corazón de los hijos responder al amor positivo de sus padres. Como mostraremos, para lograr que el Ciclo Energizante gire y permanezca, la mayor parte de la responsabilidad recae en el padre que debe influir en la relación padre-hijo y energizarla. Nosotros somos los maduros.

Para mostrar cómo criar a la manera de Dios, tal cual lo enseña la Biblia, yo utilizo los siguientes principios, los que llamaremos GUÍAS:

Dé, de manera que las necesidades básicas del niño sean satisfechas (Mateo 7.9–11; 2 Corintios 12.14).

Comprenda, de modo que no se provoque ni se exaspere al niño (Efesios 6.4; Colosenses 3.21).

Instruya, para que el niño pueda conocer y aplicar la sabiduría de Dios (Proverbios 4.1; Efesios 6.4b; 2 Timoteo 3.15).

Discipline, de forma que su hijo pueda corregir las malas decisiones (1 Reyes 1.5–6a; Efesios 6.4b; Hebreos 12.9).

Aliente, para que su hijo pueda desarrollar los dones dados por Dios (1 Tesalonicenses 2.11).

Suplique en oración, de manera que su hijo pueda experimentar el toque y la verdad de Dios (2 Samuel 12.16; 1 Crónicas 29.19; Mateo 19.13, 19).

Aplicar estos principios energiza y motiva al niño la mayor parte del tiempo. Veamos por qué.

4

DAR

No muy poco, no demasiado

Para amar a su hijo utilizando los principios GUÍAS:
La mañana de Navidad de cuando tenía ocho años, me dirigí hacia la sala de estar, donde los regalos rodeaban el árbol de Navidad. Mis ojos inmediatamente encontraron ¡un robot! Sí, un robot, brillante y plateado, casi de mi estatura. Mi mente se aceleró a cientos de kilómetros por hora. ¿Dónde estaba el control para poder hacerlo caminar, hablar y llevar a cabo cualquier tarea que yo deseara?

Luego vi que el robot estaba envuelto en papel celofán y que tenía una caja de cartón en la cabeza y los brazos. «Desenvuélvelo», me instó mi mamá con emoción, pero yo no deseaba desenvolverlo. ¡Tenía un robot! Entonces me dijo: «El regalo está debajo de la envoltura».

Ella no supo cuán desilusionantes me parecieron sus palabras. Luego, mientras inspeccionaba mi robot, lo vi. Un trineo. Mamá había añadido inteligentemente una caja —para que pareciera una cabeza—, y unos hombros de cartón en las asas del trineo, creando un objeto que parecía un robot. Mi imaginación había hecho el resto. Ante los ojos de mamá, mi espíritu se desmoralizó como un globo agujereado. Yo deseaba un robot real que se moviera con un interruptor de encendido y apagado, no un inútil trineo. Mi rostro decayó y me di cuenta de que mi infelicidad hacía infeliz a mi mamá. Desde entonces, ella se aseguró de no hacer nada que elevara mis expectativas más allá de la realidad.

Yo había aprendido una dolorosa lección esa mañana de Navidad: no siempre se obtiene lo que se desea. Es una instrucción que todos los padres deben enseñarles a sus hijos. No siempre pueden —ni tampoco deben— obtener lo que desean. Lo bueno en exceso deja de ser bueno. Como dice Proverbios 25.16: «¿Hallaste miel? Come lo que te basta, no sea que hastiado de ella la vomites».

Salomón reforzó vívidamente lo que todos sabemos: la verdadera diferencia entre lo que necesitamos y lo que deseamos. Y los padres también saben que darle a un niño sus necesidades es mucho menos complicado que intentar satisfacer sus deseos. Incluso los padres que tienen poco o nada desean darles a sus hijos lo que necesitan: cosas básicas como alimento, ropa, techo y cuidados de la salud. Dios ha puesto en el corazón de los padres que les provean a sus hijos, todos sabemos el dolor que puede causar que los padres no sigan los instintos dados por Dios para cumplir con sus responsabilidades.

El eje de la enseñanza de Jesús es dar. ¿Recuerda cuando animó a sus discípulos a continuar pidiendo, buscando y llamando a la puerta de Dios con sus peticiones? Ellos podían estar tan seguros de que su Padre celestial respondería que Él utilizó una comparación para que pudieran comprenderlo bien: «¿Qué padre de vosotros, si su hijo le pide pan, le dará una piedra? ¿o si pescado, en lugar de pescado, le dará una serpiente? ¿O si le pide un huevo, le dará un escorpión?» (Lucas 11.11–12).

No son los hijos los que deben proveer para los padres, sino los padres para los hijos.
—2 Corintios 12.14, NVI

Jesús no esperaba una respuesta a estas preguntas retóricas. Sabía que su audiencia reconocía la verdad universal acerca de los padres: ellos les dan a sus hijos lo que necesitan, no algo venenoso ni dañino. Los padres sienten la obligación de satisfacer las necesidades, haciéndolo concienzudamente a cada momento. (Desde luego, la crianza puede desgastarlo. Usted le proporciona a su primer hijo un cuidado perfecto, esterilizando el chupete en agua caliente cuando se cae... Al cuarto hijo solamente lo limpia en sus pantalones... una vez.)

La Escritura a menudo habla del cuidado y la compasión con analogías acerca de la paternidad. Por ejemplo: «¿Se olvidará la mujer de lo que dio a luz, para dejar de compadecerse del hijo de su vientre?» (Isaías 49.15). Pablo habla acerca de darles cuidado gentil a los tesalonicenses «como la nodriza que cuida con ternura a sus propios hijos» (1 Tesalonicenses 2.7).

Lamentablemente, el amor paternal no siempre actúa con normalidad. Algunos padres ignoran a sus hijos, haciendo que se sientan abandonados y sin amor. Nosotros intentamos decirnos que ese comportamiento solamente es típico de los no creyentes, pero no es necesariamente así. Cuando pastoreaba en East Lansing, Michigan, escuché a un alumno de la Universidad Estatal de Michigan, cuyos padres se divorciaron cuando era pequeño. Su padre se mudó al otro lado del país y nunca se puso en contacto con nadie de la familia, mientras su mamá hizo lo mejor que pudo como madre soltera. Mientras el chico crecía, apenas subsistían, simplemente intentando sobrevivir. Lo que devastó a ese joven fue que más tarde descubrió que su papá encontró a Cristo al poco tiempo de mudarse, ganaba bien y finalmente enseñaba en la escuela bíblica con su nueva esposa. Con amarga consternación, el joven universitario me preguntó: «¿Cómo podía él creer en Dios e ignorarme a mí y mis necesidades?».

De verdad, ¿cómo? El apóstol Pablo pronunció fuertes palabras para el que es negligente con su familia: «Porque si alguno no provee para los suyos, y mayormente para los de su casa, ha negado la fe, y es peor que un incrédulo» (1 Timoteo 5.8). Pablo está diciendo que el que siga a Cristo y no provee para su familia es peor que un incrédulo. Cuando no logramos satisfacer las necesidades de nuestro hogar, negamos la misma fe que afirmamos sostener.

Unos buenos amigos nuestros tuvieron tiempos difíciles. Cuando le pregunté al esposo cómo estaba, la esposa me escribió: «Dios ha provisto y nos ha ayudado tanto económicamente ahora que Jeff lava ventanas... algo que nunca lo vimos hacer, pero estoy agradecida por un esposo que pone de un lado su orgullo y hace lo que se necesita para nuestra familia. Es difícil creer que sea un hombre con un grado universitario y una maestría, y aquí está; pero Dios sabe y nosotros confiaremos en ello por ahora».

Jeff hizo lo que tenía que hacer. El verdadero seguidor de Cristo no tiene otra opción.

Los padres deben proveer necesidades, pero ¿qué pasa con los deseos?

A estas alturas, usted debe estar pensando: *bien, Emerson, lo entiendo. Proveer para las necesidades básicas de mi hijo es básico, y estoy comprometido a hacerlo, pero ¿qué pasa con los deseos? Hay una gran diferencia entre necesidades, las cuales simplemente no son negociables, y los deseos, que sí lo son. De hecho, ¡mis hijos tienen una manera de negociar siempre sus deseos para que parezcan necesidades!*

Yo comprendo esta lucha. Los niños son brillantes negociadores, es por ello que necesitamos ser claros en lo que creemos acerca de dar, o podemos ser fácilmente persuadidos. Como cualquier padre sabe, usted puede consentir a un niño, y como lo dice la Biblia en Proverbios 29.15: «El muchacho consentido avergonzará a su madre». Es más, no tienen que ser tan grandes. Los niños consentidos de cualquier edad pueden avergonzar a sus padres, sin mencionar que los saquen de quicio.

Entonces posiblemente la primera pregunta que debemos hacer sea: «¿Por qué estoy cediendo ante los deseos de mi hijo? ¿Cuál es mi propósito?». Por ejemplo, ¿me estoy rindiendo ante mi hijo, porque creo que decir no es poco amoroso o desagradable? Eso los perjudicará seguramente.

Al final del día usted debe hacer lo que parezca mejor (revise Hebreos 12.10). Decir sí a lo que un niño desea puede ser un acto de amor, pero en ciertos casos puede ser más amoroso decir no, con el fin de enseñarle al niño a demorar la gratificación y prepararlo para la vida real. Como aprendí esa mañana de Navidad cuando tenía ocho años, no siempre podemos tener lo que deseamos.

Desde luego hay momentos apropiados y razonables para satisfacer los deseos de su hijo. Cuando le dé sabiamente, él se sentirá amado y más energizado para mostrarle respeto. A continuación hay algunas buenas razones para satisfacer los deseos de sus hijos.

En primer lugar, damos para mostrar nuestro amor y nuestro espíritu de generosidad. Un hombre me escribió acerca de que su familia no tuvo mucho en su infancia, pero su papá aprovechó eso al máximo: «De vez en cuando llevaba a la familia a "salidas sorpresa". Usualmente era a una heladería Dairy Queen o a un cine familiar. Solamente nos decía que nos subiéramos al coche. Nosotros no sabíamos a dónde íbamos hasta que llegábamos al lugar. Además, ocasionalmente los domingos por la mañana, preguntaba si mi hermano y yo queríamos ir a los bolos o a jugar golfito, o algo más. Esos fueron buenos momentos juntos, solo nosotros tres».

La historia de este hombre muestra un principio importante para todos los padres: deje que el espíritu de generosidad engendre una sensación de familia, lo cual en realidad lleva a tener «buenos tiempos juntos». El espíritu de generosidad usualmente produce reciprocidad, en ambos lados se sienten amados, respetados y animados. Como lo explica Proverbios 11.25: «El que es generoso prospera; el que reanima será reanimado» (NVI).

Hay muchas maneras de darles a sus niños. Usted puede ser creativo y estar lleno de sorpresas, o solo puede hacer algo simple. De hecho, el tiempo con sus hijos es el mejor de todos los regalos. Sus obsequios no necesitan costar un centavo. Un paseo al parque o ir a caminar juntos puede ser un regalo que no cuesta nada. Lo importante es que su dádiva diga: «¡Te amo, porque te quiero, porque te amo!».

Cuando tenía nueve años, mi madre enseñaba acrobacia y claqué (también llamado baile tap), por lo que obtenía dinero extra. Luego del día de pago, a veces entraba en mi habitación y me decía: «Toma, no quiero este billete de un dólar. Ni este otro, ni este, ni este...». Una vez lo hizo hasta darme dieciocho dólares, mientras ambos nos reíamos. Recuerdo esa risa. Me sentía conectado con ella. Eso era aparte de la Navidad y el cumpleaños; era un momento que simplemente llamo «porque te amo».

En segundo lugar, podemos dar para motivar a nuestros hijos a mostrarnos respeto. No estoy hablando de chantajearlos. Me refiero a darles con gracia y con amor, para luego solicitarles que expresen agradecimiento respetuosamente. Aunque no podemos forzar su agradecimiento y respeto más profundos, podemos pedírselo. Podemos decirles: «Te doy, porque deseo darte. Sin embargo, quiero que aprendas a responder con respeto a aquellos que te dan y que agradezcas de verdad».

Cuando les enseñe a sus hijos a mostrar respeto por lo que les da, usted puede establecer un poderoso ejemplo en el respeto que le muestre a Dios por lo que Él le ha dado a usted. Algunas veces, cuando me tomo tiempo solo para disfrutar la bondad de Dios, le digo a Abba Padre: «¿Cómo puedo ignorarte y no darte gracias cuando tú continúas dándome tan amorosamente? Gracias, Señor, por ser tan bueno conmigo. Perdóname por las veces en que no lo soy contigo. Ayúdame a vivir para apreciar tus múltiples regalos».

Con los años he intentado transmitirles a mis hijos mi actitud de gratitud, hacerles saber en cualquier manera que puedo que «Toda buena dádiva y todo don perfecto descienden de lo alto, donde está el

Padre que creó las lumbreras celestes» (Santiago 1.17, NVI). Que cuando Dios nos provea, nuestros hijos observen nuestra profunda gratitud a Él, de modo que desarrollen una actitud similar. Por ejemplo, cuando le agradecemos al Señor por nuestra cena, nuestros hijos pueden escuchar que nuestro corazón expresa gratitud auténtica no solamente por la comida, sino también por las bendiciones que ha derramado sobre nosotros. Posiblemente también los veamos agradecerle al Señor con todo su corazón.

También creo que al proveerles a nuestros hijos, nuestro espíritu agradecido y dadivoso puede motivarlos a no pecar. Un joven de veintitantos años, me dijo: «En mi adolescencia, yo no podía buscar una vida de pecado, porque sabía que quebrantaría el corazón de mis buenos y amorosos padres y abuelos. Fueron tan piadosos y generosos que no podía soportar pensar en actuar en una manera que los ignorara y denigrara. Ellos depositaron tanto en mí, ¿cómo podría yo hacer un retiro tan grande de su cuenta?». El joven mostraba respeto, porque comprendió que es respetar y de dónde viene. Otra vez, no hay garantía de que un niño responderá de esta manera, pero nuestro espíritu generoso tiende a engendrar tales actitudes.

En tercer lugar, nuestra dádiva generosa ayuda a nuestros hijos a descubrir cuánto valen para nosotros y para Dios. Ellos necesitan escucharnos decir que les damos, no porque se merezcan nuestros regalos, sino porque nosotros los valoramos inmensurablemente. A partir de ahí, podemos argumentar lo que Jesús dijo acerca de nuestro Padre celestial: «Fíjense en las aves del cielo: no siembran ni cosechan ni almacenan en graneros; sin embargo, el Padre celestial las alimenta. ¿No valen ustedes mucho más que ellas?» (Mateo 6.26, NVI).

Pero (y este es un gran *pero*) ¿podemos dar con buenas intenciones para mantener el Ciclo Energizante de la Familia y terminar

Te lo advertí cuando eras próspero pero respondiste: «¡No me fastidies!». Has sido así desde tu niñez, ¡nunca me obedeces!
—Jeremías 22.21, NTV

malcriando de todos modos a nuestros hijos? Desde luego. Darle algo a alguien —sea niño o adulto— conlleva el riesgo de socavar su fibra y carácter espirituales. Cuando Moisés les enseñó la ley a los israelitas, les advirtió continuamente que la imprimieran en su corazón y en el corazón de sus hijos. Él no deseaba que ellos olvidaran a Dios una vez que hubieran llegado a la Tierra Prometida, donde fluía leche y miel, y comenzaran a disfrutar de casas que ellos no habían construido, pozos que no habían cavado y viñedos y olivares que no habían plantado (Deuteronomio 6.1–12; 8.7–14). Ser complacientes no nos ayuda a recordar a Dios ni reconocer Su voluntad para nuestra vida.

Demasiada dádiva puede hacer a los niños extremadamente egoístas. Proverbios 30.15 nos dice: «La sanguijuela tiene dos hijas que dicen: ¡Dame! ¡Dame!». Debemos evitar que nuestros hijos «no sirvan a nuestro Señor Jesucristo, sino a sus propios vientres» (Romanos 16.18).

Cuando consentimos a nuestros hijos, ellos pueden vernos no como padres amorosos, sino como un genio en su lámpara, listo para otorgarles sus deseos. Pueden darle un respeto superficial para obtener más cosas, pero cuando no obtienen lo que desean, su *respeto* se disuelve. Los israelitas «se rebelaron» ante la «gran bondad» de Dios, pero terminaron rebelándose contra Él (Nehemías 9.25–26). Nuestros hijos pueden hacer lo mismo. Qué triste e irónico es cuando la generosidad de los padres resulta en niños egocéntricos y muy mal portados.

Por lo menos, la mayoría de los niños sabe cómo maniobrar. Si llorar y gritar no funciona, la manipulación creativa sí. Posiblemente haya escuchado una historia parecida a la de una chica de once años que le pidió diez dólares a su madre, para dárselos a una amiga de su equipo de básquetbol. Ella le dijo: «Su madre dejó a la familia por otro hombre hace dos años, por lo que vive sola con su papá». Conmovida por la generosidad de la hija, la mamá sacó rápidamente un billete de diez dólares, diciendo: «Aquí están, cariño. Pero dime, ¿a tu amiga siempre le falta dinero?». «Ah —respondió la hija—, solo cuando no le queda para gastar después de vender las alhajas que consigue en la tienda de regalos de su papá».

El principio fundamental: hacer lo que parece mejor

Debido a que ninguno de nosotros intentamos malcriar a nuestros hijos, ¿existe una fórmula que seguir para evitar dar demasiado? ¿Hay alguna forma garantizada de saber si debemos o no darles un iPhone, un Blizzard de Dairy Queen, unas zapatillas Nike Hyperdunk o pagarles una universidad exclusiva en la que el costo no solamente sea escandaloso, sino exorbitante? No, no creo que haya una fórmula, pero hay un principio bíblico: «En efecto, nuestros padres nos disciplinaban por un breve tiempo, como mejor les *parecía*; pero Dios lo hace para nuestro bien, a fin de que participemos de su santidad» (Hebreos 12.10, NVI).

Sí, hay cierta cantidad de conjeturas que hacer como padres, pero creo que Hebreos 12.10 nos garantiza a los que seguimos a Cristo, que podemos confiar en que nos guiará para hacer lo mejor mientras intentamos resolver una variedad confusa de decisiones que parecen surgir diariamente, con respecto a nuestros hijos. A medida que el Señor nos capacita en lo que Él sabe hacer con excelencia, confía en que nosotros usaremos cierta cantidad de sentido común al buscar capacitar a nuestros hijos.

De manera que a medida que busquemos proveerles a nuestros hijos «lo que mejor nos parece», debemos separar las necesidades y los deseos, para tomar algunas decisiones. Observe que Hebreos 12.10 dice: «Nuestros padres nos disciplinaban [...] como mejor *les* parecía» (NVI, itálicas mías).Los padres siempre deben tomar las decisiones, no los hijos, ¡que tienen una grandiosa habilidad para convertir un deseo en una necesidad!

Sus hijos pueden protestar cuando usted decide contrario a sus deseos y pueden actuar en maneras que parezcan irrespetuosas. Una estrategia favorita de ellos es hacerlo sentirse culpable: «Estás siendo injusto, cruel y egoísta». Tenga presente que en la vasta mayoría de los casos, usted no está siendo egoísta; su hijo sí. Usted no tiene que ceder a lo que sus hijos prefieran. Ellos pueden acusarlo de ser el peor padre del mundo, pero no hay nada moralmente incorrecto al decir no. Usted lleva la batuta, de acuerdo con lo que «mejor le parece»: para sus hijos, toda la familia y algunas veces más allá.

Me encanta lo que me dijo un joven: «A mis padres les importaban mis necesidades físicas. Eran personas dadivosas, que mostraban un espíritu de generosidad incluso cuando los fondos eran limitados. Sin embargo, me decían no firmemente cuando yo deseaba lo que no era necesario».

Ese joven era capaz de aceptar un no de sus padres, pero muchos chicos no aceptan eso. Entonces ¿qué le dice a un niño que grita: «¡Nunca me das nada! ¡Eres el peor papá (o mamá) del planeta!»? No hay una respuesta absoluta para esto; depende de los padres y cómo interactúen con sus hijos. Cuando escuchaba este tipo de comentario de uno de mis hijos, le decía: «Si soy el peor papá del mundo, entonces soy el número uno, y siempre quise ser número uno en algo. ¡Gracias!». Eso funcionaba de alguna manera con mis hijos. Ellos no estaban seguros si estaba siendo sarcástico o en realidad estaba feliz porque me llamaran «el peor padre de la tierra», por lo que se quedaban mudos.

Otra estrategia para el peor padre del mundo la recibí de una madre que me dijo: «Sinceramente, no sé si respondería algo a eso. El niño sabe que eso es exagerado y que no le voy a permitir su afirmación. No puedo pensar en una respuesta que lleve al padre a un argumento inútil. Luego, cuando el niño se haya tranquilizado, puedo repasar ese argumento».

Cuando los niños hacen comentarios exagerados, la clave es no perder su tranquilidad. Usted sabe que no es el peor padre del mundo, su hijo también lo sabe. Aunque solo fuera eso, diga: «Lamento que te sientas así. Sin embargo, no puedes ir y estoy diciendo no porque te amo».

Sobre todo, usted debe decir no si diciéndole dice sí con frecuencia para manipular al niño y ganarse su favor; en otras palabras, chantajeándolo. Escuché acerca de una madre que a menudo iba a casa luego del trabajo con un regalo para su hija y, cuando salían, le compraba lo que la niña deseara. Su madre se rindió para complacerla y mantener feliz a su hija. Pero el soborno (o chantaje) solamente garantiza un niño manipulado y malcriado. Nunca produce amor, amistad ni felicidad genuinos. El predicador lo explicó claramente: «El soborno corrompe su corazón» (Eclesiastés 7.7, NVI).

Garantizado, a veces es muy tentador decir sí, solo para tener un poco de paz. Los niños son adeptos a llorar mucho tiempo y gritar fuertemente para obtener lo que desean. A los quince años, una hija confesó que era muy fácil obtener de su padre lo que deseaba: «Con los años, lo único que necesitaba hacer era llorar suficiente tiempo y gritar fuertemente, para que papá me diera lo que yo deseaba. Él temía tener conflictos conmigo, por lo que se rendía; yo sabía que se daría por vencido, de manera que persistía; pero me equivoqué al hacerlo».

La cándida confesión de esa chica es un buen ejemplo de cómo es que un niño egoísta y exigente se tranquiliza luego de obtener lo que desea. Los padres que se rinden ante eso están buscando paz, pero esa paz es temporal. La hija sabe cómo echar a andar el juego. Ella ha aprendido cómo ser gratificada *ahora*, entonces se calma... hasta la próxima vez. Usted pagará el mismo precio cada vez que entre en una tienda con cosas que su hijo desea, porque siempre alimenta el egoísmo en lugar de hacerlo morir de hambre.

Si está cansado de este juego, cambie sus tácticas. En lugar de esperar la siguiente escena en el departamento de juguetería, donde será manipulado otra vez, haga que su prioridad sea enseñarle a su hijo cómo retrasar la gratificación. Antes de salir, sostenga una breve charla y explíquele las reglas: no rogar por juguetes ni otras cosas que piensa que puede desear; de otro modo habrá consecuencias. Luego continúe con su día y cuando lleguen a la tienda llena de «deseos», adivine ¿qué hará su hijo? Probarlo, desde luego. Cuando comiencen los ruegos y los lloriqueos, usted dirá no, *y se apegará a ello*. Si los ruegos continúan, salgan de la tienda y vayan a casa para darle su consecuencia al niño. (Para más información acerca de las consecuencias, ver el capítulo 7: «Disciplina».) Créame. El verdadero regalo que usted puede darle a su hijo no es la gratificación al obtener otro juguete; sino aprender a *retrasar* la gratificación al *no* obtener lo que desea. Recuerde, si a su hijo le falta autocontrol, es que usted está siendo controlado.

Dé sin jugar a los favoritos

Sea sincero. Aunque la mayoría de nosotros diría que amamos a nuestros hijos por igual, uno de ellos puede «gustarnos» más que otro en varias edades y etapas. Si uno lo molesta ahora, usted debe intentar no ser injusto y darle menos a este niño. Si es más fácil amar a uno de ellos, debe cuidar de no mostrarle favoritismo.

Cuidado. El favoritismo no produce una relación más íntima con aquel que usted favorece, ya que el «favorito» sabe en lo profundo que usted no actúa justamente. No solamente el niño favorecido se aprovechará de su favoritismo, sino que aprenderá a desconfiar en su debilidad de carácter. En verdad, jugar a los favoritos puede resultar un doble revés.

Necesitamos recordar tales promesas: «Así que mi Dios les proveerá de todo lo que necesiten, conforme a las gloriosas riquezas que tiene en Cristo Jesús»
(Filipenses 4.19, NVI).

Además, el favoritismo destruye las relaciones fraternales. Cuando Isaac favoreció a Esaú, y Rebeca a Jacob, eso causó una gran enemistad entre esos dos hermanos, sin mencionar el problema que tuvieron con el padre que no los favoreció (Génesis 25.19—28.9). Y cuando Jacob favoreció a José por sobre sus hermanos, simbolizado cuando le dio la túnica de muchos colores, eso llevó a que José fuera vendido como esclavo y a años de angustia por todos los involucrados (Génesis 37).[1]

Tenga presente que usted puede jugar a los favoritos consciente o inconscientemente. Usted debe aceptar las situaciones según vengan. Por ejemplo, yo no estoy hablando acerca de privar a un niño de un privilegio debido a su desobediencia y recompensar justamente al otro niño por su obediencia. Me refiero a ser parcial y discriminar de cualquier manera a largo plazo. El favoritismo es un juicio horrible e injusto contra el valor interior del niño desfavorecido y una traición al carácter del niño favorecido.

Utilice a Jesús como su modelo. Aunque tenía íntimos entre sus discípulos, Él no jugó a los favoritos. Los amaba a todos por igual. Observe también lo que Pablo le dijo a Timoteo acerca de cómo dirigir su rebaño en varios asuntos prácticos: «Te insto [...] a que sigas estas instrucciones sin dejarte llevar de prejuicios ni favoritismos» (1 Timoteo 5.21, NVI).

Dar es el primer paso para guiar a sus hijos hacia Dios. La mayor parte de la felicidad futura de sus hijos yace en aprender a tener contentamiento, lo que aprenderán al mirar a sus padres prescindir o elegir prescindir por una buena razón. De los cuatro años hasta la adultez, mi esposa, Sarah, creció en una casa pobre, ya que su madre, Martha, luchó para criar a sus hijos con su ingreso limitado, luego de un divorcio indeseado. Martha no se quejó ni transigió en su creencia acerca de Proverbios 3.9: «Honra a Jehová con tus bienes, y con las primicias de todos tus frutos».

Sarah recuerda vívidamente ver diezmar a su mamá, dando el diez por ciento de cada escaso cheque, y luego exclamar: «¡Ahí está! Ya están pagadas todas las cuentas de este mes. ¡Alabado sea el Señor!

Tengo cinco centavos adicionales y puedo comprar una taza de café en el trabajo». De niña, Sarah no se daba cuenta de que era considerada pobre. Ella solamente aprendió a lidiar con la adversidad y se adaptó al gozoso espíritu de contentamiento de su madre con lo que tenía. Martha le dejó a su hija una herencia más grande que el dinero; le enseñó a confiar en Dios en cuanto a su provisión y a regresarle a Dios como una creyente agradecida.

Cuando usted separe para proveer las necesidades y los deseos de su familia, tenga presente que lo mejor que puede darles a sus hijos es un ejemplo intangible de fe en que Dios proveerá todas las necesidades de acuerdo con sus riquezas en Cristo Jesús. ¡No puede darles a sus hijos un regalo mayor!

———

Para obtener más información acerca de los siguientes temas, vaya a www.loveandrespect.com/parent/giving (sitio web en inglés).

- La mejor manera de decir no.
- Dar relacionado con el género del niño.
- Dar como un equipo de padres.

5

COMPRENDER

Póngase en el lugar de ellos

Para amar a sus hijos utilizando los principios GUÍAS:

Como la mayoría de los padres, Sarah y yo «aprendimos en el camino», y eso ciertamente incluye el siguiente principio de nuestra lista: comprender. Cuando nuestro hijo David estaba en quinto grado, ambos luchamos para entender su falta de interés para hablarnos y expresarnos sus sentimientos, de forma que pudiéramos darle valiosos consejos y sabiduría. Sarah recuerda el primer día de escuela en que lo buscó y le preguntó:

—¿Cómo te fue?

—Bien.

—¿Qué hiciste?

—Nada.

—¿No sucedió nada emocionante?

—No.

El segundo día de escuela fue lo mismo.

—David, ¿cómo te fue hoy?

—Bien.

—¿Qué hiciste?

—Nada.

—¿No sucedió nada emocionante?

—No.

El tercer día:

—David, ¿cómo te fue hoy? ¿Algo divertido?

—No...

El cuarto día, David miró a su madre y le dijo amable pero firmemente: «Mamá, te *voy* a decir algo. Es lo mismo todos los días. Si algo cambia, te avisaré».

Como lo dice a menudo, Sarah desea haber aprendido eso en el quinto grado, el quinto grado de David. Ella redujo las veinte preguntas de rutina, pero todavía intentaba, de vez en cuando, sonsacar a nuestro hijo y hacer que hablara... sin éxito.

> La Biblia reconoce las luchas exclusivas de la juventud: «Tenía temor, pues era aún muchacho» (Jueces 8.20).

A veces me decía: «No comprendo a David. No me habla como yo quiero». En ese momento no nos habíamos enfocado en cómo los niños y las niñas les hablan a sus padres. Por ejemplo, las niñas casi siempre hablan de sus sentimientos más frecuentemente que la mayoría de los niños, incluyendo aquellos temas como la manera en que se sintieron en el día. Según mis observaciones, este comportamiento comienza muy temprano. Los hijos por lo general no recuerdan conversaciones y experiencias punto por punto, ni están dispuestos a contarlas, así como las hijas. Era perfectamente normal que Sarah preguntara: «¿Cómo te fue?», y era perfectamente normal que David no deseara hablar al respecto. (Para obtener más información al respecto y acerca de otras diferencias entre géneros, ver el capítulo 11: «Paternidad rosa y azul».)

Más tarde, cuando David era mayor y dictábamos la conferencia sobre los principios de Amor y Respeto en el matrimonio, Sarah descubrió que una clave para vincularse con su hijo no es confrontarlo con preguntas directas, sino solamente estar con él, hacer alguna actividad que él disfrutara «hombro a hombro».

¿Qué significa «comprender» a su hijo o hija?

Las diferencias de género entre los niños y las niñas son solo una de las muchas cosas que Sarah y yo aprendimos en la marcha, mientras intentábamos comprender a nuestros hijos. Estar conscientes de las diferencias de género es útil, pero es solamente una parte de una definición general:

> Comprender a su hijo es conocer y sentir empatía con las etapas de su desarrollo.

Un hecho obvio que los padres a menudo pasan por alto es que sus hijos, sin importar su edad, no se han desarrollado y son inmaduros. Simplemente necesitan crecer. Después de todo, no son adultos. Por esa razón debemos reconocer que un niño —desde la infancia hasta la adolescencia—, como la Biblia lo afirma, hablará como niño, pensará como niño, razonará como niño; y de manera natural, hará lo que es de niño (1 Corintios 13.11).

Mi mamá a menudo recordaba una conversación que tuvo conmigo cuando yo estaba en primer grado, la cual ilustra el razonamiento infantil. Ella me preguntó: «Cuando tu maestra les da palabras de su lista para deletrear, ¿ella los va saltando?». Con toda seriedad, yo respondí: «No. Ella solo se queda parada».

Los niños piensan literalmente primero. Son niños, sus comentarios y bufonerías pueden provocar una sonrisa en el rostro de los padres. El famoso personaje de televisión, Art Linketter lo expresó mejor: «¡Los niños dicen las cosas chifladas!». Eso es verdad, y necesitamos grabar «esas cosas» en nuestra memoria para contarlas y compartirlas en el futuro.

Sin embargo, la infancia puede volverse frustrante cuando nuestros hijos hacen cosas que nos irritan y luego nosotros los frustramos al impacientarnos. En esos momentos, necesitamos recordar que: infantil significa «inmaduro, irresponsable y tonto». Necesitamos preguntarnos: «¿Qué estoy esperando? ¿Mi hijo no va a actuar de manera infantil?». Aunque tal comportamiento nos moleste y nos agote, e incluso a veces nos haga sentirnos irrespetados, nuestro niño o adolescente no tiene mala voluntad. Necesitamos desarrollar un espíritu de comprensión, comparado con el espíritu de generosidad del cual hablamos en el capítulo anterior. De otra manera, podemos malentender gravemente a nuestros hijos, de modo que el Ciclo Alienante de la Familia puede comenzar a girar cuando provocamos lo innecesario.

Efesios 6.4 nos exhorta: «Y vosotros, padres, no provoquéis a ira a vuestros hijos»; y Colosenses 3.21 advierte: «Padres, no exasperéis a vuestros hijos, para que no se desalienten». Creo que con estos versículos Pablo está desafiando a los padres en particular, porque pueden corregir exageradamente y parecer ser demasiado demandantes. No obstante, aunque las madres normalmente sean más comprensivas que los padres, esta advertencia de la Escritura es para ellas también.[1]

> Sean comprensivos.
> Ámense como hermanos y
> hermanas.
> —1 Pedro 3.8, NTV

El primer paso para comprender a sus hijos es darse cuenta de cuánto necesitan sentirse amados. ¿Parece sencillo? Papás y mamás, estén muy conscientes de que solamente porque ustedes posean un profundo amor en su corazón por su hijo, no significa que mostrarán automáticamente un espíritu de comprensión o la voluntad de comprender. Si hay muy poca comprensión, el niño puede sentirse malentendido, no aceptado y no amado. Es por ello que no creo que debamos atrevernos a tomar pasajes como Efesios 6.4 y Colosenses 3.21 con demasiada ligereza.

Pero... vivir estos dos pasajes es mucho más fácil decirlo que hacerlo. Irónicamente los padres, que se supone que deben ser más emocionalmente maduros que sus hijos, a menudo son culpables de lo contrario. Véalo de esta manera: si yo estoy casi siempre provocando a mis hijos a ira y los estoy exasperando de manera que se desalienten, no los estoy criando en una manera madura. La verdadera madurez busca servir a la otra persona, no lo opuesto. Demasiados padres piensan que de lo que se trata es de hacer que sus hijos comprendan lo que ellos —los padres— desean, y luego lo hagan respetuosamente. Sarah y yo aprendimos, a menudo a la manera difícil, que es lo contrario: usted hace que sus hijos sean obedientes y respetuosos, amándolos y comprendiéndolos. A veces esto puede parecer imposible, pero funciona a largo plazo.

Recuerde que la pregunta práctica siempre es:

¿Cómo comprendo a mis hijos para que se sientan amados y motivados a actuar respetuosamente para conmigo?

Cómo provocar a sus hijos sin intención de hacerlo

Piense conmigo acerca de cómo podemos los adultos cruzar la línea y frustrar a nuestros niños. Cuando la Palabra de Dios nos dice que no los provoquemos a ira ni los exasperemos (Efesios 6.4; Colosenses 3.21), se entiende que debemos saber dónde se encuentra esa línea. Aquí hay algunas maneras en que podemos cruzarla, más fácilmente de lo que podemos pensar.

Ser demasiado agresivo o usar la fuerza física puede hacerlo cruzar fácilmente la línea. No estoy diciendo que nunca discipline a sus hijos ni tome las riendas (ver el capítulo 7: «Disciplina»). Estoy hablando acerca de perder la paciencia o la calma, y ser demasiado fuerte con el niño, verbal o físicamente. Es fácil levantar la voz para hacer que nos escuchen; tomarlos firmemente y sacudirlos mientras intenta que obedezcan. Tengo muchas cartas de padres que nos dicen cómo fueron maltratados en su niñez, lo cual conozco por experiencia propia en mi infancia; el temor, la frustración y la ira, mientras miraba a mi papá abusar verbalmente de mi madre. Pero cualquiera que sea el nivel, el lenguaje severo y el trato duro provocan y enfurecen a cualquier niño, y finalmente el niño se cerrará a sus padres.

Incumplir promesas puede hacer que cruce la línea, incluso cuando mamá y papá crean que hay una buena excusa por no llegar o darle seguimiento a algo que habían prometido. Una de las peores situaciones es el niño que se queda esperando a un padre o madre que nunca regresa. Un amigo mío recuerda vívidamente ver a su madre irse conduciendo, luego de prometer que regresaría dos semanas más tarde. Miró por la ventana durante meses, su corazón brincaba de gozo cuando veía un coche azul como el de ella pasar. Él recuerda: «Hubiera sido mejor escuchar: "Soy una alcohólica y no regresaré, pero la abuela te cuidará"». En cambio, ese corazón de ocho años fue quebrantado por su promesa incumplida.

Pero cualquier promesa rota —no asistir al recital o al juego de su hijo, no llevar un juguete luego de un viaje de negocios—, sin importar cuán nimia le parezca a usted, puede provocar a ira y exasperar a su hijo. El asunto es claro: mantenga a toda costa las promesas que les hace a sus hijos. Como la Escritura lo explica: «Nubes y viento, y nada de lluvia, es quien presume de dar y nunca da nada» (Proverbios 25.14, NVI).

Cuando simplemente no podemos cumplir una promesa debido a circunstancias que están fuera de nuestro control, pidamos perdón y arreglemos algo para compensarlo cuando sea posible. A continuación tenemos un correo electrónico que encontré en mis archivos, el cual le había escrito a Joy de once años, luego de que tuviéramos que cancelar una cita que habíamos planeado juntos:

Querida Pinky:

Mi agenda está llena esta tarde de las 3:00 a las 5:00. Pero esto funcionará mejor. Mamá y yo decidimos que el lunes, ya que no tendrás clases, podríamos hacer tres cosas: 1. Ir al club atlético. 2. Salir a comer. 3. Ir de compras. Me disculpo por hacer que esperes unos días más. A los 11, eso puede ser frustrante. No obstante, definitivamente tenemos algo por qué esperar.

Joy me dice que no recuerda cómo respondió a mi nota, pero lo importante es que la hizo sentirse un poco mejor. Cualquier nota o palabra hablada de disculpa les hará saber a los niños que usted está consciente de lo que hizo y que sus sentimientos cuentan.

Los *insultos* siempre cruzan la línea, incluso cuando se dicen bromeando, «solo por diversión». Y si usted insulta a su hijo cuando se molesta o se enfada, seguramente causará un daño. El término *inútil* de mi papá, el cual me decía en diferentes ocasiones, fue otra razón para cerrarle mi espíritu durante muchos años. Yo sé que si papá estuviera vivo, se disculparía. Creo que en lo profundo de su corazón, no deseaba reaccionar de esa manera, no obstante sus reacciones me desmoralizaban.

Lo digo otra vez: *nunca* insulte a sus hijos o perderá su voluntad. Me sorprenden las emociones que surgen en mí mientras escribo esto. Los insultos en la familia *no* son algo bueno. En realidad, la lengua puede ser «un fuego, un mundo de maldad» (Santiago 3.6).

Acusaciones falsas o apresuradas sin revisar completamente y escuchar, puede ser algo particularmente dañino. Cuando Joy era adolescente, entré a nuestra sala de estar cuando ella y su novio estaban luchando en el suelo, todo por diversión; pero eso encendió todo tipo de alarmas rojas en mí. La llamé a hablar en privado (por lo menos fui sensato en eso) e intenté explicarle cómo ese tipo de contacto puede estimular a un joven. Joy estaba asombrada y mortificada. Para ella y su novio, eso era estrictamente ingenuo y juguetón, y todo lo que ella podía escuchar era que yo la estaba culpando por algo que no estaba sucediendo. Joy estalló en lágrimas y me evadió un largo tiempo.

¿Me equivoqué al confrontar a mi hija? Eso puede ser discutible (solamente estaba tratando de ayudar como padre), pero lo que no está sujeto a debate es que pude haberlo tratado de manera distinta. Pude haber dado un paso atrás y pensado: «¿Cómo se sentirá Joy si digo algo ahora? ¿Debo dejarlo pasar? ¿Qué aconsejaría Sarah?». Un poco más tarde Sarah me dijo que había arruinado completamente la relación, por lo que ella tuvo que intervenir mucho para que Joy me perdonara.

Para ejemplificar todavía más el impacto que ese accidente tuvo en Joy, cuando les pedí a mis hijos adultos que me dieran ejemplos de cómo les había molestado a través de los años, ella rápidamente recordó el sermón de las luchitas. Yo me mortifiqué por segunda vez y otra vez sentí todo tipo de duda en cuanto a haber abordado correctamente un tema como padre o no. Dichosamente, hoy Joy y yo tenemos una relación padre e hija completamente franca. Cuando le conté mi culpabilidad y mi gran pesar por cómo la había herido, me dijo: «Papá, no dejes de ver todas las cosas que hiciste bien. Además, si vas a ayudar a los padres a aceptar la gracia de Dios, necesitas aceptar su gracia y mi perdón también».

Las acusaciones falsas o apresuradas pueden dañar en especial a los adolescentes, porque ellos están de camino a intentar comprenderse a sí mismos y volverse independientes. Pero acusar falsamente a sus hijos de cualquier edad, sin tener todos los hechos, es una manera segura de exasperarlos y provocarlos a ira. La Escritura lo explica bien: «Tengan presente esto: Todos deben estar listos para escuchar, y ser lentos para hablar y para enojarse» (Santiago 1.19, NVI). En otras palabras, escuche con atención y vea los hechos antes de hablar o actuar.

Proverbios 18.13 aconseja sabiamente: «Precipitarse a responder antes de escuchar los hechos es a la vez necio y vergonzoso» (NTV).

Debido a que yo había incluido una amplia sección acerca de «escuchar con atención y cuidado» en mi disertación de doctorado acerca de la familia, pensé que sabía lo básico; pero mis hijos me enseñaron mucho más que mis estudios de postgrado.

Por ejemplo, escuchar correctamente a menudo significa mirar directo a los ojos. A los tres y cuatro años, Joy me agarraba el rostro y lo volteaba hacia ella, diciendo: «Papi, mírame». Cuando mis hijos me miraban viendo hacia otro lado mientras estaban intentando decirme algo, ellos más bien decían: «Ni siquiera me estás escuchando. No te importa lo que estoy diciendo». Yo pude haber pensado que estaba escuchando, pero mis hijos fueron mis mejores maestros al hacerme saber cuándo arruinaba el hecho.

David me dice ahora que cuando era chico, sentía que yo siempre estaba intentando explicar por qué le estaba diciendo lo que deseara que comprendiera. Él sabía que yo deseaba comprenderlo, pero rara vez sentía eso. Esa es una de las «pérdidas» que me duele. Tanto Sarah como yo sentimos que cometimos un enorme error en este aspecto. Tendíamos a reaccionar en lugar de responder. Tendíamos a presumir que sabíamos, en lugar de asegurarnos de ello. Tendíamos a dar respuestas rápidas, en lugar de decir: «Déjame pensar al respecto un rato».

Escuchar es un arte, incluso ahora continúo aprendiéndolo. Una cosa que he aprendido es: la paternidad no es asunto de que nuestros hijos comprendan nuestras instrucciones, aconsejarlos y guiarlos, de lo que se trata es de intentar comprenderlos: cómo se sienten y lo que están intentando decirnos.

Posiblemente usted pueda aprender con lo que le cuento acerca de nuestros errores. Lo que nuestros hijos necesitan y anhelan es que intentemos comprenderlos, no hay mejor manera que comenzar a escuchar.

Las *expectativas, peticiones y exigencias irrazonables* son otro error que cruza la línea, que los padres cometen muy fácilmente, porque simplemente no están conscientes de que sus hijos no son capaces de hacer lo que les piden. Algunas veces, los padres no ven las cosas a través de los ojos de sus hijos, porque están demasiado ocupados intentando vivir a través de ellos. Un padre entrena al equipo de fútbol de su hija, porque ella es la mejor jugadora y él la empuja implacablemente a desempeñarse. Aunque él afirma que lo está haciendo para su bien, él realmente desea satisfacer su propia necesidad de darse importancia. La niña se cansa de la constante presión y finalmente se niega a jugar, lo cual provoca que su padre estalle de ira por lo que ve como su falta de respeto. Ella se atasca en su ira y se desanima.

Muchos giros del Ciclo Alienante de la Familia pueden identificarse al esperar más de nuestros hijos de lo que ellos pueden sostener. Cuando los empujamos más allá de su nivel de maduración, pueden estallar en ira (y sucede) (Efesios 6.4), o desmoralizarse en derrota (Colosenses 3.21). Una mujer me escribió acerca de que siempre deseaba ser «la pequeña de papi, pero no importaba cuán duro intentara ser perfecta, no me dijo ni una sola vez que estaba orgulloso de mí o simplemente me abrazó [...] no importaba lo que hiciera, nunca sería suficientemente bueno para él. Finalmente pretendí que no importaba. Me alejé de él».

Existen muchas maneras de cruzar la línea y exasperar a su hijo. Un buen principio que seguir es pesar sus palabras o sus acciones con preguntas como estas:

«¿Lo que estoy a punto de decir le parecerá amoroso a mi hijo?».

«¿Estoy intentando ver las cosas a través de los ojitos de esta personita?».

«¿Puedo recordar cómo era yo de adolescente?».

Detenerse a hacerse una de estas preguntas es un buen comienzo, pero todavía hay más que aprender acerca de la exasperación; y para la mayoría de los padres, hay otra gran pregunta que debe ser respondida.

¿Cuán fácilmente «entrega las llaves»?

Ser emocionalmente maduro y no hacer cosas que provoquen ni exasperen a sus hijos es un desafío; pero ¿qué pasa las veces en que ellos nos provocan y nos exasperan a *nosotros*? Al calor de la batalla, nosotros debemos permanecer tranquilos y compuestos. Como lo explica Proverbios 17.27: «El que ahorra sus palabras tiene sabiduría; de espíritu prudente es el hombre entendido».

Nuestro trabajo es tener el control emocional, nunca ser verbalmente crueles. Debemos poder manejarlo. Somos adultos. Nosotros estamos conduciendo el auto, por decirlo de alguna manera, y no debemos entregar las llaves al satisfacer nuestra propia forma de conducta infantil.

¿Cuán fácilmente pueden provocarlo y exasperarlo sus hijos? Aquí hay algunas preguntas para pensar.

¿Tiendo a presuponer o prejuzgar? En otras palabras, ¿interpreta demasiado cuando su hijo desobedece, se aísla o se comporta mal en muchas maneras durante el día? ¿Sospecha que él se sienta en su habitación tarde por la noche, haciendo diagramas de cómo hacer que le hierva la sangre?

Muchos padres se exasperan al predecir cómo es que su hijo puede ser irrespetuoso en ciertas situaciones. Una madre predice: «Yo sabía que ella ignoraría mis instrucciones acerca de cómo empezar los deberes. Lo hace para molestarme. Me estoy cansando de su trato irrespetuoso».

En la familia especialmente, «Ciertamente la soberbia concebirá contienda» (Proverbios 13.10).

Los padres exclaman: «Si nuestros hijos de verdad nos respetaran, ¡escucharían! Desde luego, nosotros nos enfadamos. ¿No está bien enfadarse?». En muchas ocasiones, la respuesta corta es no: usted está saltando a conclusiones acerca del comportamiento verbal de todo niño normal. Usted debe lidiar con ello no con exasperación o ira. Y no siempre espere lo peor de ellos.

¿Cuán impaciente soy... en realidad? Este es el otro lado de la moneda de las expectativas. Esperamos que nuestros hijos actúen como adultos, no nos frustren, siempre sean cooperativos, etc., etc. Como no lo son, perdemos la paciencia y reaccionamos rápidamente por nuestra propia exasperación: «¡Deja de lloriquear! ¿Cuándo vas a crecer?». O el clásico: «¿Por qué no puedes ser como tu hermana mayor?» (o quien sea). Y, desde luego, de la exasperación hay un corto salto hacia la ira irracional.

Cuando David tenía once o doce años, lo empujé contra un muro por contestar acerca de algo, lo cual fue el clímax de mi frustración con él por causa de su belicosidad del sábado por la mañana. Fue un jalón de antebrazo que no lo lastimó, más bien le llamó la atención. Yo reaccioné de más y me equivoqué. Perdí la calma. Nunca había hecho algo así antes, tampoco lo hice después, y sabía que ese era mi problema. Me sentí horriblemente. Le dije que lo sentía y le pedí que me perdonara.

¿No es así como se sienten muchos niños? «Nosotros deseábamos saltar la cuerda y ustedes siempre estaban muy cansados; nosotros deseábamos hablar, pero ustedes siempre estaban muy ocupados» (Mateo 11.17).

De manera interesante, le pregunté a David si recordaba ese error como padre. Él respondió: «No, no recuerdo que me hayas empujado contra un muro. Recuerdo otra ocasión en que me recogiste y me llevaste al sótano y, camino abajo, yo tomé la repisa grande y alta de madera que estaba colocada contra el muro y la tiré. Todavía sigo estando orgulloso de eso». Me reí y le agradecí al

Señor por hacer que recordara su bravata y olvidara mi pérdida de control.

Esa escena de mi impaciencia e ira continúa conmigo. Yo mostré mayor inmadurez que David entonces; después de todo, yo era el adulto y él era el niño. En mi exasperación, «entregué las llaves».

¿Hago a mis hijos responsables de mi bienestar emocional y mi felicidad inconscientemente? ¿Mi autoimagen crece o decae basada en su conducta? Cuando son «buenos», ¿me siento bien conmigo mismo? Cuando son «malos», ¿me siento mal conmigo mismo? He aconsejado a muchas madres que admiten que en maneras sutiles han hecho a sus hijos responsables de su autoestima. Eso lleva con frecuencia a uno de dos resultados negativos: esas madres ceden a las demandas de sus hijos para lograr que se porten bien; o engendran resentimiento hacia sus hijos por «hacerlas» sentirse mal consigo mismas, debido a su mala paternidad.

Oro que usted no caiga en esa trampa, pero si cree estar ahí, puede escapar. Su autoestima no debe provenir de sus hijos, sino de conocer el valor que Cristo coloca en usted. Los niños nos pueden afectar emocionalmente, pero nunca determinar nuestra autoimagen, la cual debe depender de una sana relación con Dios. (Para obtener mucha más información acerca de esta verdad, ver el capítulo 13.)

¿Estoy muy ocupado para atender a mis hijos? Algunos padres están tan absorbidos en su mundo de metas adultas, listas de quehaceres, llamadas telefónicas que hacer, correos electrónicos qué responder, mensajes constantes, entre muchas otras cosas, que se exasperan cuando sus hijos desean un poco de su tiempo. Hace años escuché a un conferencista que relató la historia de un padre que trabajaba ocupadamente contra el tiempo de entrega, tras puertas cerradas en la oficina de su casa. Él comienza a escuchar a su hijo de tres años golpear la puerta muy suavemente e intenta ignorar el ruido, pero finalmente dice con aspereza: «Jason, ¡aléjate de la puerta! Papi está tratando de trabajar».

Todo parece callado durante algunos segundos; luego el padre escucha el suave llanto. Abre la puerta y se da cuenta de que Jason está en el suelo, gimiendo: «¿Qué querías?», pregunta papá. Con voz temblorosa, el pequeño tartamudea: «Yo solo... deseaba... decidte que... te... quiedo».

El gran filósofo, Sócrates, dijo: «Cuidado con el vacío de una vida ocupada». Cuando usted está tan ocupado que la interrupción más sutil lo exaspera, eso puede llevarlo más fácilmente a hacer que sus preciosos hijos sientan falta de amor e incomprensión.

Empatice... luego, haga lo que parezca mejor

Al comienzo de este capítulo definí comprender a nuestros hijos como la capacidad de conocerlos y sentir empatía con ellos en cualquier etapa etaria en la que puedan encontrarse. Con *sentir empatía* me refiero a ir más allá de una simple afirmación que diga: «Qué mal está eso». Sentir empatía con alguien significa comprender y compartir los sentimientos o pensamientos de otra persona, especialmente cuando está herida o triste. Usted intenta colocarse en los zapatos de otra persona y, en este caso, los zapatos los lleva su hijo preescolar, su hijo de edad escolar o su adolescente. Usted puede sentir empatía con su hijo, porque recuerda cómo fue ser nuevo, ser diferente, obtener una baja calificación, perder el juego, o cualquier cosa por la que su hijo esté pasando ahora.

Cierto, sentir empatía de manera correcta no es fácil. Ser buenos padres significa mostrar suficiente empatía, pero sin exagerar. Demasiada empatía puede validar y alimentar los sentimientos incorrectos de ira y autocompasión de un niño. Lo peor es que sintamos tanta empatía que racionalicemos y hagamos excusas por el mal comportamiento, de modo que algún día se vuelva una manipulación habitual e incluso nos mientan.

No es algo fácil. Otra vez, nos encontramos confiando en Abba Padre al hacer lo que parece mejor (Hebreos 12.10). Con frecuencia, lo que nos salvaba a Sarah y a mí era que confiábamos en Dios. Yo sé que eso parece muy simplista, pero muy a menudo era en lo que Sarah y yo nos apoyábamos (y en lo que continuamos apoyándonos). Instintivamente, como padres seguidores de Cristo, sabemos que nuestro incentivo más profundo por comprender a nuestros hijos estaba basado en la manera en que el Padre celestial nos comprende a nosotros como sus hijos. De hecho, Jesús enseña que el Padre celestial siente por nuestros hijos lo que nosotros sentimos por ellos (Mateo 7.7–11). Debido al amor que el Padre siente por nosotros, Sarah y yo nos sentimos compelidos a tratar a nuestros hijos de la manera en que Él nos trataba a nosotros. Cuando fallábamos, sucedía porque desenfocábamos nuestros ojos de esa verdad.

Así como el Señor siente empatía por nuestras luchas, nosotros debemos sentir empatía por las de nuestros hijos. Hebreos 4.15 es nuestra guía: «Porque no tenemos un sumo sacerdote incapaz de compadecerse de nuestras debilidades, sino uno que ha sido tentado en todo de la misma manera que nosotros, aunque sin pecado» (NVI).[2]

¿Por qué no logramos comprender y sentir empatía?

Cuando falle, busque perdón. En *Amor y Respeto* dije que las palabras más poderosas en un matrimonio son: «Lo siento. ¿Me perdonas, por favor?». Las mismas palabras se aplican para los padres. Cuando no logramos comprender, cuando nos paramos en esa línea y los exasperamos, podemos decir cosas como:

«Lo siento. Me enfadé y no estaba pensando cabalmente. Me equivoqué. ¿Me perdonas, por favor?».

«Hablé antes de saber la historia completa. Lo arruiné. Me disculpo».

Como desee decirlo, asegúrese de que sus hijos entiendan la expresión: «¿Me perdonas?», cuando provenga de un padre que se siente mal. Y si usted rara vez lo dice, ellos lo notarán también. Sarah comentó: «Decir: "Me equivoqué, por favor, perdóname", siempre ha sido importante para mí como madre. Puedo recordar que mi madre admitió que estaba equivocada solo dos veces. Yo la amaba profundamente, pero anhelaba que me dijera: "Lo siento", porque yo sabía que había veces en que se equivocaba».

En conclusión: nuestros hijos se sienten aceptados y amados cuando nos disculpamos por cruzar la línea... y ese siempre es un buen comienzo para comenzar a comprender.

Para obtener más información acerca de los siguientes temas, vaya a www.loveandrespect.com/parent/ understanding (sitio web en inglés).

- Cómo se acercaron José y María a Jesús, de doce años, con comprensión.
- Los efectos a largo plazo de sentir empatía y de no sentirla.
- ¿Hay límites para comprender?
- ¿Qué tanto debemos confiar en nuestro propio entendimiento?

Formas de vida de la familia Eggerichs

(relatado según la percepción de la hija menor, Joy)

Mi padre, casi al final de sus estudios en el colegio militar. Estaba a punto de entrar en la universidad y de conocer algo que le había faltado durante los cinco años anteriores... el género opuesto.

Mis padres, con un gozo juvenil, sin tener idea de que su vida cambiaría cuando sus tres querubines entraran en el mundo. Disfruten su torta, mamá y papá. ¡Ya vamos!

La familia de mi papá o injertaba a mi mamá en la familia Eggerichs o intentaba parecer la familia Partridge.

Mis padres cuando eran jóvenes con mi hermano mayor, Jonathan. La calma antes de la tormenta (además de algo de color en su ropaje antes de que optaran por el negro).

Muy emocionados porque todavía hubiera pijamas enteros rojos para preadolescentes.

Mi papá predicó en la East Lansing Trinity Church durante casi veinte años. En 1982, con mi llegada al mundo, la concurrencia de la iglesia se incrementó en un miembro.

Antes de la época en que podía hacerse edición fotográfica con los teléfonos inteligentes.

Y luego golpearon la cámara.

Y David me dijo que
yo molestaba.

En realidad, no tengo
ningún comentario
sarcástico que hacer.
Creo que esta podría
ser una de las fotos
de niños más lindas
del mundo.

¡Espera
un
segundo!

Momentos después es probable que la cuchara me golpeara el ojo... una comida típica.

Durante algunos años de nuestra infancia, mamá se tomó la tarea de educarnos en casa. Algunas fotos del primer día de clases en la entrada principal de la casa terminaban cuando íbamos de vuelta al interior. Era un poco anticlimático, ¡pero mamá fue una campeona por intentarlo!

No creo que ninguno de nosotros estuviera feliz por esto.

Mi papá era grandioso, pero algunas veces su rostro decía: «Llévenme lejos, lejos del ruido».

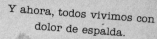

Y ahora, todos vivimos con dolor de espalda.

Aparte de que Jonathan luciera un poco asustado, esta foto puede llevarlo a creer que éramos normales. ¡No se engañe!

Y segundos después tuvimos huevos revueltos.

Obra familiar de la Natividad: la única vez en que está bien estar casada con tu hermano y que el otro hermano se arrodille ante ti.

Creo que comimos en esta mesa hasta que nos fuimos a la universidad.

Encontramos una banca roja en el bosque y tomamos una foto espontánea.

Una típica noche de viernes para hacer guerra y agarrarse el ombligo.

Probablemente la única vez que todos lavamos juntos la vajilla. Y espero que haya sido la última que papá vistiera esa camisa ajustada.

Me pregunto si alguna vez las familias dejarán de coordinar sus atuendos con las decoraciones de la época. Gracias a Dios, el paso de los peinados de la década del ochenta evitarán que los abuelos se pierdan en las fotos familiares.

El café ayuda a muchos padres a sobrevivir esta etapa.

Mis padres nunca nos pusieron en situaciones peligrosas, no aptas para niños.

Hay tanto que quisiera decir de las camisas de mis hermanos, del maquillaje de mi madre y de mi vestido con pechera... pero no lo haré.

La época en que mis hermanos se emocionaban al tomarse fotos familiares y mis padres intentaban inscribirme subconscientemente en la marina.

Mis hermanos durante su fase tipo «probablemente me descubrirán».

Aparentemente mi papá fue el único que llegó a las camas de bronceado antes de esta foto.

¡Y miren! ¡Todos sobrevivimos! (izquierda a derecha: Jonathan, Sarah, Jackson sostenido por Emerson, Sarah, David y Joy)

6

INSTRUIR

No demasiado... pero suficientes «cosas como esa»

Para amar a sus hijos utilizando los principios GUÍAS:
Cuando yo era pastor, hace muchos años, un joven me escribió para decirme que había crecido en la década de 1960 en una casa que estaba al final de una larga carretera privada. La gente a menudo conducía por ahí solo para fisgonear, algunas veces se estacionaban parejas jóvenes. El área de vuelta era pequeña, por lo que los conductores a menudo pisaban el césped, dando vuelta con sus llantas, y dejando surcos en el pasto. Un día, su padre y él estaban arreglando el césped (de nuevo), y él dijo con disgusto:

—Oye, ¿no puedes aporrear a esos tipos?

Su padre solo se encogió y dijo:

—No, en realidad no.

Cuando le preguntó por qué a su papá, él respondió:

—Hay cosas mucho más importantes que el césped.

Él no comprendió lo que su papá quería decir y llevó el asunto más allá:

—¿Como qué?

Su papá respondió con once palabras que dejaron un impacto poderoso en su vida:

—Como la bondad, la hermandad, el amor... y cosas como esas.

El joven, al escribir años más tarde, cerró su carta, diciendo: «Supongo que parece una historia graciosa, pero dejó una impresión duradera en mí. Esa enseñanza me ha puesto muchas cosas en perspectiva. Además, mi padre me dejó claro que me amaba [...] pero su modelo de caminar recto con Cristo [...] fue lo más importante».

> En cuanto a los mandamientos de Dios, «y las repetirás a tus hijos, y hablarás de ellas estando en tu casa, y andando por el camino, y al acostarte, y cuando te levantes» (Deuteronomio 6.7).

Cuando pronunció esas palabras que permanecieron con su hijo toda la vida, yo dudo que ese padre pensara: *ah, aquí hay una gran oportunidad de enseñanza para impartirle sabiduría a mi hijo*. Era muy probablemente que no estuviera pensando en Efesios 6.4, que dice: «Sino criadlos en [...] amonestación del Señor»; pero lo estaba viviendo, y ese es el mejor tipo de enseñanza que un padre puede practicar. Los hijos ponen atención cuando preguntan por qué y reciben revelaciones del corazón humilde del padre.

Tales momentos con nuestros hijos pueden revelar lo que creemos en realidad. Hoy vivimos en un mundo de increíble tentación y cinismo creciente hacia las cosas de Cristo. Si somos «auténticos» como padres que siguen a Cristo, iremos por delante con los hombros arriba, por sobre todas las demás influencias, a medida que les enseñemos a nuestros hijos «la bondad, la hermandad, el amor... y cosas como esas».

Usted es el maestro más importante de su hijo

Nadie es más importante que los padres cuando se trata de impartirles verdad a los hijos. Como lo explica Proverbios 1.8: «Hijo mío, escucha las correcciones de tu padre y no abandones las enseñanzas de tu madre». Pero al haber estado en el ministerio durante mucho tiempo, sé que muchos creyentes no están completamente convencidos de que sean los maestros más importantes de sus hijos. Después de todo, personas bien capacitadas enseñan a sus hijos: en la escuela, en la iglesia, en el campo de atletismo o en la cancha. Resulta tentador pensar: *puedo contar con otras personas para que instruyan a mis hijos mejor que yo. Mi trabajo es cuidarlos, darles una buena vida, amarlos, apoyarlos... ¿no es eso importante?*

Todo eso es muy importante, pero no suficiente. Se necesita más, es por ello que a los padres se les ordena criar a sus hijos en «amonestación del Señor». La palabra griega para *amonestación* en Efesios 6.4 se relaciona con lo que se le habla a un niño a modo de enseñanza, advertencia o ánimo. De acuerdo con Pablo, esta instrucción verbal debe salir de los escritos inspirados de la Biblia. Cuando Pablo le escribió a Timoteo, le dijo al joven pastor: «Y que desde la niñez has sabido las Sagradas Escrituras, las cuales te pueden hacer sabio para la salvación por la fe que es en Cristo Jesús. Toda la Escritura es inspirada por Dios, y útil para enseñar, para redargüir, para corregir, para instruir en justicia» (2 Timoteo 3.15–16).

Pablo se estaba refiriendo a los escritos del Antiguo Testamento, los cuales le fueron impartidos a Timoteo por su madre, Eunice, y por su abuela, Loida; pero también estaba pensando en las palabras y los caminos de Jesús, que dijo: «Escrito está: No solo de pan vivirá el hombre, sino de toda palabra que sale de la boca de Dios» (Mateo 4.4). Como seguidores de Cristo creemos en una perspectiva de revelación, que Abba está ahí y nos ha hablado principalmente a través de Su Hijo.

Es por ello que Pablo escribió en Romanos 10.17: «Así que la fe es por el oír, y el oír, por la palabra de Dios». Cuando mantenemos a Cristo como el centro de nuestro corazón, no evitaremos criar a nuestros hijos en la instrucción del Señor Jesús. Llevaremos el corazón de nuestro hijo hacia el corazón de Cristo.[1]

¿Qué debemos enseñar?

Creo que nuestra enseñanza involucra dos áreas principales.

En primer lugar, anclamos nuestros hijos en las verdades salvadoras de Dios. ¡Qué privilegio es buscar maneras de compartirles el plan de salvación a nuestros hijos! Si no sabemos cómo dirigirlos a Cristo, aquellos que trabajan con los niños en la iglesia pueden proporcionarnos múltiples herramientas para mostrarnos cómo. No hay gozo más grande que llevar a nuestros propios hijos a Cristo. Pero ya sea que les expliquemos el mensaje del evangelio o lo haga alguien de la iglesia, no hay nada —absolutamente nada— más importante para la eternidad. ¿De qué aprovechará a nuestros hijos si ganaran todo el mundo y perdieran su alma? (Mateo 16.26).

Cuando mi mamá se entregó a Cristo a la edad de cincuenta y tres años, me puso la Biblia en frente con lágrimas corriendo por sus mejillas, mientras decía: «Toda mi vida estuvo justo aquí, y nadie me contó acerca de una relación con Cristo». Mamá está en el cielo, pero yo sé que ella les diría a todos los padres: «Instruyan a sus hijos en las Sagradas Escrituras que dan la sabiduría que lleva a "la salvación por la fe que es en Cristo Jesús" (2 Timoteo 3.15). No dejen que pasen cincuenta y tres años ¡sin conocerlas!». (Ver el capítulo 9: «Suplicar», acerca de cuándo mi hija, Joy, se entregó a Cristo a los cinco años.)

En segundo lugar, capacítelos para saber cómo comportarse con sabiduría en la vida diaria. Salomón comenzó el libro de Proverbios con estas enseñanzas: «Para adquirir sabiduría y disciplina;

para discernir palabras de inteligencia; para recibir la corrección que dan la prudencia, la rectitud, la justicia y la equidad» (Proverbios 1.2–3, NVI).

Las palabras de Salomón sugieren muchas cualidades y competencias específicas del carácter. Cuando instruimos a nuestros hijos acerca de varios temas, debemos llegar al *por qué*, explicando las razones de la enseñanza. Por ejemplo, no mentir, engañar o robar, no solo porque hacerlo esté mal, sino también porque lastima el corazón de Dios, que nos ama, debilita nuestras relaciones con los demás, y daña nuestra reputación. Yo solía decirles a los niños: «Cuando Dios dice no, está diciendo: "No te lastimes"». Lo que parece correcto en el momento, a la larga puede llevarte a la muerte (Proverbios 14.12). Podemos preguntarles a nuestros hijos: «¿Sabes cuáles son las palabras de un tonto detrás del volante? "¡Mira esto!"».

«Pero, Emerson, me siento tan incapaz de instruir a mis hijos con la Biblia. No tengo capacitación bíblica, no tengo un grado en ética y moralidad bíblicas, y todo lo demás que puede surgir. Mis hijos están llenos de preguntas sin fin». Lo entiendo. Mis hijos tuvieron preguntas sin fin (y parece ser que todavía las tienen), y todos los grados que obtuve no siempre ayudaron. (De hecho, se me ha ocurrido con frecuencia que recibí una educación superior a mi inteligencia.)

Sin embargo, hay varias cosas que puede hacer un padre cuando se trata de criar a los hijos bajo la «amonestación del Señor» (Efesios 6.4).

Deje que la Palabra de Cristo more abundantemente en usted

No hay nada en la Biblia acerca de que los padres deban ser capacitados en un seminario para poder enseñarles a sus hijos. Una madre pobre e iletrada de una tribu africana puede instruir a sus hijos en las cosas de

Cristo. Ella no podrá leer, pero cuando escucha las palabras de Cristo ser predicadas y deja que esas palabras moren en su alma, se convierte en el mejor conducto a los ojos de Dios para educar a sus hijos.

Cuando el apóstol Pablo instruyó a los padres en Colosenses 3.21: «Padres, no exasperéis a vuestros hijos, para que no se desalienten», estaba dándole seguimiento a lo que dijo en los versículos 16 y 17 acerca de dejar que «la palabra de Cristo more en abundancia en vosotros». Él les está diciendo a los padres que cuando las palabras de Cristo llenan su corazón, ellos se vuelven conductos naturales para la «amonestación del Señor» (Efesios 6.4). He observado que cuando los padres disfrutan al Señor y meditan en su verdad, eso se derrama al comunicarse con sus hijos. Yo les digo a todos los padres: «Nunca, nunca piensen que no están preparados para instruir a sus hijos cuando las palabras de Cristo moran en ustedes. Ustedes son los profesores favoritos de Cristo. Este es el medio principal del Señor para implantar Su instrucción en sus hijos. ¡Defienda su posición! ¡Usted es el vaso de barro de Cristo!». (Para obtener más ideas de lo que debe decirle a su hijo a medida que le enseñe acerca del amor y el respeto, ver el Apéndice A: Objetivos de Amor y Respeto para nuestra familia.)

Existen también maestros consagrados y sabios que pueden ayudar a reforzar su instrucción paternal. No dude en utilizar la iglesia local, los campamentos y las escuelas cristianas para reforzar lo que usted enseña en casa. La iglesia puede dejar una enorme impresión a través de sus múltiples programas enfocados en el desarrollo bíblico infantil. Además, le puede ofrecer apoyo bíblico como padre, a medida que se reúna y estudie con creyentes con ideas afines.

Viva lo que enseña

Como vimos en la historia del papá y su hijo que arreglaban el césped, el poder del ejemplo es incalculable. Como me dijo un padre: «En mis propios hijos veo que mi enseñanza es inútil, a menos que les ejemplifique lo que les digo».

Lo hermoso es que casi a diario surge algo que nos permite enseñarles a nuestros hijos lo que creemos y por qué lo creemos. Mire estos desafíos como momentos de enseñanza que le permiten revelarle su corazón a su hijo. Por ejemplo, un chico de edad escolar lucha con su tarea y finalmente le pide a su madre que la haga por él. Ella objeta: «No sería correcto».

«Pero mamá —suplica el niño—. Al menos ¡puedes *intentarlo*!».

La mamá reprime una sonrisa, pero debe hacerle saber a su hijo que la honestidad es mejor que hacer trampa. A él no le gusta cuando sus amigos hacen trampa en los juegos, y a su maestra no le gusta cuando los alumnos la engañan, más importante aun, cuando se engañan a ellos mismos.

De verdad, con nuestros hijos un ejemplo vale más que mil palabras. Luego del servicio de la iglesia, un pequeño le dice al pastor:

—Cuando crezca voy a darle un poco de dinero.

—Bien, gracias —responde el pastor—. Pero, ¿por qué?

—Porque papi dice que usted es uno de los predicadores más desafortunados que hemos tenido.[2]

Cuide lo que dice o hace. Sus hijos están mirando y escuchando, y a menudo lo toman literalmente.

Cubra los momentos de enseñanza con lo que parezca mejor

Al borde del divorcio, Steve y Jackie llegaron al fin de semana de Amor y Respeto en un «esfuerzo desesperado» por salvar su matrimonio. Ellos progresaron un poco y cuando regresaron a casa, su hijo de cinco años miró los videos para matrimonios de Amor y Respeto junto con ellos, mientras trabajaban para arreglar su matrimonio. A medida que esa pareja comenzó a sanar, Jackie me envió un correo electrónico: «Me encontraba en el coche con mi hijo y debí haber suspirado sin darme cuenta. Matthew me dijo: "Mami, si te estás sintiendo apagada, ¡necesitas hacer lo que Sarah dijo en el video y ser agradecida!". Yo le dije que tenía razón y hablamos de todas las cosas por las que estar agradecidos ese día».

Como padres, escuchemos este versículo: «La lengua de los sabios adornará la sabiduría» (Proverbios 15.2).

¡Hablando de momentos de enseñanza! Y, en este caso, un niño de cinco años terminó la lección.

Algunas veces, los momentos de enseñanza pueden ser desagradables, por lo que se necesita valentía para confrontar a su hijo con la verdad, hablada amorosa y respetuosamente. Cuando mi hijo, David, tenía catorce años, me acerqué a él mientras estaba jugando béisbol en su computadora. Yo pude ver que estaba frustrado y le pregunté: «¿Qué sucedió? ¿Te ponchaste?». Con enfado, David me empujó para que me marchara. Su empujón fue símbolo de su frustración, más que un deseo de mostrar ira contra mí; pero yo aún estaba sorprendido. David nunca me había empujado así antes (y nunca volvió a hacerlo). Yo no dije nada, pero más tarde le escribí una nota de lo que sucedió:

Querido David:

Algunas veces las cosas suceden muy rápidamente y nos toman por sorpresa... cuando estamos enojados podemos actuar impulsivamente. Podemos dejar que nuestras emociones, en lugar de nuestro corazón y nuestra mente, nos controlen. ¿Es posible que en ocasiones como esas digamos: «Me estoy sintiendo frustrado y enfadado ahora. Me encantaría atravesar esta pantalla con mi pie»? Estoy seguro de que podemos decir cosas como esa. Podemos decir con palabras lo que estamos sintiendo, sin dejar que esos sentimientos exploten en tales cosas como empujar a una persona.

Ese incidente sirvió como un momento de enseñanza, cuando intenté hacer lo que parecía ser mejor para David. Usted puede sentirse cómodo escribiéndoles notas a sus hijos o tal vez no. Pero lo importante es aprovechar esos momentos de enseñanza, haciendo como describe Hebreos 12.10, y enseñándoles a sus hijos a hacer lo que usted piensa que es mejor. (Para obtener más información al respecto, ver el capítulo 7: «Disciplina».)

Una palabra acerca de enseñar las «Lecciones básicas del respeto»

Así como intentamos aprender a ser padres amorosos, nuestros hijos necesitan aprender a ser hijos respetuosos. Un padre escribió: «He comenzado a trabajar muy de cerca con mis hijos (diez y doce años), enseñándoles a tratarse con respeto y bondad, sin importar si perciben que el otro no se lo "merece" [...] y que deben ser respetuosos con mamá, sin importar qué. SIN EXCEPCIONES».

Hay momentos en que como padres demandamos: «Hijo mío, nunca olvides las cosas que te he enseñado» (Proverbios 3.1, NTV).

Y continuó diciendo: «En lugar de decirles como siempre que "paren ya" cuando están riñendo, me detengo y le pregunto a cada uno si su comportamiento fue respetuoso. Asombrosamente, uno dice "No, no lo fue", y algunas veces incluso se disculpa con el otro sin que yo lo urja a hacerlo. Aunque todavía pelean (como lo hacen los hermanos), ya no pelean igual. Los escucho decir cosas como: "Lo que dijiste no fue muy grato, ¿qué hice?"; y: "Papá, creo que herí los sentimientos de mami, ¿qué hice?"».

«¿Qué hice?» es una perfecta entrada para un momento de enseñanza. Guíe a su hijo a pensar lo que sucedió y lo que se dijo, mientras le ayuda a reconocer lo que no fue respetuoso y cómo evitarlo la próxima vez (ver también el apéndice A).

¿Qué pasa con el exceso o la escasa instrucción?

Yo cometí un error en cuanto a demasiada instrucción. No es que los atiborrara diariamente con la Biblia, pero mis hijos me dijeron en común acuerdo un día que yo exageraba al escribir tratados acerca de diferentes asuntos que me parecían ser minicrisis en sus vidas. Mis conferencias en papel los avergonzaban más de lo que los iluminaban. Aunque estaban de acuerdo en que yo intentaba ser justo, equilibrado y tenía empatía, sentían que los sobrecargaba de información y eso no se adentraba en su corazón como yo habría podido hacerlo si hubiera escuchado más y sermoneado menos.

Pero ¿qué hay del otro lado de la moneda de la instrucción: muy poca información porque los padres no logran proporcionar una instrucción clara y justa acerca de incluso los asuntos más simples de la vida diaria? ¿Su hijo algunas veces (o tal vez a menudo) dice: «¡No me lo dijiste! ¡No es mi culpa!?». Una madre comentó: «Yo tengo este problema con Mark y él normalmente tiene razón [...] es nuestro tercer hijo y a mí se me olvida a qué hijo se lo dije».

Yo sé cómo se siente Mark, porque me sucedió a mí cuando era pequeño. Yo amaba a mi papá, pero a él se le dificultaba comunicarse conmigo, especialmente si yo intentaba ayudarle con proyectos de la casa.

Un proyecto frecuente era arreglar el motor de la bomba del filtro de la alberca que siempre estaba funcionando, porque mi madre daba clases de nado. Mi papá se colocaba debajo de la bomba, como un mecánico debajo de un coche, y a veces me llamaba para que le diera una «llave Allen» o una llave «tipo Stilson». Él nunca me mostró cómo eran las llaves; solo hablaba rápido y permanecía ahí, poniéndose nervioso porque yo no podía encontrar la llave o hacer lo que me pedía. Yo iba e intentaba lo mejor que podía a los ocho años para encontrar lo que él deseaba, y a menudo regresaba con las manos vacías, o a veces solamente decía: «No sé qué es eso».

Con suspiros y quejidos, mi papá salía de debajo de la bomba, y mientras se levantaba para ir por lo que necesitaba, decía: «Eres tan inútil como un ¡@#$% verraco». Durante años pensé que decía «lagarto». Yo no tenía la menor idea de lo que él quería decir, pero sí escuchaba la palabra *inútil*. Completamente mortificado y exasperado, simplemente me marchaba, sintiéndome no solo inútil, sino como si fuera una enorme desilusión para mi papá.

Por el contrario, una madre escribió:

Cuando Matthew, mi hijo mayor, tenía tres años, era tiempo de reparar la podadora. Mientras miraba trabajar a mi esposo, él necesitaba un desatornillador. Allen le explicó a nuestro hijo las diferencias entre los desatornilladores. ¡Matthew se fue a la caja y regresó con la herramienta! Allen le agradeció, a lo cual respondió: «Oye papá, ¡me necesitas!». Aprendí de mi esposo que siempre incluyamos a nuestros hijos en nuestras actividades. Se necesita tiempo cuando son menores, generalmente toma más tiempo de lo normal al principio y es mucho más desastroso; pero su autoestima, su sentido de pertenencia y de que son respetados y amados lo vale todo.

La paciencia amorosa de ese padre también enfatiza la importancia de instruir con el tono de voz y en la manera correctos. Si usted suena y luce como si pensara que su hijo no tiene cerebro, el niño no se sentirá amado y se sentirá tonto (y probablemente no aprenda mucho). Instruir con hostilidad y desdén nunca funciona con ningún ser humano.

El cerebro del adolescente finalmente se desarrolla

Aunque los niños menores sean enseñables, posiblemente no lo parezcan cuando llegan a la adolescencia. De niña, y especialmente en la adolescencia, nuestra hija Joy no se sentaba a mis pies y clamaba: «Papi, ¡enséñame! ¡Enséñame!». No obstante, a medida que entraba a los veinticinco, se despertó de su trance adolescente y ahora me llama para aconsejarla. Es posible que usted haya escuchado la observación de Mark Twain: «Cuando era un chico de catorce años, mi padre era tan ignorante que apenas podía yo pararme para que el viejo estuviera cerca. Pero cuando llegué a los veintiuno, me asombró cuánto había aprendido el hombre en siete años».[3]

Las investigaciones más recientes acerca del desarrollo cerebral[4] ayudan a explicar por qué los adolescentes pueden ser tan irrazonables, exagerados e irracionales cuando parecen pensar que lo saben todo. Parece que el cerebro da grandes saltos en el desarrollo durante la adolescencia, ya que se interconecta más y gana poder de procesamiento y habilidades en la toma de decisiones. Pero a pesar de su crecimiento, el adolescente continúa dependiendo más de sus funciones emocionales que de las funciones racionales. Eso ayuda a explicar por qué pueden «saber más» pero hacer cosas tontas y peligrosas.

Cuando Joy leyó recientemente un artículo acerca del desarrollo cerebral del adolescente, me envió un correo electrónico:

> Esto me tocó [...] aclara un poco más la montaña rusa de emociones y decisiones irracionales que toma el adolescente. Además crea empatía. En la secundaria yo sentía las cosas *tan* fuertemente [...] las veces en que tú y mamá empatizaban por el drama que yo estaba experimentando me hacía desear franquearme más con ustedes. La empatía les permitirá a los niños sentir seguridad [...] cuando los

padres probablemente puedan transmitirles algún pensamiento racional que podría ser recibido. «Podría» es la palabra operativa.

La altivez y la presunción adolescentes normalmente se sosiegan cuando se enfrentan a la vida de frente y simultáneamente ven «cuánto han crecido sus padres». Mientras tanto, los padres deben intentar permanecer tranquilos y esperar a la vez que instruyen.

Pida continuamente la ayuda de Dios

Nuestro último principio probablemente sea el más importante de todos: ore sin cesar mientras camina para cumplir el llamado de Dios de criar a sus hijos en la instrucción del Señor. Esta es una enorme tarea y encuentro consolación al saber que Él nos ayudará a obedecer lo que nos ordena llevar a cabo... si se lo pedimos.

Hablaremos más acerca de la oración en el capítulo 9: «Suplicar», pero cuando se trata de instruir a nuestros hijos, una oración eficaz puede ser simplemente decir: «¡Señor, dame sabiduría ahora!», cuando estamos luchando para responder en el momento. Y, desde luego, siempre es sabio elevar una oración al comenzar cada día como padres.

Una oración para obtener dirección cuando instruimos

«Señor, danos sabiduría para encontrar el equilibrio correcto cuando instruimos a nuestros hijos: no "demasiada" que los haga abandonar el camino, ni "tan poca" que no tengan dirección. Ayúdanos a vivir lo que enseñamos, permitiendo que tus palabras moren en nosotros en abundancia. Danos revelación y valentía para utilizar los momentos de enseñanza, de acuerdo con lo que parezca mejor».

Para obtener más información acerca de los siguientes temas, vaya a www.loveandrespect.com/parent/instruction (sitio web en inglés).

- Más acerca de las lecciones básicas para enseñar el respeto.
- Cómo ser un equipo de padres a la hora de instruir.
- Cómo evitar «instruir de más» a sus hijos.

7

Disciplinar

Confrontar, corregir, consolar

P ara amar a sus hijos utilizando los principios GUÍAS:
 Cuando yo tenía nueve o diez años, dejé a mi mamá y a mi
hermana Ann fuera de la casa.

Ya se me olvidó por qué. Sí recuerdo que ellas permanecían llamando a la puerta y pidiéndome que la abriera, pero me negué hasta
que les eché un vistazo por la ventana. Yo no estaba feliz con algo y, en
ese momento, ellas tampoco. Lo interesante es que, cuando mi mamá
me vio por la ventana, no gritó por mi comportamiento irrespetuoso.
Al contrario, después de hacer varias peticiones serias para que abriera
la puerta, se dio la vuelta y se dirigió hacia el coche con mi hermana.
Entraron en el auto y se marcharon.

Treinta minutos más tarde, mamá y Ann regresaron. Observé su
coche descender por la montaña, pero lo que vi más tarde me quitó el
aliento. ¡Un auto de policía la estaba siguiendo hacia la casa! Mamá
debió haber puesto una queja y el policía ¡intentó encarcelarme! Para

entonces, yo ya había abierto la puerta; mamá se me acercó caminando y dijo despreocupadamente: «Hay alguien en la entrada que desea hablar contigo». Mamá no gritó ni estalló en rabia, ni dijo cosas como: «Muchacho, ¡ahora estás en problemas!». Entró en otra habitación y esperaba que yo fuera a ver a nuestro visitante. Y fui.

A medida que me acercaba al coche de la policía estatal, se me crispó la columna cuando noté su escopeta sobre el tablero. Luego vi a un hombre enorme con el símbolo del servicio forestal de Estados Unidos en su sombrero, sentado detrás del volante. Descendió del coche y yo permanecí ahí temblando, mirando cada vez más arriba. Medía casi dos metros, ¡posiblemente los pasaba!

Cualquier tipo de disciplina no llega al punto. «La disciplina imparte sabiduría» (Proverbios 29.15, NVI).

Con una voz profunda, me preguntó: «¿Siempre dejas a tu mamá y a tu hermana fuera de la casa? ¿Qué tipo de hombre eres? ¿Es algo que planeas hacer de nuevo? Estoy pensando que nunca vas a volver a hacerlo. ¿Verdad? ¿Quieres ver mi rifle?».

Le dije con vergüenza que nunca volvería a hacerlo y sí, deseaba ver su rifle. De alguna manera en ese intercambio, cuando nos sentamos a mirar su rifle, me hizo sentir como si yo fuera un hombre, y los hombres no hacen esa clase de cosas.

Nunca más dejé a mi mamá fuera de la casa. Los hombres de verdad no hacen eso.

Le cuento el drama de mi infancia para ejemplificar lo obvio: los niños necesitan disciplina. A pesar de la clara orden de la Biblia de que los hijos honren a su padre y a su madre (Éxodo 20.12), no siempre lo hacen. De hecho, parece que nacen para desobedecer (Romanos 3.23; Gálatas 3.22). Aunque podamos amarlos tiernamente al darles, comprenderlos e instruirlos, nuestro tierno amor puede no lograr motivarlos a obedecer en todas las áreas.

¿Qué hacemos entonces?

La disciplina *no* es castigo

Cuando se trata de nuestros hijos, Efesios 6.4 ordena claramente a los padres «criadlos en disciplina [...] del Señor». La palabra griega para «disciplina» en Efesios 6.4 es *paideia* y conlleva la idea de «corregir». Nosotros debemos corregir a nuestros hijos por el bien futuro, no solamente para remarcar viejos errores. La disciplina implica ayudar a un niño a remendar, alterar y mejorar sus decisiones y su conducta. En ese sentido, nosotros estamos capacitando al niño para hacer lo correcto y lo justo.

Aunque el regaño sea para producir pena (*paideia* en Hebreos 12.5, 11), tal disciplina *no* es castigo. La disciplina coloca al niño de vuelta en el camino. Nosotros debemos intentar lo mejor que podamos enviar un mensaje positivo de corrección y dirigirlos hacia un mejor camino, sin un tono amenazante como: «¡Lo vas a pagar!».

> *Nosotros anhelamos que nuestros hijos aprendan. Por lo tanto, «corrige a tu hijo mientras aún hay esperanza» (Proverbios 19.18, NVI).*

No todo el comportamiento que irrita a los padres es ofensivo. Los niños son infantiles, inmaduros y están destinados a hacer muchas cosas molestas que no son una resistencia irrespetuosa. Parte de nuestro proceso es discernir la diferencia, asegurarnos de que un incidente sea de verdad una causa para disciplinarles.

David recuerda que a los nueve años, su pasión era convertirse en lanzador de las grandes ligas. Había visto en la televisión algo acerca de cómo podía usar un poco de cinta para marcar la zona de *strike* en la parte trasera de nuestro estacionamiento, lo cual hizo con un carrete de aluminio. No consideró que cada lanzamiento dejaría una cavidad evidente. En su mente, a nadie le importarían las enormes abolladuras en el aluminio, por lo que lanzó unas quince veces. Él recuerda que no se metió en muchos problemas, porque «ustedes se dieron cuenta de cuán importante era para mí el béisbol, e hice lo que hice inocentemente. ¿Tonto? Sí, pero no intencionalmente malo».

Cuando David y yo recordamos ese incidente, le dije: «Yo lo recuerdo bien. Estaba tan triste. ¡Estaba devastado! No me lo pude quitar durante semanas. ¡Solamente hiciste dos strikes de quince lanzamientos!».

Es cierto, no siempre es fácil, usted no decide en el momento lo que es desobediencia y lo que es una falta infantil de juicio. En el capítulo 4 presenté un principio importante para ser padres, cimentado en la verdad que se encuentra en Hebreos 12.10 acerca de los padres (y las madres): «Y aquéllos, ciertamente por pocos días nos disciplinaban como a ellos les parecía». A partir de ese texto vemos que ser padres a la manera de Dios a menudo nos deja sin fórmulas absolutas, por lo que debemos tomar decisiones subjetivas cuando disciplinamos. Aun así, Sarah y yo tuvimos mucho consuelo con Hebreos 12.10, sabiendo que estaba bien sentir esa incertidumbre cuando sopesábamos los pro y los contra. Podemos sentir paz aunque no escuchemos una voz del cielo que diga: «Este es el camino, andad por él» (Isaías 30.21).

Pero seamos sinceros: disciplinar a nuestros hijos no es divertido, ni para ellos ni para nosotros. Aprendemos en Hebreos 12.11 que «ninguna disciplina al presente parece ser causa de gozo, sino de tristeza». No es divertido que los niños sean corregidos y reprendidos, y a menudo es desafiante, demandante y peor para el padre agotado que tiene que hacer la misma corrección por lo que parece ser la centésima vez. Si la disciplina causa toda esa incomodidad e infelicidad, ¿por qué molestarse?

La disciplina amorosa y sabia da como resultado el respeto del hijo: «Tuvimos a nuestros padres terrenales que nos disciplinaban, y los venerábamos» (Hebreos 12.9).

Aprendemos la respuesta principal de nuestro Padre celestial: «Porque el Señor al que ama, disciplina, y azota a todo el que recibe por hijo» (Hebreos 12.6, ver también Proverbios 3.12). El escritor de Hebreos continuó explicándolo: «Porque ¿qué hijo es aquel a quien el padre no disciplina?» (Hebreos 12.7). Entonces, por inferencia, el papá disciplina porque ama a su hijo.

En conclusión: *disciplinamos porque nos atañe.*

Nuestro plan para disciplinar a nuestros hijos con *amor*

Cuando Sarah y yo estábamos criando a nuestros hijos y consultando la Biblia acerca de lo que decía de la disciplina, hicimos lo que creímos que Dios nos llamó a hacer, mientras le dejamos a Él los resultados. Intentamos ser tan amorosos y justos como era posible, de manera que no aplastáramos su espíritu. Intentamos escuchar su corazón cuando dábamos disciplina y, sin embargo, no aflojar hasta conseguirlo. Como todos los padres, Sarah y yo nos arrepentimos de muchos errores. Ahora, nuestros hijos nos dicen que lucharon con la culpabilidad y la vergüenza como «hijos de pastores». Nuestros intentos por disciplinarlos con gracia y perdón, algunas veces no dieron lo suficiente. A la vez, hicimos algunas cosas bien. Jonathan, nuestro hijo mayor y psicólogo de una clínica cristiana, escribió a la edad de treinta y seis años:

> Mis padres han influido en mí tremendamente en asuntos tales como la paternidad, la educación y la fe. Las cosas fueron un poco diferentes, supongo, al crecer en un hogar de pastor, en que todos sabían acerca de nosotros, pero en su mayoría, vivimos una infancia normal con padres amorosos y bondadosos. Ahora valoro la sabiduría y el discernimiento que mostraron al criarnos. Debido a su influencia creo que un padre debe ser una autoridad e influencia en la vida del niño. Las reglas deben ser claras y discutidas con franqueza. La

disciplina debe tomar lugar cuando sea necesaria, pero nunca con ira. No recuerdo que mis padres nos disciplinaran con ira. ¿Se enojaban? Desde luego. Pero siempre esperaban y tomaban las decisiones como equipo. Cuando nos disciplinaban, nos decían que era porque nos amaban. No es fácil que un niño lo comprenda y muchas veces dije: «Sí, claro». Pero ahora atesoro su estrategia.

¿Cuál fue su estrategia? Nosotros intentamos:

1. Crear reglas claras y justas.
2. Confrontar y corregir sin ira.
3. Mostrar las consecuencias cuando era necesario.
4. Recompensar la obediencia y reafirmar el amor sin importar lo que sucediera.

Aprendimos que antes de los dos años es más útil distraer al niño que mostrar disciplina, lo cual está un tanto más allá de su comprensión. Por ejemplo, si un niño está molesto, a menudo funciona decir algo como: «¡Ah, mira lo que el pato está haciendo en tu libro!». Esto puede redirigir las emociones y la atención del niño. Pero después de los dos años, normalmente no es tan fácil distraerlos; usted necesita reglas y límites simples; en otras palabras, la disciplina como *parezca mejor*.

La regla de oro: «Y como queréis que hagan los hombres con vosotros, así también haced vosotros con ellos» (Lucas 6.31).

Crear reglas claras y justas

«Crear reglas» puede lucir legalista, incluso totalitario. Sin embargo, en todos los aspectos de la vida existen reglas. Por ejemplo, leemos en 2 Timoteo 2.5: «Y también el que lucha como atleta, no es coronado si no lucha legítimamente». Los juegos no pueden hacerse sin reglas. De manera similar, en el hogar nosotros establecemos reglas bien definidas y razonables que dan dirección y guían a un juego limpio entre los miembros de la familia. Cada regla que hacemos para nuestros hijos debe ser clara y justa. Y no asumimos que nuestros hijos las conozcan. La instrucción debe preceder a la disciplina, ¡siempre!

Si no tenemos reglas para nuestros hijos, entonces ellos las crearán para nosotros. Por ejemplo, si permite que un niño le hable irrespetuosamente, usted está dejando que el niño haga su propia regla: «Está bien hablar irrespetuosamente». Las reglas son inevitables, las suyas o las de sus hijos.

Al establecer reglas para nuestra familia, tenga presente que la base de todas las buenas leyes y principios es la regla de oro: trate a los demás como desea que ellos lo traten. A partir de la regla de oro, tracé lo que llamo el principio «si-entonces».

Si usted abre algo, *entonces* ciérrelo. *Si* enciende algo, *entonces* apáguelo. *Si* usted hace un desastre, *entonces* arréglelo. *Si* usted abre un cerrojo, *entonces* ciérrelo. Por ejemplo, podemos decirle al niño: «Si alguien abre el candado de tu bicicleta y no lo cierra, y se la roban, ¿cómo te sentirías?». El niño sabe que se enfadaría bastante y puede ver fácilmente que si él abre el candado de su hermano y le roban la bicicleta, su hermano también se enfadaría bastante. Entonces es justo que tratemos a los demás como deseamos que los demás nos traten. Lo lindo es que Dios nos diseñó para vivir de acuerdo con la regla de oro y los niños la entienden naturalmente. (Sin embargo, los papás necesitan recordarlo como cualquier mamá le dirá. Mientras Sarah y yo trabajábamos en este capítulo, ella señaló rápidamente que justo el día antes, yo había dejado abierta una puerta de la alacena y el frasco de mantequilla de maní abierto... ¡otra vez!)

No puedo enfatizar de más la necesidad de que usted les diga a sus hijos el *por qué* de cualquier regla. Nunca intente echarse para atrás, diciendo simplemente: «Porque lo digo yo». Este tipo de estrategia autoritaria es tanto intelectualmente perezosa como poco amorosa, y solamente encenderá más problemas disciplinarios. Las reglas deben sentirse sinceras en su corazón, no aplastarlo.

Nosotros teníamos dos tipos de reglas: las negociables y las no negociables.

Las reglas no negociables son eso: no negociables

Cuando Sarah y yo resolvimos la tarea de la crianza, decidimos por adelantado que no importaba lo que la cultura estuviera diciendo, existen reglas bíblicas que permanecen constantes. «Siempre decir la verdad» era una de las reglas no negociables, la cual buscábamos enseñarles a nuestros hijos tan pronto como tuvieran edad para comprenderlo (aproximadamente a los dos años). No es coincidencia que nuestras reglas no negociables fueran coherentes con los Diez Mandamientos. Y debido a que las reglas negociables están basadas en la ley divina, estas «no tienen edad ni etapa». La edad de nuestros hijos o la etapa de desarrollo en que se encontraran no cambiaban las cosas. Ellos aprendieron diariamente que no mentimos, engañamos ni robamos. ¿Por qué? *Si* debemos ser personas creíbles a quienes los demás amen y respeten, *entonces* no les mentimos, ni les robamos, ni engañamos a otras personas. Sin excepciones. ¿Y *por qué* no mentimos, ni engañamos, ni robamos? Ya que no deseamos que la gente nos mienta, nos engañe ni nos robe, nosotros no debemos hacerles esas cosas. La regla de oro.

Otra regla no negociable en nuestra casa dictaba: *si* debemos ser personas con las que otros deseen estar, *entonces* no explotamos en ira, ni destruimos cosas, ni lastimamos a la gente. Nosotros enseñamos eso, que como familia no toleramos en absoluto romper cosas de la gente ni lastimar a los demás a propósito. Sí, teníamos gracia con nuestros hijos cuando eran bebés y ocasionalmente soltaban rabietas, pero pronto aprendieron que comportarse con enfado no era aceptable y debían parar por completo. Además, nosotros no deseamos que los demás nos lastimen, ¿por qué debíamos lastimar a los demás? La regla de oro.

Otra regla más que tomamos de los Diez Mandamientos fue: «No hacemos cosas que lastimen el corazón de Dios; en cambio siempre intentamos mostrar nuestro deseo de confiar en Él y obedecerle». Por ejemplo, si amamos a Dios, entonces no tomamos su nombre en vano. En lugar de ello, le agradecemos a Dios por los buenos momentos, así como también por los desagradables. Buscamos servirle, no maldecirlo. Y cuando le honramos, Él nos honra. Dios también aplica la regla de oro.

Basados en el mandamiento de Dios, creamos directrices o reglas para ayudar a nuestros hijos a honrarnos y respetarnos como su madre y su padre. Les decíamos: «Nosotros esperamos respeto. Así como nosotros los respetamos, esperamos su respeto hacia nosotros. Nosotros no somos groseros con ustedes, entonces ustedes no tienen que serlo con nosotros. Lo justo es lo justo».

Incluso con las reglas negociables, debemos mostrar gracia y perdón cuando nuestros hijos fallan, pero aun así debemos persistir. Mostrar gracia no significa que llamemos a lo malo bueno (Isaías 5.20). Al contrario, confesamos nuestros errores y comenzamos de nuevo, porque las reglas no negociables no cambian, habiendo ya sobrevivido a la prueba del tiempo.

¿Qué es una regla negociable?

Las reglas negociables no están grabadas en tablas como lo fueron los Diez Mandamientos. Cambian a medida que el niño se desarrolla y avanza a través de las fases de crecimiento y madurez. La regla negociable no es permanente ni va por etapas, pero es coherente con la edad y la etapa del niño.

Las reglas negociables no encajan perfectamente en la clasificación si-entonces o de la regla de oro. La mejor manera de establecer y ejecutar estas reglas es diciendo: «Esto es lo mejor para ti y todos los que nos rodean, y es por esta razón». Ellos van a dormir a esta hora, porque lo necesitan. Comen habichuelas, porque necesitan los nutrientes. Nos llaman para decirnos dónde están para que no nos preocupemos.

¿Cuántas reglas negociables debe tener una familia? Toda familia es distinta. Nosotros teníamos reglas con respecto a la hora de llegada, la hora de dormir, la hora de ver televisión, acerca de la ropa limpia, la alimentación sana, hacer los deberes a tiempo, abrocharse los cinturones, utilizar nuestra voz *interna*, y la lista continuaba de acuerdo con lo que parecía necesario y justo. Todas ellas estaban arraigadas en nuestro deseo de hacer lo que «parecía mejor» con una buena razón.

Con certeza, no deseábamos demasiadas reglas, lo cual nos convertiría en dictadores que representaban un legalismo sofocante y farisaico con nuestras reglas «de hombres» (Colosenses 2.22). Pero tampoco deseábamos ser padres indulgentes adoptando una posición contraria a las reglas porque somos libres en Cristo a tal grado que ignoramos dicha «ley de Cristo» (1 Corintios 9.21).

> *No corregir al hijo*
> *es no quererlo.*
> —Proverbios 13.24

Sarah y yo tuvimos nuestra propia regla que nos ayudó con las normas negociables y las no negociables, la cual dictaba: «Nunca cambies una regla ni hagas ninguna excepción basado en la queja emocional de un hijo». Nosotros siempre intentamos evitar el mensaje: «Quéjate lo suficientemente fuerte y el tiempo suficiente, y la regla se estirará o solamente será ignorada».

Las reglas negociables, desde luego son negociables, y las excepciones ocasionales pueden ser divertidas por todo lo que sucede. («De acuerdo, puedes quedarte despierto esta noche y ver al equipo de gimnasia competir en las Olimpiadas».) Tales ocasiones construyen memorias. Pero cuando la excepción a la regla se convierte en la regla, tenemos un problema. Nosotros no estamos creando un niño gozoso, sino uno quejumbroso. Los niños lo averiguan muy rápidamente y concluyen que si nos enfadan sin cesar, renunciaremos a la regla. La congruencia es crucial. No puede ejecutar una regla un día («Hagan su cama antes del desayuno»), e ignorarla al siguiente («Ah, está bien. Yo haré tu cama; se te hace tarde para la escuela»).

Una buena estrategia es ser un «dictador benevolente» en la mayor parte de la infancia; luego cambie a una estrategia más *democrática* cuando los niños entren en la adolescencia. Cuando sea posible y práctico, permítales ayudar a trazar las reglas familiares. Su objetivo a largo plazo es ir del control al consejo.

Pero ¿qué sucede cuando son rebeldes?

Confrontar y corregir sin ira

Como sabemos, los niños no siempre pueden seguir las reglas. Cualesquiera que sean estas usted debe ejecutarlas, es decir, confrontar y corregir a sus hijos cuando quebranten, ignoren u olviden una regla. La disciplina de los padres conlleva represión y corrección, lo que evidencia el amor (Proverbios 13.1; 27.5).

Cuando se desobedecen las reglas consciente o descuidadamente, es vital que usted confronte y corrija sin ira o con ese tono condescendiente que sugiera que usted cree que está hablando con tontos, lo cual solamente socavará lo que esté intentando llevar a cabo. ¿Cómo es que sus hijos aprenderán a respetarlo si usted los trata con ira y sin amor? Como dice la Escritura: «Un necio se enoja enseguida, pero una persona sabia mantiene la calma cuando la insultan» (Proverbios 12.16, NTV).

Pero ¿qué hacemos cuando somos amorosos, la regla es justa y, no obstante, el niño es irrespetuoso e ignora la regla? Lo confrontamos, corregimos y ganamos, por el bien de nuestro hijo y de toda la familia. No debemos ser ciegos ni sordos a la falta de respeto descontrolada. El niño necesita escucharnos decir en un tono respetuoso: «Estás siendo irrespetuoso y desobediente. Ya conoces la regla». Lamentablemente, con algunos niños empecinados, hacer reglas simplemente invita a la rebeldía. De ahí que Dios nos revele la disciplina y, en este tipo de situación, decimos con tranquilidad: «Nada bueno te vendrá si continúas hablando groseramente. Necesitas decidir ahora mismo hablar con respeto y disculparte por tu falta de respeto, o recibirás las consecuencias» (más acerca de las consecuencias adelante en este capítulo).

> *Dios nos llama a confrontar humilde y amorosamente, y nos da ejemplos de padres que fallaron: «Y su padre nunca le había entristecido en todos sus días con decirle: ¿Por qué haces así?»*
>
> *(1 Reyes 1.6).*

Los niños pueden aprender que está bien protestar ante la regla mientras sean respetuosos. Nosotros podemos informarles que pueden explicarnos lo que desean más persuasivamente al ser respetuosos aunque estén enfadados. Podemos enseñarles: «Puedes aprender a transmitir tus sentimientos y opiniones de manera respetuosa; si lo haces así, te resultará mejor».

La manera de confrontar la falta de respeto de los niños más pequeños es darles un «tiempo de receso». Cuando un niño habla irrespetuosamente en un lugar público, aléjelo de la situación en una manera calmada y seria. Arrodíllese frente al niño más pequeño y háblele cara a cara de lo que sucedió. «Acabas de llamar tonta a tu hermana. Eso es una falta de respeto. Mamá y papá no hablan de esa manera, y no te permitimos que hables así. ¿Comprendes?». Siempre asegúrele al niño: «Si te estás sintiendo frustrado por algo, ven conmigo y dime cómo te sientes. Yo intentaré ayudarte».

Nos debe importar lo suficiente como para confrontarlo y corregirlo. La indiferencia es falta de amor. Por ejemplo, un papá me escribió acerca de confrontar a su hijo que actuaba irrespetuosamente con su madre: «He cambiado mi estrategia de paternidad con Sammy. Aunque él estaba siendo grosero con Karen al resistir su instrucción de practicar piano, normalmente no me involucraba. Esa vez, lo llevé a su habitación y le dije por primera vez: "No puedo tolerar que nadie le diga palabras irrespetuosas a tu mamá, ya sea un vecino, un amigo, pero en especial su hijo. Tú decides si vas a continuar"». Este papá despertó a la necesidad de confrontar la indecencia y ha funcionado.

A medida que considere cómo aplicar cualquiera de estos ejemplos, tenga en mente que «la relación casi siempre determina la respuesta». Con ello me refiero a que si siempre confrontamos pero no alimentamos la relación, probablemente estamos haciendo más retiros que depósitos, y estamos llevando a la bancarrota la parte emocional de la relación. En el lado positivo, una madre que se sienta durante solo diez minutos para ver jugar a la pelota de béisbol a sus dos hijos (lo cual energiza a los niños en maneras que las madres no siempre comprenden) está haciendo un enorme depósito en su relación con ellos. Sus correcciones serán mejor recibidas más tarde, cuando ella les diga que deben ir a dormir y dejar de hablar. Un padre que lleva a su hija a cenar, los dos solos, está haciendo un depósito también, y cuando él la confronte acerca de limpiar su habitación, es más probable que ella sea receptiva. Hablando en términos generales, su relación positiva con su hija determina en gran escala la respuesta positiva que ella tenga hacia usted (es decir, usted le muestra amor y ella le mostrará respeto: el Ciclo Energizante de la Familia).

Si nos acercamos a nuestros hijos cada vez que se muestran indolentes a esto o aquello, los frustraremos. Piense en aplicar Proverbios 19.11 a su estilo parental: «El buen juicio hace al hombre paciente; su gloria es pasar por alto la ofensa» (NVI).

A la vez, no guarde sentimientos negativos. Nuestra hija me recordó que se acuerda de muchas ocasiones en que Sarah y yo nos enfadamos y lo demostramos. «Eso me hace eco —me dijo—. Los padres no deberían ser robots».

Sí, Sarah y yo nos enfadamos muchas veces, pero siempre intentamos vivir Efesios 4.26: «Airaos, pero no pequéis; no se ponga el sol sobre vuestro enojo». Nuestro credo decía: «Para controlar a nuestros hijos, primero debemos controlarnos a nosotros mismos. Para disciplinar a nuestros hijos, nosotros debemos autodisciplinarnos». Cierto, unos días serán mejores que otros, pero como enseña Proverbios 24.16, nos volvemos a levantar, siempre apuntando al ideal: ser tranquilos, calmados y compuestos al confrontar y corregir. Sin embargo, hay veces en que confrontar y corregir no es suficiente, y tuvimos que...

> *Otro ejemplo bíblico de un padre que rechaza la disciplina: «Le advertí que viene juicio sobre su familia para siempre, porque sus hijos blasfeman a Dios y él no los ha disciplinado» (1 Samuel 3.13, NTV).*

Simular las consecuencias cuando sea necesario

Simular las consecuencias es una idea bíblica: «Mas el que hace injusticia, recibirá la injusticia que hiciere, porque no hay acepción de personas» (Colosenses 3.25). El principio se aplica fácilmente a la paternidad: el comportamiento inadecuado habitual debe recibir consecuencias. Sí, así como Dios extiende misericordia, gracia y perdón, nosotros también debemos hacerlo; pero eso no absuelve al niño de las consecuencias del mal comportamiento más de lo que Dios remueve las de nuestro mal actuar.

A algunos padres les resulta tentador decir: «Simplemente no sé qué hacer». Eso es solo esconder la cabeza bajo arena. Todo tipo de ayuda está a su disposición en google. Solamente escriba en el buscador: «consecuencias apropiadas para la edad», ¡y listo! Aparecerá un chorro de información excelente y creativa. En la iglesia también hay gente consagrada y sabia, o posiblemente su maestro de la escuela dominical, que pueden ayudarlo, así como orar por usted y por su hijo. Humíllese y pida ayuda. El comportamiento de su hijo no es único y usted no está solo.

> *Nuestro Padre celestial permite las consecuencias: «Cosecharán el fruto de su conducta, se hartarán con sus propias intrigas» (Proverbios 1.31, NVI).*

A medida que busque aquello que le puede funcionar, tenga presente que las consecuencias adecuadas caen en dos categorías: naturales y asignadas. Además, recuerde que nunca debe simular las consecuencias a la hora de castigar a un niño. Usted debe decir sinceramente: «Lo hago porque te amo, no para castigarte».

Las consecuencias naturales: deje que la naturaleza tome su curso

Si un niño enfadado arroja al suelo un juego de video y se rompe, debe aprender que tiene el poder, junto con la gravedad, de destruir lo que es de su propiedad. Cuando lo hace, la naturaleza puede enseñarle una lección. Arroja al suelo con mucha fuerza una posesión y es probable que se rompa. Pero aquí es cuando el padre debe entrar. Cuando un niño destruye su juego de video en un arranque de ira, lo pierde. Mamá y papá no van a comprarle otro. Para reemplazarlo, él deberá usar *su* dinero.

Pagar por los errores con su propia bolsa siempre es un buen maestro. Una adolescente que le ha dado el segundo golpecito a su coche ahora contribuye con su dinero para los incrementados costos de la póliza del seguro. Su contribución no necesita ser excesiva, pero un sacrificio suficiente que le enseñe que los errores cuestan caros. Las compañías de seguros no dicen: «No hay problema», y tampoco deben hacerlo mamá y papá.

Yo me orinaba en mi cama hasta los once años. Creo que la razón por la que eso duró tanto tiempo es que mamá no simuló las consecuencias naturales. Cuando lo hizo, yo dejé de hacerlo. Mi rutina inusual era despertarme cuando mojaba la cama y luego llamar a mi madre. Ella cambiaba las sábanas, me ayudaba a colocarme pijamas nuevas, y yo me metía de nuevo a la cama. Llegó una noche en que llamé a mamá pero no vino. Grité: «¡Mamá, mamá!», durante lo que pareció media hora, pero no hubo respuesta.

Me levanté, fui a su lado y la sacudí. «¿Qué quieres?», dijo en voz baja.

—Mojé la cama y necesitas ayudarme —lloriqueé.

Mamá me dijo dónde estaban las pijamas y las sábanas secas, y que no iba a ayudarme, porque: «Ya puedes hacerlo solo».

En una noche literalmente aprendí a ser completamente capaz de cambiar las sábanas y las pijamas, o sufrir las consecuencias naturales de permanecer recostado durante el resto de la noche. ¡La naturaleza tiene maneras de hacerlo! Esa consecuencia no era atractiva. Algo resonó en mi cerebro y dejé de mojar la cama, inmediatamente. (Más tarde supe que un vecino le dijo que intentara eso, y ella había dudado de actuar conforme al consejo, hasta esa catastrófica noche que cambió mi vida temprana.) Experimentar la consecuencia natural de mojar mi cama fue un regalo invaluable. Hasta entonces me avergonzaba demasiado de permanecer en la noche con mis amigos o dormir afuera de mi saco de dormir, porque sabía que me mojaría y se reirían de mí. Sufrir las consecuencias naturales de mojar la cama me proporcionó una nueva motivación para cambiar y, por lo tanto, una nueva libertad. Yo ya no estaba esclavizado a ese comportamiento. Hasta esa noche mamá había pensado que estaba siendo amorosa al ayudarme.

Al fin se dio cuenta de que no estaba ayudando. Soportó y pasó por el dolor a corto plazo de permitir las consecuencias naturales para que yo pudiera experimentar el gozo de madurar.

En muchos casos, las consecuencias naturales pueden ser disciplinar lo suficiente, pero la mitad de las veces usted puede tener que crear o asignar una consecuencia para ayudar a su hijo a que aprenda una lección importante.

Las consecuencias asignadas siempre deben ser lógicas

Algunas personas las llaman «consecuencias lógicas», pero yo prefiero llamarlas «consecuencias asignadas», porque a menudo son creadas para encajar con el niño y la situación. Estoy de acuerdo en que las consecuencias asignadas deben ser lógicas en cuanto a que deben ser coherentes con el padre y el hijo. (Es cierto que su hijo posiblemente no pueda ver su lógica, pero usted debe «hacer lo que crea que es mejor».)

> La Biblia dice: «No dejes de disciplinar al joven, que de unos cuantos azotes no se morirá» (Proverbios 23.13, NVI).

Basadas en la severidad de la infracción, las consecuencias asignadas pueden ir desde retirarse a su habitación, hacer tareas adicionales o retirarles privilegios. Algunos recomiendan darle un minuto de receso a un niño pequeño por cada año de edad, lo cual no es una regla general. Para un niño de dos años, sentarse silenciosamente durante dos minutos puede parecer una eternidad y eso debe aclararle las cosas.

Es importante reforzar la consecuencia al explicarle por qué es necesaria. A continuación hay el ejemplo de una nota que un padre le escribió a su hijo de diez años: «La manera en que le has estado hablando a tu madre es inaceptable. Ella es mi esposa y la amo. Y a ti también. De hecho, me importas tanto que este comportamiento hiriente necesita parar, porque está lastimando a todos. Como consecuencia, el sábado cortarás el césped y barrerás las hojas; luego de eso, me ayudarás a limpiar el estacionamiento. Con amor, papá».

Cuando asigne una consecuencia, usted debe permanecer firme. Una madre escribió: «Yo intento considerar el momento más el futuro. Si castigo a mis hijos por algo, sé permanecer firme, aunque me duela en el corazón [...], porque sé que ellos sacarán algo de eso».

Recuerdo bien una ocasión en que Jonathan tenía dieciséis años y era sabio en su propio entendimiento. Él estaba siendo ruidoso e irrespetuoso y no paró después que lo confronté. De manera que le asigné una consecuencia simple: «Ya que te niegas a detenerte, aquí hay un trato: cada comentario ruidoso, molesto e irrespetuoso te costará un dólar de tus ahorros». Claramente él sabía qué hacer, pero algo en su interior se rebeló e hizo cuatro comentarios inaceptables, ya me debía cuatro dólares. Irritado, empujó el sobre y me dijo que eso era tonto, que yo no sabía cómo ser padre y varios insultos más. Yo continué contando en voz alta, él no creía que era real, hasta que llegamos a veinte dólares. En ese momento se calmó lo suficiente como para darse cuenta de su ineptitud y de que no tenía el control, y tampoco lo tendría. Jonathan conoció la regla acerca de hablar con respeto y sufrió las consecuencias de su ineptitud, justo donde le dolía: ¡en su cartera!

> El apóstol Pablo actuó como padre cuando escribió: «No les escribo estas cosas para avergonzarlos, sino para advertirles como mis amados hijos» (1 Corintios 4.14, NTV).

No deje que las consecuencias, sean naturales o asignadas, se vuelvan excesivas. Por ejemplo, cuando un niño de preescolar deja descuidadamente su bicicleta en la calle y su vecino la aplasta, siente dolor y pena suficientes por su pérdida. Él necesita su empatía y algunas ideas acerca de cómo lo puede ayudar a ganar el dinero para una nueva. Una adolescente castigada durante un mes por ignorar la hora de llegada a casa, no solo la disciplina a ella excesivamente, sino a usted también.

Simular la disciplina es el trabajo más duro de un padre. Por esa razón debemos comprometernos con este axioma parental: *me mantendré firme en cuanto a estas consecuencias, porque amo a mis hijos tanto como para dejarlos desobedecer consciente o voluntariamente lo que saben que deben de hacer.*

¿Qué hay con el niño que responde con respeto a la consecuencia? Sarah y yo intentamos enfocarnos en la cuarta parte de nuestro plan de disciplina.

Elogie y recompense la obediencia

Muchos padres tienen problemas con la disciplina, porque se enfocan en corregir el comportamiento negativo, pero le dan poca importancia a brindarle a su hijo «una medida de placer» por obedecer. El niño se desanima y piensa: *¿de qué sirve? De todas formas, mamá y papá piensan que soy malo.*

En cuanto a recompensas, las gráficas hacen maravillas en los niños más pequeños. Muchos padres utilizan un sistema que le da seguimiento a la manera en que el niño obedece diferentes reglas (limpiar su habitación, hacer la cama, lavarse los dientes), y cierto número de puntos resulta en una recompensa de algún tipo: una etiqueta, una barra de goma de mascar; obtener reconocimiento de algún tipo es importante para el niño. El valor monetario no es importante; el reconocimiento es el motivador. Piense en esto: nunca recompensar a un niño por obedecer las reglas familiares es como si un adulto fuera a trabajar y nunca recibe su paga.[1]

Una advertencia: siempre remarque el *por qué* del reconocimiento que dé. El motivo real de obedecer no debe ser ganar un premio, sino porque es lo correcto que debe hacer. Cualquier recompensa es solo algo adicional.

Aunque no recompensemos cada acto positivo, necesitamos hacer que los niños se sientan bien con el buen comportamiento si deseamos que se sientan mal con la actuación inadecuada. Recuerde que si todo lo que un niño percibe es negatividad, eso solamente produce más negatividad. Intente elogiar la calidad del carácter que el niño muestra durante o después de un momento de disciplina. Busque maneras de decir cosas como: «Aprecio tu autocontrol»; o: «...tu respeto»; o: «...tu sabiduría acerca de cómo hacerlo mejor la próxima vez». Luego, asegúrese de encontrarlo haciendo algo bueno la siguiente vez. «Gracias por hacer lo que te pedí sin quejarte. Eso es honroso».

Y reafirmar el amor, sin importar lo que suceda

El último y más importante paso en nuestro sistema de disciplina es reafirmarles nuestro amor a nuestros hijos luego de simular la disciplina. Sarah y yo siempre intentamos trabajar como equipo[2] al remarcar las siguientes ideas:

«¿Por qué tenemos reglas? Porque te amamos y deseamos lo mejor, lo más justo y seguro para ti y para toda la familia».

«¿Por qué te confrontamos y te corregimos? Porque te amamos y no deseamos que te desvíes de lo correcto y necesario».

«¿Por qué algunas veces tienes consecuencias? Porque te amamos tanto como para permitir que ignores nuestras reglas y correcciones. Esto no sería lo mejor para ti ni para nosotros».

Ninguna familia tiene la «disciplina perfecta» que produce «niños perfectos». Disciplinar es hacer lo que «parece mejor» en cada situación, siempre intentando ser padres a la manera de Dios. Le he contado nuestro sistema porque nos funcionó la mayoría de las veces. Cuando usted discipline a sus hijos, intente recordar orar algo como lo siguiente:

«Querido Señor, ayúdame a no ser cruel ni permisivo; firme pero no rudo; justo y congruente; y sobre todo, ayúdame a disciplinar con amor».

Para obtener más información acerca de los siguientes temas, vaya a www.loveandrespect.com/parent/discipline (sitio web en inglés):

- Dar nalgadas: por qué, cuándo y cómo.
- Cómo decodificar antes de disciplinar.

8

ANIMAR

Equiparlos para el éxito sin desanimarse

Para amar a nuestros hijos utilizando los principios GUÍAS:
¿Con qué frecuencia ha desanimado a sus hijos esta semana?
Animar literalmente significa: «darle ánimo a alguien, inspirar, incentivar, alentar». Cada uno de los principios GUÍAS significa algo importante para llevar a cabo como padre; pero el ánimo puede pasarse por alto, debido al trajín de la rutina diaria y a una tendencia natural de corregir los errores del niño en un esfuerzo por ayudarlo a mejorar.

Uno de los ejemplos más gráficos de un padre que no logró animar a su hijo es la historia de George Brett, uno de los principales bateadores de todos los tiempos de las grandes ligas, quien jugó con los Royals de Kansas City. En 1980, Brett bateó .390 y ganó su segundo campeonato de bateo de la Liga Americana. Se fue a casa luego de la temporada, y lo primero que su padre le dijo fue: «¿Quieres decirme que no pudiste hacer cinco hits más?». Su papá no estaba conforme con .390; él deseaba que su hijo bateara .400. Como era de costumbre, se preocupó más por lo que George no hizo. «Siempre me comparaban con mis tres hermanos mayores —recuerda George—, y en realidad nunca recibí una palmada en la espalda que dijera: "Vas bien", ni jamás lo escuché mientras mi padre vivió».[1]

El Señor ha diseñado a todos los niños para que necesiten ánimo

Cuidado con la trampa que puede evitar que usted les dé a sus hijos el ánimo que necesitan desesperadamente, porque está demasiado ocupado criticando, siendo perfeccionista o empujándolos a ser mejores para poder vivir de acuerdo con su máximo potencial. Muchas cartas que recibo de adultos jóvenes reflejan este fracaso de parte de sus padres:

«Mi padre era muy crítico. Él pasaba un minuto reforzándome para que pudiera sobrevivir los siguientes cincuenta minutos mientras él me derrotaba».

«Yo sobresalía en los deportes, pero mi papá asistió a un solo juego de básquetbol».

«Mi padre nunca asistió a ninguno de los conciertos de mi grupo, aunque yo era la primera percusión de la orquesta».

Puede parecer que los padres están siendo señalados como los principales culpables al no darles ánimo a sus hijos; pero las madres también deben tener cuidado. Una esposa joven me escribió: «Yo no conocí a su mamá hasta nuestra boda. Ella siempre había sido desagradable conmigo, pero no fue muy diferente con su hijo: no se involucraba, era distante, callada, no se relacionaba [...] Rápidamente comprendí mucho del comportamiento frío y como piedra de mi esposo. Él me explicó que ella siempre lo trataba con desprecio con respecto de su hermana, nada era suficientemente bueno, no lo elogiaba ni lo adoraba, era negativa, algunas veces incluso mala».

Hay un hueco en el corazón de cada niño que necesita ser llenado con una afirmación amorosa de mamá y papá. El ánimo es fundamental para que el niño triunfe como Dios lo desea en este mundo. El Señor diseñó a todos los niños para que necesiten ánimo.

Los niños necesitan escucharnos decir: «¡Tú puedes hacerlo! ¡Tú puedes ser eso!». Ellos anhelan escuchar: «Mira lo que has hecho... mira en qué te has convertido. ¡Bravo, hijo! ¡Bravo, hija! ¡Dios te está usando!».

La falta de ánimo puede conducir a problemas de disciplina. Nuestros hijos pueden estar reaccionando ante nosotros, no porque estén «siendo malos», sino porque se sienten desanimados y derrotados. ¿Necesitamos inspirarlos y tranquilizarlos durante los momentos difíciles? ¿Necesitamos alentarlos para desarrollar los dones que Dios les dio? La Escritura nos da la respuesta claramente: ¡sí!

El padre del hijo pródigo buscó inspirar a su hijo mayor: «Él entonces le dijo: Hijo, tú siempre estás conmigo, y todas mis cosas son tuyas. Mas era necesario hacer fiesta y regocijarnos, porque este tu hermano era muerto, y ha revivido; se había perdido, y es hallado» (Lucas 15.31–32).

La lengua de un padre puede desanimar... o inspirar

Incluso una lectura superficial de los escritos del apóstol Pablo muestran que conocía el valor del ánimo. Cuando uno lo piensa, ve que cada carta que escribió contenía palabras para animar, edificar e inspirar. Pablo se veía a sí mismo en el papel de padre, recordándole a la iglesia tesalónica cómo había estado entre ellos: «Así como también sabéis de qué modo, como el padre a sus hijos, exhortábamos y consolábamos a cada uno de vosotros, y os encargábamos que anduvieseis como es digno de Dios, que os llamó a su reino y gloria» (1 Tesalonicenses 2.11–12). En 1 Tesalonicenses 5.14, les da a los creyentes un consejo general que puede aplicarse fácilmente a los niños: «También os rogamos, hermanos, que amonestéis a los ociosos, que alentéis a los de poco ánimo, que sostengáis a los débiles, que seáis pacientes para con todos».

Pablo sabía cuán frágiles son los niños al advertirles a los padres que no exasperaran ni amargaran a sus hijos, porque podían desanimarse o «desalentarse» (Colosenses 3.21). Los padres pueden decir cosas increíblemente tontas y crueles, como lo confirma mi correo.

Una hija recuerda a su padre decir: «No vales la pólvora para volarte los sesos».

Otra carta relataba: «Cuando estaba buscando un empleo, él me decía: "¿Quién te contrataría?"».

Y está la hija que decía que su padre alcohólico le decía que: «Ningún hombre jamás querría tocarme o mirarme [...] ningún hombre me amaría jamás».

En verdad, como advierte Santiago, «la lengua es un fuego, un mundo de maldad [...] y contamina todo el cuerpo, e inflama la rueda de la creación, y ella misma es inflamada por el infierno» (Santiago 3.6). La Escritura tiene mucho qué decir respecto de refrenar nuestra lengua. Solamente dos ejemplos:

«El que guarda su boca guarda su alma; mas el que mucho abre sus labios tendrá calamidad» (Proverbios 13.3).

«El que guarda su boca y su lengua, su alma guarda de angustias» (Proverbios 21.23).

Pero la Escritura también nos enseña cómo usar la lengua en maneras que edifiquen, bendigan... y animen:

«Panal de miel son los dichos suaves; suavidad al alma y medicina para los huesos» (Proverbios 16.24).

«Manzana de oro con figuras de plata es la palabra dicha como conviene» (Proverbios 25.11).

La autora Margie Lewis cuenta la historia de un padre que una noche recibió una llamada telefónica de su hija que estaba en la universidad. Ella había sido expulsada por violar las reglas. Luego de un largo silencio, él le dijo: «Bueno, Cindy, supongo que debes tomar el próximo vuelo a casa». Hizo una pausa intentando pensar en una manera significativa de transmitir la lección que ella debía aprender: «Y recuerda que cuando retrocedes a cierta distancia para ver un cuadro, con frecuencia las líneas negras le dan el carácter y la belleza».[2]

Qué afirmación tan sabia y llena de esperanza. Este padre mostró tranquilamente que cuando un niño no está a la altura de las expectativas, todavía puede ser amado, inspirado... y animado.

Animar con efectividad puede ser tan simple como ser más positivo con sus hijos. No estoy hablando acerca de ser poco realista o ingenuo, sino de poder articular el problema a la mano, comunicar el plan para avanzar e inculcar en ellos la creencia de que pueden darle la vuelta a la página. Como seguidores de Jesucristo, sabemos que siempre hay una manera de avanzar. Una vez más, podemos tomar una pista de Pablo que, incluso cuando se encontró encadenado en prisión, vio sus circunstancias transformadas para el bien del evangelio y de su Señor Jesucristo (Filipenses 1.12–21).

> David también le dijo a Salomón, su hijo: «¡Sé fuerte y valiente, y pon manos a la obra! No tengas miedo ni te desanimes, porque Dios el SEÑOR, mi Dios, estará contigo. No te dejará ni te abandonará hasta que hayas terminado toda la obra del templo del SEÑOR».
>
> —1 Crónicas 28.20, NVI

Siempre hay un lado positivo, si lo buscamos. Me recuerda a una mujer a quien le dijeron que era tan optimista que podía hallar algo bueno en el propio diablo. Ella respondió instantáneamente: «Bien, ¡que *es* persistente!».[3]

Al reflexionar en cómo Sarah y yo intentamos animar a nuestros hijos, puedo pensar en tres áreas importantes en las que concentramos nuestros esfuerzos:

- Animarlos en el correr de la vida.
- Animar lo que son y lo que hacen.
- Animar lo que son y lo que pueden llegar a ser.

A continuación hay algunas observaciones, historias y sugerencias acerca de cada una de estas áreas clave.

Animarlos en el correr de la vida y cuando enfrentan desafíos y temores

Animar a su hijo simplemente significa estar cerca de él o ella, en especial cuando esté desalentándose, y darle esperanza, consuelo y tranquilidad en un mundo que no siempre es coherente. La mayoría de los padres lo hacen con bastante naturalidad cuando sus hijos son pequeños o muy jóvenes; pero a medida que llegan más hijos, los mayores pueden batallar, porque se sienten perdidos en el trajín. Eso sucedió con nuestro hijo del medio, David, cuando tenía alrededor de siete años. Su hermano mayor, Jonathan, lo ignoraba y su hermana menor, Joy, tenía la mayor atención como la bebé de la familia. Yo pude darme cuenta de que se estaba sintiendo aislado. Un día, mientras estábamos caminando por algunas tiendas de regalos en unas vacaciones a Disneylandia, encontré una alcancía con la figura de un oso con el nombre «David» impreso en el pecho.

«David, mira este osito alcancía —le dije—. Te lo voy a comprar. Tú eres el osito especial de papá. Nadie más lo es».

David sonrió, y a partir de ese día continuó preguntando: «¿Soy tu osito especial y nadie más lo es?». Todavía tengo esa alcancía en la repisa de mi oficina. Estoy seguro de que significó mucho para David cuando era pequeño y tenía necesidad de ánimo; pero estoy seguro de que significa más para mí. El asunto es: busque las necesidades de sus hijos. Esté pendiente de sus intereses, sus preocupaciones y especialmente de los desafíos o los problemas que la vida les esté arrojando. Hay docenas de maneras para animarlos: una simple palabra o una palmada en la espalda, un pequeño regalo especial tal como un osito de peluche, o hasta llevarlos a una excursión. No tiene que ser elaborado ni costoso. Lo que ellos necesitan es a usted —su interés, su preocupación, su *tiempo*— cualquier cosa que les comunique que papá o mamá dicen: «Te amo. Cuenta conmigo. Tú eres importante para mí».

Algunas veces puede darles ánimo incluso cuando parezca que no lo desean. Mi madre era buena en ello conmigo. Un ejemplo importante fue cuando me matriculé en el colegio militar en el octavo grado. Al principio yo estaba muy animado al recorrer las páginas del catálogo incontables ocasiones, admirando los distintos uniformes, las formaciones que desfilaban y los rifles y espadas. Cuando llegué, esperaba tener una gran aventura, pero en unas cuantas semanas estaba abrumado con nostalgia y le rogué a mi mamá por teléfono que me dejara renunciar y regresar a casa. Eso la tomó completamente por sorpresa. Mi papá, como de costumbre, nunca se involucró. Pero en lugar de darse por vencida y aceptar mis peticiones con lágrimas, me dijo que sabía que era difícil para mí, pero debía aguantar, y ella pensaría qué podía hacer.

Entonces llamó al comandante del colegio militar, el coronel Bailey, y le pidió su consejo. Esa llamada hizo que el coronel Bailey se viera personalmente conmigo. Él no me increpó; al contrario, me animó con empatía, haciéndome saber que lo que yo estaba sintiendo era bastante normal y pronto pasaría. Me dijo que no renunciara, sino que me tomara un día a la vez y viera lo que sucedía. Él me habló de hombre a hombre y me dijo: «Estas son las cosas por las que tenemos que pasar al convertirnos en hombres».

El consejo del coronel Bailey no fue fácil de escuchar para un niño de trece años con nostalgia. A la vez, saber que mi mamá y el coronel sentían empatía por mí y que lo que yo estaba sintiendo no era fuera de lo ordinario, me alivió bastante. Me repuse, superé la nostalgia y permanecí en la escuela. Hasta ahora estoy extremadamente agradecido que mamá no dejara que su naturaleza protectora deshiciera su corazón para rendirse ante mis ruegos llenos de lágrimas. Ella tuvo la valentía de ir con alguien que tenía la sabiduría para ayudar —el coronel Bailey—, y con su ánimo, pudo animarme en un momento crucial de mi vida que me ayudó a superar mis temores. Yo necesité aprender a no rendirme cuando me sentía abrumado por algo que no podía controlar. Permanecí en la escuela militar durante cinco años y me gradué con muchos honores, una experiencia que Dios usó para establecer el curso de mi vida.

Cuento esta historia para animar a los padres en el delicado aspecto de cuándo permitirle renunciar a un hijo. Posiblemente usted podría usar el consejo de una persona sabia y empática para que los ayude a usted y a su hijo con una crisis de cualquier tipo ahora mismo. Puede ser vergonzoso pedir consejo, pero el orgullo momentáneo debe ceder ante lo que es mejor para su hijo. Si eso significa acudir a su vecino, amigo, un miembro de la iglesia, a su pastor o a quien sea, que así sea. Como dijo el predicador: «Nada hay nuevo debajo del sol» (Eclesiastés 1.9). Todo lo que podemos experimentar al criar a nuestros hijos, les ha sucedido a otros padres en algún lugar, en algún momento. Nos debemos a nosotros mismos y a nuestros hijos explorar estos recursos.

ANIMAR

¿Cuándo debe permitir que su hijo renuncie?

Si renunciar a algo se vuelve una opción crítica, ¿cuándo debe permitirse? Sarah y yo no seguíamos reglas inflexibles con respecto a criar a nuestros hijos; dependiendo de lo que fuera —renunciar a un equipo deportivo, dejar una clase, abandonar un campamento antes de tiempo, terminar con la ruta de repartición de diarios—, nosotros lidiamos con todo eso y más. Sí teníamos un objetivo general: nuestros hijos debían terminar lo que comenzaran, y si renunciaban, debía suceder en puntos naturales de transición, tales como el final de una temporada o de un año escolar. Renunciar no debe suceder impulsivamente, y no se permite quejarse ni llorar para manipularnos a tomar una decisión apresurada.

Tenga presente que los niños son diferentes, y sus necesidades y capacidades individuales deben estar involucradas. Sin embargo, llevar a cabo los compromisos es una lección importante que todos los niños deben aprender.

Jonathan tenía una ruta de repartición de diarios que comenzó durante su segundo año de preparatoria. Lo hizo fielmente durante el tercer año, cuando muchas actividades escolares comenzaron a acaparar su tiempo. Él sintió que debía dejar de repartir diarios, aunque eso le daba una buena cantidad de dinero para gastar. Nosotros determinamos que él no estaba siendo irresponsable, sino de hecho estaba deseando ser más responsable en otras áreas más importantes. Los chicos pueden llegar a desbordar de responsabilidades (tal como los adultos), y algunas cosas deben marchar para bien de todos los involucrados.

Habiendo dicho esto, los chicos no siempre desean ser responsables; por eso se desentenderán de la manera más fácil posible. El

La Biblia nos proporciona principios para guiar nuestra paternidad: «La angustia abate el corazón del hombre, pero una palabra amable lo alegra» (Proverbios 12.25, NVI).

121

trabajo de los padres es ayudarles a ver el valor de terminar lo que comenzaron y utilizar la oportunidad de animar al chico a crecer, ya poco, ya mucho (como sucedió conmigo en el colegio militar).

A medida que sus hijos crezcan y enfrenten diferentes desafíos, siempre intente explicar, a su nivel de comprensión, por qué los anima a realizar cosas difíciles o duras. Usted puede decir algo como: «Siempre hay cosas difíciles, cosas que no deseamos hacer. Sabemos cómo es eso, porque los adultos también tenemos que enfrentar muchas cosas difíciles. Te estamos animando a permanecer en ello en estos tiempos difíciles, para que puedas aumentar tu sabiduría y fuerza, y estar mejor preparado para el futuro».

Resulta especialmente importante animar y edificar a nuestros hijos cuando fracasan. Es entonces cuando necesitamos entrar y actuar como animadores. Los padres son quienes pueden ver lo bueno de sus hijos, aunque todo el mundo parezca haberse alejado de ellos. Nosotros somos quienes debemos decirles: «Tú eres seguro, tú eres honesto, creemos en ti, ¡Dios está contigo y nosotros también!».

Anime lo que son y lo que hacen

Siempre busque la manera en que Dios ha conectado a cada uno de sus hijos con un temperamento único, junto con ciertos dones espirituales e intereses. Verifique y refuerce lo que ve con sus comentarios, por ejemplo: «Mamá y yo apreciamos verte cómo disfrutas a la gente y que te encante tener personas alrededor». «Vemos que tienes el don de misericordia y creemos que Dios te lo dio. Realmente te preocupas por lo que los demás sienten». «Tienes una verdadera aptitud e interés en las cosas mecánicas. ¡Eso es fantástico!».

Además busque ocasiones en que los «vea haciendo algo bien», y dígaselo. No solamente dé sus buenas elecciones por sentado; afírmelos con cumplidos y observaciones positivas. «Kelly, muchas gracias por sentarte a hablar con la abuela mientras yo hacía ese mandado. Bendijiste su corazón... y el mío también». Un padre se da cuenta de que su hijo tiene una habilidad de evitar y resolver conflictos mientras juega con sus amigos. Así que le dice: «Ayer observé que te pusiste de acuerdo con Ben para disfrutar un juego de mesa durante un rato y luego cambiaron a construir un fuerte, lo cual era más lo tuyo. Me gusta la manera en que manejas esas cosas». Una mamá observa que su hija resuelve un problema con su amiga y evita herir sus sentimientos al comentar: «Cariño, me di cuenta de la manera en que hiciste las paces con Chelsea. Ella estaba bastante enfadada, pero a ti se te ocurrió una manera de hacerse amigas de nuevo. ¡Estoy realmente impresionada!».

Desde luego hay veces en que usted debe disciplinarlos o corregirlos si están siendo irrespetuosos y desconsiderados, pero incluso en esas ocasiones es posible animar. Si un niño de nueve años ofende a su hermana, papá puede meterse y decir: «Jeremy, yo sé que quieres ser un hombre de honor cuando crezcas. Los hombres no ofenden a la gente».

Estos ejemplos reconocen el carácter del niño, así como sus dones y aptitudes. Animar las características de la personalidad, tales como la diligencia, la honestidad, la disposición a ayudar, la justicia, el servicio a los demás, la perseverancia y el hecho de ser enseñables y respetuosos de verdad ayudará a nuestros hijos a desarrollar esas cualidades. Recuerde que con frecuencia, nuestros hijos se convierten en lo que nosotros creemos que son.

Cuando nuestro Jonathan estaba en edad preescolar, salió de su clase dominical luciendo tímido. Había tomado de la clase un coche de juguete con el que había estado jugando. Yo estaba seguro de que él sabía que estaba mal, de manera que le expliqué: «Este juguete no te pertenece. Nosotros no tomamos las cosas que no nos pertenecen. Siempre debemos ser honestos. Somos hombres de integridad. Regresemos el juguete». Jonathan no sabía el significado completo de palabras tales como *integridad*, pero yo continué reforzándolas cuando podía, elogiándolo en los momentos que mostraba integridad y honestidad. Años más tarde, Jonathan y su hermano menor, David, estaban discutiendo acerca de lo que había sucedido en cierto evento. David estaba muy seguro de que era correcto llamar mentiroso a Jonathan, que respondió tranquilamente: «No lo soy. Yo soy un hombre de integridad y siempre lo seré».

Tenga en mente Proverbios 20.11: «Aun el muchacho es conocido por sus hechos, si su conducta fuere limpia y recta». Esto ciertamente aplica también para las chicas. Los niños muestran lo que son y lo que hacen, cómo actúan. Hágales saber cuándo se hayan distinguido por su buena conducta. Es bastante fácil comentar lo que necesita corregirse: «Siéntate erguido... no te llenes la boca... di "gracias"», la lista es interminable. Desarrolle otra lista de afirmaciones positivas: «Lo que hiciste fue asombroso... Aprecio tu ayuda... Gracias por responder con tal respeto... Me encanta tu actitud... Buen trabajo». Trabaje en frases que correspondan con cada uno de sus hijos, de acuerdo a la edad, el género y en lo que necesiten ser más animados. (Ver el capítulo 11 acerca de la diferencia entre criar a niñas y a niños.)

Que no se le olvide: el ánimo que se da auténtica y sinceramente es difícil de resistir, y definitivamente influye en sus hijos, aunque parezca que no se dan cuenta. Créame, ellos *sí* se están dando cuenta y recuerdan lo que usted dice.

Anime lo que son y lo que pueden llegar a ser

¿Qué espera que sus hijos lleguen a ser cuando crezcan? Hágales esa pregunta a los padres y le darán todo tipo de respuestas. La madre de dos niños temerarios puede simplemente sonreír y decir: «Bien... en este momento me estoy concentrando en que ellos puedan sobrevivir».

Otros padres podrían responder con descripciones detalladas de lo que piensan que sus hijos deberían hacer y ser.

En su excelente libro, *Si amas a tu hijo*, el doctor Ross Campbell identifica un tipo común de amor paternal inapropiado hacia un niño como comportamiento vicario: intentar llevar su vida o sus sueños a través de la vida de su hijo. Por ejemplo, «La madre hace tal cosa dirigiendo a su hija [o hijo] a relaciones y situaciones en las que ella misma desea estar».[4] Esto no es ánimo, sino la manipulación de los padres con propósitos propios.

Escuché a una madre que se enfadó cuando la maestra del jardín de infancia de su hija eligió a otra niña para el papel principal de una pequeña obra que presentarían. Era dolorosamente evidente que el problema real no era su hija, sino su propio orgullo. Lamentablemente, su reacción egocéntrica le enseñó a su hija la lección equivocada: cuando *pierdes* en algo, necesitas ofenderte y enfurecerte, en lugar de aprender la mejor lección de perder con gracia y apoyar a los demás.

> *Entonces se le acercó la madre de los hijos de Zebedeo con sus hijos, postrándose ante él y pidiéndole algo. Él le dijo: ¿Qué quieres? Ella le dijo: Ordena que en tu reino se sienten estos dos hijos míos, el uno a tu derecha, y el otro a tu izquierda.*
> —Mateo 20.20–21

Nosotros nos aseguramos que nunca actuaríamos así, pero vale la pena seguir planteando la pregunta: ¿cuál es su motivo verdadero al animar a su hijo en ciertos empeños? Algunos padres se preocupan tanto por los sentimientos de aceptación y popularidad de sus hijos que se obsesionan con orquestar sus éxitos. ¿Deseamos que nuestros hijos tengan el valor de lidiar con confianza con la vida como Dios la planea, o de verdad los estamos manipulando para desempeñarse bien ante el mundo, de modo que puedan sentirse bien consigo mismos... o aun peor, para que nosotros podamos sentirnos bien con nosotros mismos? Bastantes hacen sus rabietas porque perciben el ánimo de sus padres como manipulación, no como motivación.

Algunos padres intentan motivar a sus hijos a triunfar en aspectos que van más allá de sus habilidades o aptitudes. Con bastante frecuencia, los padres desean que sus hijos triunfen en lo que ellos han fracasado, lo cual extrañamente puede hacer que los padres se sientan mejor consigo mismos.

Sé de una mujer cuyo padre le dijo que «no llegaría a mucho», porque no sobresalía en materias que él pensaba importantes, incluso las matemáticas. La mujer finalmente se casó y se convirtió en una profesional exitosa en el área de atención a las necesidades, conocida por su extraordinaria compasión por las personas con necesidad. ¿Esta increíblemente dotada profesional aprendió de su experiencia cuando se convirtió en esposa y madre? No, de hecho el ciclo continúa. Ahora ella tiene un hijo sin habilidad para las matemáticas pero con grandes habilidades sociales. Tal como su padre lo hizo, ella se irrita con las calificaciones de matemáticas de su hijo, mientras ignora los evidentes talentos de interacción con la gente y de respuesta a las necesidades humanas.

Luego tenemos otra situación en la que un padre que sobresale en ciertas áreas, como la música, lo académico o los deportes, espera que su hijo tenga los mismos dones. Necesitamos ser sensibles a nuestros hijos como seres dotados únicamente; no como nuestros clones que necesitan ser animados en las áreas que les provocan gozo. Hacer lo contrario finalmente resultará contraproducente, algunas veces más adelante en la vida. Yo aconsejé a un dentista que me dijo: «Soy un chico de diecinueve años en un cuerpo de un hombre de cuarenta años. A los diecinueve decidí ser dentista porque mi papá era dentista. A los cuarenta soy dentista porque el chico de diecinueve años y su padre decidieron eso por mí. Soy miserable».

La Escritura es muy clara. Todos tenemos ciertos dones (Romanos 12.6–8; 1 Corintios 12). Como padres, debemos estimular los dones que vemos en nuestros hijos, tal como Pablo animó a Timoteo a no descuidar el don espiritual que había en él (1 Timoteo 4.14; 2 Timoteo

1.6). Sí, las matemáticas y el inglés son muy importantes, pero mucho más importante es que Dios nos ha dado dones a cada uno de nosotros. En los primeros años de la vida de un niño, debemos detectar el diseño de Dios y conducirlo de acuerdo con ello.

Encuentre ánimo en lo que dice la Escritura acerca de dejar que su hijo sepa que usted está confiado en que «el que comenzó tan buena obra en ustedes la irá perfeccionando» (Filipenses 1.6, NVI). Tenga fe en que Dios ha llamado a sus hijos y ha infundido deseos en ellos para servir a Su reino. Hágales saber a sus hijos que está orando por ellos, «pidiéndole a nuestro Dios que los ayude para que vivan una vida digna de su llamado. Que él les dé el poder para llevar a cabo todas las cosas buenas que la fe los mueve a hacer» (2 Tesalonicenses 1.11, NTV). Confíe en que Dios ha plantado una semilla en el corazón de su hijo y que usted puede regarla. Crea que hay un deseo que Dios planea cumplir y refuércelo en cada oportunidad.

Cuando Joy tenía diez años, mostró algunas habilidades empresariales al comenzar su propio pequeño negocio en el vecindario. Nosotros la apoyamos con ánimo y le ayudamos a distribuir folletos. El folleto, el cual escribió ella misma, proporcionaba su edad e información de contacto, y además decía: «Estoy dispuesta a hacer cosas que puedan ayudarle... Pasear al perro o al gato, alimentar a sus mascotas, regar sus plantas, ayudarlo con las compras, barrer su veranda o las escaleras principales, cuidar a sus niños en edad preescolar mientras usted hace cosas. ¡Me gusta ayudar!». Joy obtuvo varios trabajos a través de su pequeño anuncio, y ahora muestra el mismo tipo de iniciativa colaboradora al trabajar para los ministerios de Amor y Respeto, para alcanzar a su generación con el mensaje de Amor y Respeto. Y, ah sí, ama completamente lo que está haciendo, aunque ya no pasea perros, ¡pero sí mata plantas! De hecho, me dijo recientemente: «Todavía me acuerdo de que pasear perros y regar plantas era mucho más lucrativo que lo que hago ahora contigo».

Le insto a incrementar y perfeccionar sus esfuerzos de elogiar y animar a sus hijos, pero siempre busque un equilibrio. Es posible alabar demasiado, especialmente si nos estamos enfocando en su desempeño. Jonathan recuerda haber esperado unas cuantas dosis más de realidad y crítica constructiva. («Yo sabía que no era *tan* bueno en realidad».) David resaltó que la alabanza tiene un efecto limitado cuando un niño sabe que eso es todo lo que escucha. («Si usted dice: "¡Buen trabajo!" para *cualquier* cosa que haga, eso no significa nada».)

Tome la decisión de ser un padre que anime, porque usted cree que Dios les ha dado talentos y dones espirituales a sus hijos para sus propósitos. Así como Dios desea usarnos a nosotros, planea usar a nuestros hijos. Qué gozo es animar a nuestros hijos creyentes a despertar los dones que Dios les ha impartido (2 Timoteo 1.6) y no enterrar sus talentos (Mateo 25.15–28).

Una placa que yo tenía en mi pared mientras los niños crecían, tiene la siguiente máxima grabada en la madera:

Ver el bien donde no lo había más que a Sus ojos.

Esto proviene de una idea más amplia de que aquellos que animan a los demás ven lo bueno y los dones en nosotros, antes de que nosotros mismos podamos verlo. No obstante, su creencia en nosotros nos da el ánimo y la confianza para desarrollar lo que ellos ven en nosotros. Esto es ánimo, y ese es el amor verdadero de los padres.

Para obtener más información acerca de los siguientes temas, vaya a www.loveandrespect.com/parent/encouragement (sitio web en inglés):

- Animar a nuestros hijos como Dios nos anima a nosotros.
- Animar a nuestros hijos frente a las preguntas sin respuestas de la vida.
- Buscar la inclinación natural de mi hijo.
- Simplemente estar ahí puede marcar toda la diferencia.
- ¿Qué es la adulación y sus inconvenientes?

9

SUPLICAR

Orar... confiando en que Dios nos escucha y les habla

Para amar a nuestros hijos utilizando los principios GUÍAS:
Aunque la súplica sea el último de los principios G-U-Í-A-S, está lejos de ser el menos importante para criar a la manera de Dios. Suplicar significa «pedir o solicitar con humildad o con seriedad». Como padres tenemos el privilegio de orar rutinariamente por nuestros hijos, especialmente en lo que se relaciona con las GUÍAS:

- Cuando usted dé, ore que Dios ayude a su hijo a tener un *corazón agradecido.*
- Cuando comprenda, ore que Dios ayude a su hijo a tener un *corazón tranquilo y sereno.*
- Cuando instruya, ore que Dios ayude a su hijo a tener un *espíritu enseñable.*

- Cuando discipline, ore que Dios ayude a su hijo a *arrepentirse de verdad.*
- Cuando anime, ore que Dios ayude a su hijo a *tener valor.*
- Cuando suplique, ore que Dios ayude a su hijo a tener un *corazón confiado y obediente.*

Los padres que creen en Jesús reconocen sus limitaciones. Necesitan que Jesús realice lo que ellos no pueden: bendecir, sanar, cambiar y fortalecer a sus hijos. Para los padres creyentes hay un gran consuelo cuando confían en el Señor en oración y súplica. En los evangelios vemos que los padres llevaban a sus hijos «a Jesús para que les impusiera las manos y orara por ellos» (Mateo 19.13, NVI; ver también Marcos 10.13; Lucas 18.15). En otras ocasiones, los padres le pidieron a Jesús que sanara o restaurara a sus hijos. Por ejemplo, el oficial del rey le pidió sanidad para su hijo moribundo (Juan 4.46–49); el oficial de la sinagoga le pidió a Jesús que restaurara a su hija muerta (Mateo 9.18–26; y el padre le pidió misericordia para su hijo poseído por demonios (Mateo 17.14–18).

En todas esas escenas bíblicas, los padres le pidieron seria y humildemente al Señor que tocara y sanara a sus hijos. Esta es la súplica en su forma más cálida, instructiva y convincente. Tal como el Señor estuvo a la orden de esos padres y oró por sus hijos, está disponible para usted y sus hijos con las mismas bendiciones y ayuda. Haga de Salmos 86.6 su propia petición: «Escucha, oh Jehová, mi oración, y está atento a la voz de mis ruegos».[1]

Orar por usted primero

Cada uno de los principios GUÍAS también sugieren una petición de oración por nosotros mismos cuando solicitamos el auxilio de Dios para que nos ayude a criar a su manera. Podemos orar: «Señor, que podamos...

- Dar con un espíritu de generosidad.
- Comprender con empatía.
- Instruir con sabiduría.
- Disciplinar con justicia.
- Animar con discernimiento.
- Suplicar con fe».

Además podemos orar por sabiduría para decodificar a nuestros hijos y a nosotros mismos cuando ellos sienten falta de amor o cuando nosotros sentimos falta de respeto, y luego orar por ayuda a medida que desactivemos la locura potencial. Mantengamos en nuestra lista de oración las ideas para decodificar y desactivar, con la confianza de que el Señor nos ama y escucha nuestras súplicas. Le sugiero que escriba los títulos de las secciones de este libro que lo hayan inspirado y ore con base en ellos, así: «Señor, ayúdame a confirmarle mi amor a mi hijo».

Cierto, todo esto es una hazaña. ¿Fracasará? Desde luego, pero entonces apóyese en Proverbios 24.16: «Porque siete veces cae el justo, y vuelve a levantarse». Además descanse sabiendo que el Ayudador —el Espíritu Santo— está ahí para guiarle y darle poder. Sarah y yo buscamos humildemente que el Espíritu de Dios nos ayudara diariamente. Sin Él, nosotros no podríamos haber criado a nuestros hijos a la manera de Dios mientras crecían, y todavía necesitamos su sabiduría a medida que avanzan hacia su propia vida adulta.

No importa el resultado, los padres creyentes siempre han orado por sus hijos. «Así que David le suplicó a Dios que perdonara la vida de su hijo, y no comió, y estuvo toda la noche tirado en el suelo» (2 Samuel 12.16, NTV).

Por favor, créame: sus hijos desean que usted ore por ellos, no hacerlo puede tener un profundo efecto negativo, como lo atestiguó un hombre de sesenta y tantos años, cuando me dijo: «Ni una sola vez escuché orar a mi papá». Mientras hablaba con él, me di cuenta de que se había sentido insignificante y no amado toda su vida. Las oraciones de su papá pudieron haber hecho una gran diferencia, como lo muestra una carta que recibí de otro hombre de mi iglesia:

Recuerdo que en la secundaria me desperté temprano para ir a correr a las 6 a.m. En la sala de estar, me encontré a mi padre de rodillas en el sillón. Más tarde ese día, le pregunté al respecto y me dijo que se levantaba todos los días de la semana a las 5:30 a.m. a orar y leer la Palabra durante una hora. Yo no tenía idea de que él oraba por nosotros. He sido tan afortunado de tener un padre que reconoce su absoluta dependencia del Señor. El ejemplo de mi papá es un constante recordatorio y me desafía.

Creo que ese papá oraba acerca de cosas relacionadas con los principios GUÍAS, aunque no lo sabía. Tales padres conocen los pasajes que se relacionan con la crianza y los convierten en peticiones. Por ejemplo, los padres se encontrarán orando: «Señor, por lo que me dices en Efesios 6.4 y en Colosenses 3.21, ayúdame a no provocar ni exasperar a mis hijos». Esos padres saben que cuando oran basados en la Biblia, Dios los escucha (1 Juan 5.14–15).

Utilizar la Escritura para orar por nuestros hijos

No hay una fórmula de oración para los padres ni ninguna garantía absoluta de que Dios responderá tal como pudiéramos desear. Sin embargo, Su voluntad puede ser encontrada en la Palabra de Dios. Cuando nos encontramos con un pasaje que habla acerca de los hijos, podemos convertir esa Palabra en una oración, confiando en que Dios nos escucha suplicando de acuerdo con Su voluntad. A continuación hay varias maneras específicas de orar por nuestros hijos, basadas en pasajes de la Escritura.

Ore que ellos experimenten la fe salvadora en Cristo. La salvación fue primordial para el apóstol Pablo. Él visualizó que la crianza de un niño con las Escrituras conduce a la salvación eterna que viene a través de la fe en Jesucristo (2 Timoteo 3.15). Pablo conocía la importancia absoluta de orar por la salvación de otra persona (Romanos 10.1), y nosotros debemos orar por nuestros hijos de esta manera, para que puedan encontrar al Cristo viviente y creer en Él. Dios desea que toda la gente —especialmente nuestros hijos— sean salvos (1 Timoteo 2.4; 2 Pedro 3.9). Esta debe ser nuestra principal petición por nuestros hijos, mientras los colocamos en contextos donde escuchen estas buenas nuevas.

El Señor articuló esto con nuestra hija, Joy. Ella nos contó cómo es que creyó a la tierna edad de cinco años:

Mucha gente piensa que los pequeños que llegan a conocer al Señor no tienen una experiencia real de conversión, y que solamente creen por la manera en que fueron criados. Eso puede suceder con algunos. Yo era hija de pastor y obviamente había escuchado de Jesús. Pero a los cinco años, mientras veía la película *Jesús,* en la oficina de la iglesia, y mientras mi papá trabajaba en su estudio, recuerdo específicamente que algo hacía conexión en mi cerebro y mi corazón. Lucas 10.21 habla acerca de cómo las verdades pueden serles reveladas a los niños, lo cual significa que la historia de Cristo es en realidad muy simple, y yo la entendí a los cinco años de edad. Sabía que antes de mí hubo un Hombre que me amó tanto que moriría por mí. Además comprendí que yo no era perfecta y, sin embargo, Él hizo eso por mí por amor. Me pareció sensato. Y yo lo creí.

Ore que aprendan y amen la Biblia. Cuando Pablo escribió en 2 Timoteo 3.15: «Y que desde la niñez has sabido las Sagradas

Escrituras, las cuales te pueden hacer sabio para la salvación por la fe que es en Cristo Jesús», sacó a la luz el papel esencial de la Biblia. Leerles a sus pequeños las historias de la Biblia en un espíritu de oración, pedirle a Dios que impacte y abra su corazón es una manera hermosa de «hacerlos sabios para la salvación» a temprana edad. A medida que crezcan, continúe orando que el Espíritu de Dios ilumine su corazón en su verdad, mientras lean la Biblia y escuchen su enseñanza (Efesios 1.18).

Trabaje continuamente en ser un ejemplo de alguien que lee, estudia y aprecia la Escritura. Mi investigación en la escuela de posgrado entre jóvenes adultos de hogares cristianos incluyó esta pregunta: «¿Cuáles son algunas actividades específicas que su padre realizó para contribuir con su crecimiento cristiano?». Sus respuestas estuvieron sazonadas con frases como estas: «Lectura bíblica diaria; devocionales familiares; me hacía devocionales; memorizaba versículos conmigo; me mostró un tiempo diario de silencio; devocionales con oración cada noche...».[2]

> *Asimismo da a mi hijo Salomón corazón perfecto, para que guarde tus mandamientos.*
>
> *—1 Crónicas 29.19*

Sin embargo, suponga que usted no ha sido en gran parte un modelo en cuanto a hacer su lectura bíblica o sus devocionales. No deje que la culpabilidad lo agobie. Yo tengo mi propia historia al respecto. No fracasé en cuanto a leer la Escritura, ya que estudié treinta horas a la semana durante veinte años como pastor. En lo que fallé fue en no compartir más con mis hijos de lo que yo sentía profundamente acerca de lo que aprendía en mi estudio como pastor. Asumía que si me veían desde el púlpito transmitiendo mi corazón y mis emociones en mi prédica, eso se derramaría sobre ellos también. El Espíritu de Dios refrescó mi alma en mi estudio incontables veces, yo lloraba de gozo; pero mis hijos rara vez lo veían. Al intentar evitar abrumarlos con la Escritura, a menudo dejaba de compartirles personalmente lo que la Escritura me decía o cómo Dios me usaba en la oficina mientras guiaba a la gente a Cristo.

Le cuento esta vislumbre personal para animarlo a expresarles a sus hijos con su corazón lo que Dios le ha estado diciendo a través de su Palabra. Los niños a menudo se convierten en fanáticos de los mismos equipos que mamá y papá apoyan con entusiasmo. Lo mismo puede suceder si escuchan que sus padres expresan verdadero amor y entusiasmo por la Palabra de Dios, el mensaje del pastor o las respuestas a la oración. Sus niños pueden sentir lo que usted valora realmente por lo que lo emociona, y es mucho más probable que deseen emular lo que mamá y papá ven como «lo auténtico». Ore que su corazón se vuelva hacia sus hijos y que su corazón responda (Malaquías 4.6).

Ore que sus hijos experimenten el amor de Cristo que mora en ellos. Muchos adultos testifican: «Le pedí a Jesús que entrara en mi corazón, pero casi nada sucedió luego de eso». ¡Dios planea mucho más! Jesús oró al Padre por sus discípulos, pidiendo «que el amor con que me has amado, esté en ellos, y yo en ellos» (Juan 17.26; ver también Efesios 3.17, 19).

Sarah y yo intentamos cambiar nuestra lectura de la Escritura por oraciones por nuestros hijos cuando el texto nos pareciera pertinente. Por ejemplo, podíamos orar que nuestros hijos habitaran en Jesús basados en lo que escribió el apóstol Juan: «Y ahora, hijitos, permaneced en él, para que cuando se manifieste, tengamos confianza, para que en su venida no nos alejemos de él avergonzados» (1 Juan 2.28). O podíamos orar que los niños permitieran que el poder de Cristo en ellos les ayudara a vencer las fuerzas de las tinieblas del mundo. «Hijitos, vosotros sois de Dios, y los habéis vencido; porque mayor es el que está en vosotros, que el que está en el mundo» (1 Juan 4.4).

La fe auténtica en nuestros hijos hace toda la diferencia en el mundo. Una madre me escribió que aunque la provocación a su hijo autista que duró todo el preescolar continúa en su mente, ahora a la edad de diez años, él lidia con ello mucho mejor. Ella añadió: «Nosotros siempre intentamos cambiar sus pensamientos de manera que los amara con el amor de Jesús, y lo ayudamos a entender que esos niños no tenían el amor de Jesús en su corazón y lo necesitaban. Toda su vida cambió cuando aceptó al Señor en el primer grado y desde entonces ha llevado esa perspectiva».[3]

Qué fortaleza y paz pueden venir a nuestros hijos cuando Cristo comienza a morar en ellos (Colosenses 1.27). Nosotros debemos pedirle a nuestro Señor que ayude a nuestros hijos a hacerle el número uno en su vida y que disfruten todos los beneficios de conocerle. Busque oportunidades para ayudar a sus hijos a aplicar su fe en las circunstancias diarias.

Ore que usted no obstaculice su fe. Todos los padres necesitan orar fervientemente que no debiliten la dependencia que un niño tiene de Cristo. Jesús habló fuertemente al respecto: «Y cualquiera que haga tropezar a alguno de estos pequeños que creen en mí, mejor le fuera que se le colgase al cuello una piedra de molino de asno, y que se le hundiese en lo profundo del mar» (Mateo 18.6). Una motivación importante para Sarah y para mí al ayudar a las parejas con sus matrimonios es saber cuán peligroso es cuando papá y mamá siempre están en el Ciclo Alienante. (Ver el capítulo 14 para obtener más información acerca de cuán grave es «hacer tropezar a alguno de estos pequeños».)

Una madre escribió:

Mi hija me llamó quejándose de su vida. Le sugerí que necesitaba buscar a Dios para obtener respuestas. Ella me hizo saber que había perdido gran parte de su fe, por cómo ha visto nuestra relación matrimonial [...] Me lastima ver que eso afecte a nuestras hijas y sus relaciones, por lo que han vivido y aprendido.

Compare eso con el testimonio del siguiente papá:

He observado que al intentar mostrarle amor a mi esposa, evitar gritar y enfadarme, y ser más alentador (aunque no haga nada de eso perfectamente), mis hijos han respondido. Tengo más conversaciones acerca de Dios y la Biblia con mi hijo de doce años, lo cual es una bendición increíble.

Sus hijos están mirando

Hay varias cosas que podemos hacer para asegurarnos no solamente de orar por nuestros hijos, sino también de que estén aprendiendo acerca de una vida efectiva de oración.

No oculte la manera en que usted acude a Dios en oración. Aunque debemos orar en el aposento (Mateo 6.6), los niños necesitan saber que estamos allí. Escuché la historia de un padre que era policía. Su rutina cada tarde cuando llegaba a casa era irse a cambiar la ropa y luego pasar tiempo a solas en oración con Dios. Los niños sabían que papi estaba hablando con Dios y que luego jugaría con ellos. Qué linda estrategia de oración. Mientras necesitaba a Dios para esa transición de vuelta a la vida familiar luego de un día expuesto al crimen, también demostraba que un hombre fuerte continúa dependiendo del Dios todopoderoso.

Sarah ejemplifica la oración y la acción de gracias. En 2004, un oncólogo le diagnosticó cáncer de seno. Luego de orar y obtener el mejor consejo médico, Sarah decidió que una doble mastectomía y una reconstrucción serían el mejor remedio para su afección de cáncer. Años más tarde su juicio mostró haber sido el correcto. Sin embargo, en ese momento ella no sabía si viviría o moriría, especialmente ya que cuatro años antes su madre murió de cáncer tres semanas después de su diagnóstico.

Cientos miraron a Sarah. Ella no desafió a Dios ni le preguntó: «¿Por qué yo?». En cambio preguntó: «¿Por qué *no* yo?».

Luego, en medio de su cáncer, Sarah hizo algo sorprendente. Tal como el rey David, agradeció y adoró a Dios, el Dios completamente amoroso y poderoso. Como familia observamos a Sarah mientras ansiaba su tiempo matutino con Dios, disfrutaba de escuchar su música de alabanza, les contaba a otros de la bondad de Dios y mostraba todo el día una paz interna.

El ejemplo de Sarah hizo que todos nos examináramos: ¿confiaríamos en Dios, le agradeceríamos, le alabaríamos y le adoraríamos con la posibilidad de tener la muerte a la puerta?

Un amigo me dijo que la vida temprana de su papá y los años de ocaso le han afectado hasta ahora:

> Cada mediodía, él leía un capítulo de la Escritura. Me decía: «Ve por el libro». No importaba quién estuviera ahí, él leía el capítulo. También hacía una pregunta al final. Cuando envejeció y vivía conmigo, yo entraba en su habitación y él estaba ahí de rodillas. No era expresivo. No discutía los problemas profundamente. Pero papá tenía una profunda fe que era en gran medida parte de su vida.

Ore con sus hijos y por sus hijos. Mi investigación acerca de las familias incluía preguntarles a los niños lo que recordaban acerca de la manera en que sus padres oraban por ellos. Entre los comentarios se encontraban los siguientes: «Él oraba conmigo y por mí, y me puso un ejemplo». «Todos orábamos juntos diariamente». «Nosotros orábamos antes de las comidas y ellos oraban por nosotros en la noche». «Él siempre está orando por mí y hablando acerca de la dirección de Dios para mi vida».

Con nuestros propios hijos, Sarah y yo intentamos personalizar nuestras oraciones

> *Proclamé un ayuno para que nos humilláramos ante nuestro Dios y le pidiéramos que nos acompañara durante el camino, a nosotros, a nuestros hijos y nuestras posesiones.*
> —Esdras 8.21, NVI

para cada uno, de acuerdo con sus habilidades, intereses y personalidades. Por ejemplo, cuando Jonathan era más pequeño, posiblemente oramos cosas como esta:

> Señor, gracias por Jonathan. Te agradezco por la habilidad que le has dado para jugar deportes y el gozo que eso les da a él y a sus compañeros de equipo. Te agradezco por su diligencia para estudiar en la escuela y por lo que está aprendiendo, particularmente su interés por la historia. Gracias por su ruta de repartición de diarios y su constancia al levantarse temprano para entregarlos. Gracias por la manera en que sirve a sus clientes.

Ese tipo de oración encajaba con Jonathan, lo que él apreciaba. Intente desarrollar oraciones personalizadas para cada uno de sus hijos, lo cual será mucho más significativo que lo genérico y antiguo: «Bendice hoy a los niños, Señor. Amén».

Cuando nuestros hijos eran más pequeños, usamos la rutina de la hora de dormir como una oportunidad perfecta para las oraciones. Ellos lo aceptaban, porque era una manera de hacerlos «quedarse despiertos» unos cuantos minutos más.

Steven Curtis Chapman, con quien compartí el escenario en un festival al aire libre en Kansas, le relató a la audiencia una historia acerca de sus hijos: su esposa y él estaban apurados para irse en la noche, y él estaba intentando hacer que ellos oraran y se fueran a la cama. Estando mamá y papá vestidos para salir, la emoción llenó la atmósfera y los niños hicieron lo mejor que pudieron acumular al orar «en todo el mundo» por todo lo que pudieron pensar. Finalmente, Steven dijo firmemente: «¡Esta noche solo estamos orando por la familia!».

No ore para ellos. Siempre cuide de usar la oración como una manera de mandarle un mensaje a un niño para que haga algo. Recuerde que usted está hablando con el Señor, no con sus hijos. Esto puede ser una estratagema sutil pero manipuladora que hará que sus hijos se amarguen respecto de la oración.

Comparta con sus hijos lo que Dios le enseña a través de sus oraciones. A continuación tenemos una historia que a menudo les contamos a nuestros hijos al pasar de los años. Con ella les enseñamos que confiar en Dios da resultado, y que ellos podían confiarle a Él sus necesidades también.

En 1975, cuando yo acababa de salir del seminario, me uní a otro pastor para iniciar un centro de consejería cristiana llamado The Open Door [La puerta abierta]. No cobrábamos por nuestra consejería, tampoco solicitábamos donaciones para que nos apoyaran. En cambio emulamos al misionero inglés del siglo dieciocho, George Mueller, cuyo ministerio de huérfanos juntó 1.400 millones de libras (más de $7 millones de dólares en la actualidad), aunque Mueller nunca le hiciera saber sus necesidades a nadie más que a Dios.[4]

El primer año establecimos un presupuesto modesto y cada mes las finanzas marchaban como reloj. Estábamos emocionados y un poco sorprendidos, pero en fe elevamos nuestro presupuesto para el segundo año. El apoyo continuaba llegando, hasta abril, cuando nos faltaron setecientos dólares para cuentas que teníamos que pagar. Me confieso. Yo estaba muy enfadado porque ahora los críticos de nuestra aventura de fe podían alardear acerca de cómo habíamos fracasado.

Mi compañero, mayor en años y en fe, sugirió que oráramos, lo que hicimos, reconociendo ante Dios que habíamos prometido satisfacer nuestras necesidades y agradeciéndole por escuchar nuestra petición de setecientos dólares. Yo también confesé mi inmadurez, mi ansiedad y mi desagradecimiento. Concluimos nuestra oración agradeciéndole por su fidelidad y expresando nuestra confianza en que apoyaría La puerta abierta como lo considerara apropiado.

Luego nos fuimos a casa.

Al siguiente día, de vuelta en la oficina, mi compañero dijo:

—¿Recuerdas a esa maestra que recientemente se divorció, tiene cuatro hijos y que guié a Cristo?

Le respondí:

—Sí.

—Bien —explicó—, ¡anoche llamó a nuestra puerta y me dio un cheque de seiscientos dólares!

Ambos nos regocijamos en oración por ese regalo completamente inesperado. Con nuestra fe fortalecida, le «recordamos» a Dios que necesitábamos otros cien dólares. Un poco más tarde, fui al buzón y encontré un sobre sin marcas ni sellos. Contenía cuatro billetes de veinte dólares y uno de diez. Ahora solo nos faltaban diez dólares de los setecientos.

Ese mismo día, una maestra anciana retirada llegó y preguntó: «Chicos, ¿ustedes aceptan donaciones?». (Ella había leído acerca del ministerio La puerta abierta en el diario, pero no se había mencionado nada acerca de las donaciones.) Nosotros le aseguramos que sí y ella nos dio un cheque de diez dólares, explicando que tenía un ingreso mensual fijo, pero aun así intentaba dar cinco dólares además de sus diezmos a organizaciones que lo merecieran. Al conducir hacia nuestra oficina, el Señor le habló a su corazón, diciendo: «¡Duplícalo!».

Todo padre hablará a sus hijos acerca de tu fidelidad.
—Isaías 38.19

Nosotros le agradecimos profusamente y yo estaba sonriendo de oreja a oreja, aunque me sentía un poco avergonzado por mi ira y mi incredulidad de la noche anterior. En realidad el Señor me había enseñado una lección inolvidable acerca de orar y confiar en Él. Es una lección que les he transmitido a mis hijos, siempre explicando que Dios es poderoso, y que cuando oramos, ese poder puede desatarse. Aunque sucedió hace mucho, eso afecta a nuestra familia incluso ahora, recordándonos el poder de la oración.

¿Qué le ha enseñado el Señor acerca de confiar en Él? Al encontrar a Dios en oración, no contenga su emoción; deje que se derrame en el resto de la familia como lo hizo una mamá:

Yo comencé a orar por primera vez en años y a asistir a la iglesia. Ahora no me gusta faltar a ninguno de los servicios e intento leer la Biblia y seguir su dirección. Una de mis oraciones más recurrentes era comprender mejor lo que estaba sucediendo en mi vida [...] Dios me dirigió a *Amor y Respeto*, lo cual me proporcionó la respuesta a mi oración por comprensión. El final del libro hablaba acerca de la vida eterna y fue tan inspirador que hice el compromiso ahí mismo de que mi vida fuera completamente para Dios.

Decidí bautizarme. Llamé a toda mi familia y les pedí que asistieran para atestiguar el comienzo de mi nueva vida. Otra respuesta a mis oraciones es que mis tres hijos están asistiendo conmigo. Cuando llamé a mi hijo mayor de veinticuatro, me comunicó su deseo de ser bautizado también. Mi gozo y felicidad hicieron crecer mi corazón más de lo que puedo explicar con palabras. Él regresará de Irak en aproximadamente un mes para una segunda vuelta a trabajar. Eso me ayudó a aliviar la preocupación de mi corazón. Dios también está trabajando en la vida de mis otros hijos.

Cuando un padre tiene una fe auténtica y está disfrutando al Señor, ¡eso es contagioso!

Su vida de oración revela lo que realmente cree

Para ayudar a que su vida de oración sea contagiosa, medite en las Escrituras y hable acerca de cómo ora. Apréndase de memoria un pasaje, Santiago 1.5–6, por ejemplo: «Si a alguno de ustedes le falta sabiduría, pídasela a Dios, y él se la dará, pues Dios da a todos generosamente sin menospreciar a nadie. Pero que pida con fe, sin dudar» (NVI). Santiago nos está instando a creer verdaderamente que Dios nos da sabiduría para lidiar con todas las pruebas que enfrentemos, y eso ciertamente incluye las de la familia. Criar a los hijos es una tarea sin fin y a menudo estresante; hay muchas bendiciones, sí, pero hay muchos problemas y pruebas. A veces, los problemas parecen pesar más que las bendiciones.

Este pasaje no promete que todo marchará perfectamente, sino que recibiremos sabiduría para lidiar con toda situación. Dios nos da sabiduría, pero observe la mayor condición: que no dudemos. La duda nos puede enviar a la incertidumbre, la preocupación, la ansiedad; lo que Santiago llama doble ánimo, que nos lleva a ser inconstantes e inseguros (Santiago 1.6–8). ¿Recuerda Hebreos 12.9–10? A medida que sigamos a Cristo debemos «hacer lo que mejor nos parece» en buena fe y confiar en Dios para obtener sabiduría.

Es en los momentos de problema con la paternidad que su vida de oración le revelará lo que realmente cree acerca del carácter de Dios. ¿Realmente desea su sabiduría? Cuando ora con fidelidad por sabiduría en todas las circunstancias difíciles, usted está declarando que cree que Dios es por usted y que lo ama a usted y a sus hijos, sin importar lo que suceda.

> *Levántate, da voces en la noche, al comenzar las vigilias; derrama como agua tu corazón ante la presencia del Señor; alza tus manos a él implorando la vida de tus pequeñitos.*
>
> —*Lamentaciones 2.19*

Cualquiera que sea su situación —ya esté casado con un cónyuge que ore con usted, casado pero teniendo que lidiar con gran parte de la paternidad usted solo, o peleando la batalla de los padres solteros—, nunca deje que la oración le falte. Nosotros debemos orar porque Jesús oró. Él es nuestro ejemplo y nuestro Maestro en cuanto a cómo orar; no con un fingimiento ostentoso, sino en su «aposento»:

un lugar callado donde usted pueda expresar sus necesidades, así como sus alabanzas y agradecimientos (Mateo 6.5–6).

Sí, siempre hay tiempos ocupados, agitados y caóticos en que ir al lugar silencioso simplemente no es posible, pero nunca ignore la oración porque está *muy* ocupado. Ore en el camino, mientras lidia con el siguiente pañal sucio, el siguiente vaso de leche derramado, la siguiente ventana rota o la siguiente vez que su hijo llega tarde. Haga de Lucas 18.1–8 un pasaje para recordar. Jesús les contó a sus discípulos la parábola de la viuda persistente para mostrarles «que debían orar siempre, sin desanimarse» (v. 1, NVI).

Mi abuela es ejemplo de una mujer que nunca se rindió en la oración. Al criar a su familia en las tierras agrarias de Dakota del Sur a principios del siglo XX, mi abuela siempre buscó la sabiduría de Dios, incluso cuando parecía que no la escuchaba. Su esposo murió durante la infame epidemia de gripe de 1918, cuando su pequeño hijo, mi padre, solamente tenía tres meses. Mi padre creció viendo a su madre vivir su fe, orando en toda circunstancia por sus necesidades y creyendo que en todas las cosas, su Padre celestial estaba obrando para el bien de su familia (Romanos 8.28). Durante la Gran depresión de la década de 1930, ella vendió su casa y dio el dinero a Faith Home, un orfanatorio cristiano y escuela bíblica. A pesar del ejemplo y las oraciones de su madre, mi papá se marchó de su casa a los dieciocho años, abandonando también su fe.

Durante años mi padre permaneció alejado de la iglesia. Incluso después del matrimonio y los hijos, nunca nos habló de Jesucristo. ¡Nunca! Suena como si las oraciones de mi abuela hubieran sido inútiles, pero no fue así. Yo llegué a Cristo a los dieciséis, ¡y dos años más tarde lo hicieron mi madre, mi hermana y mi papá!

Luego de llegar a Cristo a los cincuenta y un años, mi padre expresó pena por alejarse de la fe de su madre y perder tantos años, pero se regocijó en la bondad de Dios con toda nuestra familia, por las súplicas de ella. Luego de que yo entrara al ministerio, sabiendo un poco de su historia, le pregunté: «¿Piensas que el Espíritu de Dios te esquivó porque resististe al Señor y aterrizó sobre mí por las oraciones de tu madre?».

Él respondió rápidamente: «¡Absolutamente!». Luego, en uno de los intercambios más significativos que tuvimos, él añadió: «Creo que el Señor vino a ti por las oraciones de tu abuela por mí, las cuales resistí. Yo no comprendo estas cosas, pero he sentido en mi corazón que el Señor te tocó por las oraciones de mi madre y las oraciones que otros hicieron por ella».

Nunca conocí a mi abuela. Se fue al cielo antes de que yo naciera. ¿Sus oraciones por su hijo fueron respondidas? Para hacerle eco a mi papá: «¡Absolutamente!». Su historia es un ejemplo impactante de cómo criar a la manera de Dios, orando por sus hijos en obediencia al mandamiento de Cristo, y confiando en su Padre celestial para obtener sabiduría, cualquiera que sea el resultado.

Para obtener más información acerca de los siguientes temas vaya a www.loveandrespect.com/parent/supplication (sitio web en inglés).

- Tres preguntas vitales con respecto a la oración.
- ¿Podemos orar demasiado por nuestros hijos?
- El amor de los hijos pequeños por la oración a la hora de dormir.
- Cómo es que nuestra cultura posmoderna socava nuestra confianza en la oración.
- Cómo orar para ir contra las artimañas del diablo.

10

Trabajo en equipo

Cómo colocar a sus hijos en primer lugar

De acuerdo, es tiempo de una rápida prueba de paternidad: ¿qué es lo que más impresiona a sus hijos? ¿Su relación con su cónyuge o su relación con sus hijos?

Debido a que hemos pasado los seis capítulos anteriores hablando acerca de diferentes habilidades para mejorar nuestra paternidad, sería muy fácil decir: «Mi relación con mis hijos». Pero luego de aconsejar a parejas casadas durante más de treinta años, mi convicción es que su relación con su cónyuge —la fuerza de su matrimonio— afecta de igual manera a sus hijos. El matrimonio es el revés de la moneda de la paternidad.

El último profeta del Antiguo Testamento fue Malaquías, que llevó Palabra de Dios a los judíos en el año 430 antes de Cristo aproximadamente. Ellos habían regresado de la cautividad; el templo había sido reconstruido, así como los muros de Jerusalén. Los judíos habían sido bendecidos de verdad, pero como era costumbre, ya habían comenzado a alejarse de la verdadera adoración y estaban viviendo en desobediencia al Señor. Había un abandono descontrolado del matrimonio, se casaban con no creyentes y se divorciaban. Cuando Malaquías hizo resonar el desagrado de Dios con todos los matrimonios rotos, escribió: «¿Acaso no hizo el Señor un solo ser, que es cuerpo y espíritu? Y ¿por qué es uno solo? Porque busca descendencia dada por Dios» (Malaquías 2.15, NVI).

La descendencia divina era tan importante para el Señor que no deseaba que los padres se separaran (Malaquías 2.16). Él sabe —mucho más allá de lo que podemos imaginarnos— el daño que un divorcio puede provocarles a las familias y a su reino. Jesús hizo eco de esta misma verdad durante su propio ministerio. Cuando los fariseos intentaron arrinconarlo al preguntarse cuándo era lícito que un hombre se divorciara de su esposa, Jesús regresó al principio para enfatizar la importancia sagrada del matrimonio: Dios los hizo varón y hembra, y cuando un hombre deja a su padre y a su madre para unirse con su esposa, ellos se convierten en «una sola carne [...] ya no son dos, sino uno» (Marcos 10.7–8).

En el matrimonio, un hombre y una mujer se vuelven uno, y el ideal de Dios es que esa unidad sea reflejada en el estilo de paternidad. Como padre y madre, nosotros *cooperamos*, *colaboramos* y *coordinamos*. *Nosotros somos un equipo.* Como me escribió un esposo, el matrimonio no es una competencia para ver quién tiene las mejores ideas. «Es un esfuerzo en equipo. Todos para uno y uno para todos». Posiblemente el predicador lo expresara mejor: «Mejores son dos que uno; porque tienen mejor paga de su trabajo» (Eclesiastés 4.9).

Sarah y yo habíamos conocido el dolor de la falta de trabajo en equipo con nuestros padres. Eso llevó al divorcio en ambos hogares (dichosamente, mis padres se volvieron a casar), y nosotros estuvimos determinados a ser una unidad coherente. Habíamos visto de primera mano la verdad del lema: «Juntos permanecemos, separados caemos». Nuestros padres cayeron, nosotros determinamos no permitir que eso le sucediera a nuestro matrimonio y a nuestros hijos. En mi caso, muchas noches lloré hasta quedarme dormido, mientras mi papá y mi mamá discutían o peleaban. Sarah había experimentado el mismo tipo de herida emocional.

Por lo tanto, desde que nuestros hijos eran muy pequeños, Sarah y yo reconocimos la sabiduría del trabajo en equipo de los padres y la unidad enfocada. ¿Siempre estuvimos de acuerdo Sarah y yo? No, pero distinguimos la unidad (un frente unido y armonioso) de la unanimidad (tener que estar de acuerdo absolutamente siempre y en todos los aspectos). Nos adherimos a la creencia de que si siempre estábamos de acuerdo, uno de nosotros era innecesario. A menudo debatíamos sobre ideas contrarias acerca de los niños a puerta cerrada. Algunas veces volaban chispas, pero

> *Para que todos sean uno; como tú, oh Padre, en mí, y yo en ti, que también ellos sean uno en nosotros; para que el mundo crea que tú me enviaste.*
> —*Juan 17.21*

sabíamos que Dios nos había hecho un varón y una hembra para que surgieran mejores ideas e intuición. Parafraseando un poco Proverbios 27.17: «El hierro se afila con el hierro, por lo tanto, los cónyuges se afilan uno al otro». Confiábamos en que nuestras diferencias conducían a mejores decisiones.

Cuando teníamos que enfrentar a nuestros hijos, ellos sabían que no podían dividir a mamá y a papá, y conquistarnos saliéndose con la suya. Nuestros hijos adultos son la prueba de que los niños se vuelven conforme a la manera en que sus padres manejan estas situaciones. Ahora siendo padre, Jonathan mira en retrospectiva y refleja nuestra solidaridad, al observar que mamá y papá «siempre esperaron y tomaron decisiones como equipo». Y Joy recuerda: «Ustedes hicieron un gran trabajo en equipo. Nosotros sabíamos que "dividir y conquistar" no nos iba a funcionar, sin importar cuánto intentáramos convencerlos».

Otro pasaje que inspiró nuestra unidad fue Marcos 3.25: «Y si una casa está dividida contra sí misma, tal casa no puede permanecer».

Debemos intentar ser aliados o podríamos terminar como enemigos. Como lo explica Eugene Peterson en la versión de la Biblia en inglés, *The Message*: «Una familia que riñe constantemente, se desintegra». Una esposa me escribió acerca de sus desafíos: «Solo deseo que seamos un equipo como pareja. Yo sé que él también lo desea, pero creo que ambos necesitamos dar algunos pasos para que eso suceda». Estoy de acuerdo y recomiendo tres pasos.

Ponga primero su matrimonio y luego a sus hijos

La idea puede parecer radical, pero creo que es la mejor manera de asegurarse de lo mejor que Dios tiene para sus hijos. Una mujer que se ha divorciado dos veces de su esposo, escribió: «No sentía compromiso ni compañerismo [...] Nunca sentí que él separara nuestro matrimonio de la unidad familiar o que fuera la relación más importante (además de la relación con Dios)».

> *Ella siguió siendo tu compañera fiel, la esposa con la que hiciste tus votos matrimoniales.*
> —Malaquías 2.14, NTV

Nunca servimos bien a nuestros hijos cuando nos damos papeles de divorcio el uno al otro.[1] Los padres me dicen a menudo: «Amo a mis hijos y en verdad no deseo lastimarlos ni arruinarlos. Sé cómo me afectó que mis padres se divorciaran. No deseo romper el corazón de mis dulces hijos...».

Estoy de acuerdo. Por esa razón, es imperativo trabajar juntos para tener un verdadero equipo amoroso y respetuoso. Mostrar animosidad y disensión crea una confusión emocional en el niño. Los niños que han crecido en hogares divididos, separados o divorciados a menudo están deprimidos y se les dificulta confiar en formar una relación matrimonial propia. Tanto un divorcio jurídico como uno emocional lastiman a los niños, rompen el dulce corazón de nuestros hijos.

Basta de lo negativo. ¿Cómo buscamos lo positivo? Podemos comenzar con tomar un momento para renovar nuestro compromiso y nuestros votos matrimoniales, lo cual significa que debemos regresar y comenzar con nuestro compromiso con Dios mismo. La última sesión de la conferencia de Amor y Respeto enfatiza el Ciclo Gratificante: el amor de él no obstante el respeto de ella... el respeto de ella no obstante el amor de él. Nosotros conducimos nuestro matrimonio (y nuestra paternidad) como para Cristo. Como escribió un cónyuge luego de asistir a la conferencia: «Lloré, lloré como un bebé, especialmente al final, cuando aprendí que como tratamos a nuestro cónyuge es como tratamos a nuestro amado Señor y Salvador [...] Me encuentro en una misión por romper el curso que ha estado destruyendo a nuestra familia durante años».

Otra carta de un esposo comentaba: «Continúo mirando el Ciclo Gratificante para hallar ánimo, para amar sin importar lo que suceda y darme cuenta de que no se trata de mi esposa, sino de mi relación con Dios. Nosotros tenemos dos adolescentes. Ha sido difícil, pero ahora comprendo mi papel y que he sido egoísta y buscado solamente mis necesidades, en lugar de proveerles las de ellos».

El orden correcto es Dios primero, luego nuestro matrimonio, luego nuestros hijos. Cuando tenemos esto claro, cosas buenas suceden en el corazón de nuestros hijos. No hace falta ser un genio para saberlo; es la relación humana de amor y respeto que Dios planeó. Los niños se sienten mucho más amados cuando saben que sus padres se aman y se respetan uno a otro primero que nada. Como lo explica una mamá: «Nuestros hijos han reído al mirarnos besarnos, abrazarnos, jugar y ser una mami y un papi que se aman mutuamente y que los aman a ellos. Tomarnos un minuto de vez en cuando para amarnos dibuja sonrisas que no esperaba en su rostro. ¡A ellos les encanta que nos amemos!».

Cuando nuestros hijos eran más pequeños, algunas veces eran groseros con Sarah y yo decía: «Dejen de hablarle de esa manera a mamá. Ella es mi novia. Cuando ustedes crezcan, se marcharán de la casa, pero ella y yo permaneceremos juntos. De hecho, cuando se vayan, ella y yo nos iremos de fiesta. Así que dejen de hablarle irrespetuosamente a mi mujer».

Cuando les pregunté a nuestros hijos adultos lo que recuerdan de ese comentario, David dijo: «Pensé que era genial. Yo deseaba que se fueran de fiesta... nunca se habían ido». Joy coincidió: «Yo pensé: "¡De ninguna manera se van a ir de fiesta!"».

De acuerdo, posiblemente no entendieron por completo. Yo estaba intentando decir: «Nosotros somos un equipo primero que nada, de manera que no se metan con mi chica; y ah, por cierto, siéntanse seguros y a salvo por esto». Joy añadió: «Siempre hemos deseado verlos a mamá y a ti bailando por la cocina... ¿No hay alguna investigación acerca de que los niños se sienten más seguros cuando los padres son afectuosos? Si no, todavía creo que es verdad definitivamente. Puedes citarme como la investigadora inmediata».

Obviamente, cuando hablo acerca de la unidad del esposo con la esposa, no estoy justificando a los padres que habitualmente dejan a sus hijos con niñeras y persiguen su placer egoísta solo para ellos. Pero sí deseo desafiar y advertir a los padres que pueden estar fijándose en sus hijos a expensas de su matrimonio. Es posible colocar sin pensar a sus hijos en un pedestal, como ídolos. Y cuando adoramos a nuestros hijos, los profanamos. Aunque yo no creo que Sarah y yo hayamos caído jamás en esa trampa, sí recuerdo haber dicho una vez cuando nuestros hijos eran más pequeños: «¿Crees que podamos juntarnos, solo los dos, y no hablar de los niños, al menos durante un rato?».

Sarah recuerda ese comentario como una revelación. Hasta entonces, nunca había creído que estuviera pasando por alto nuestra relación al dar un reporte diario acerca de los niños. Ella siempre se sintió energizada con esas conversaciones. ¿No es eso lo que se supone que las madres y los padres deben hacer? Pero lo que dije la hizo pensar: *ay, Dios. Él tiene su vida propia y desea pasar algo de ello conmigo. Los* niños crecerán y se marcharán, y nosotros quedaremos atrás. *Necesitamos mantener ardiendo el fuego del matrimonio.*

En las palabras de Sarah escuché una amable advertencia: nunca debemos concluir que debemos elegir entre la paternidad y el matrimonio. No ponemos en espera el matrimonio hasta que los hijos crezcan y se marchen. El diseño de Dios es una estructura familiar con dos papeles: cónyuge y padre o madre. Los obstáculos y los inconvenientes de intentar ser cónyuge y padre son agotadores, pero posibles con la fuerza de Dios.

El punto crucial de este asunto es: lo mejor que puede hacer un padre por sus hijos es amar a Dios y a su esposa, y lo mejor que puede hacer una madre por sus hijos es venerar a Dios y respetar al padre de sus hijos.[2]

Creer en la buena voluntad del otro

Cualesquiera que sean sus diferencias, la mayoría de los cónyuges tienen buena voluntad hacia el otro. Al decir buena voluntad me refiero a «la intención en lo profundo de hacerle el bien al otro». Ciertamente no siempre lo logramos. En el huerto de Getsemaní, cuando Jesús fue a orar, tres de los discípulos que estaban vigilando se durmieron. Nuestro Señor les dijo: «Velad y orad, para que no entréis en tentación; el espíritu a la verdad está dispuesto, pero la carne es débil» (Mateo 26.41). El apóstol Pablo también captó la realidad de las buenas intenciones falló al respecto cuando escribió acerca de sus propias luchas con la carne, en Romanos 7.19: «Quiero hacer lo que es bueno, pero no lo hago. No quiero hacer lo que está mal, pero igual lo hago» (NTV). Todos sabemos de lo que está hablando Pablo. Usted o su cónyuge pueden desear hacer lo correcto, pero no lo hacen; o usted o su cónyuge pueden desear dejar de hacer lo que no está bien, pero no lo hacen. Cuando su cónyuge no logra cumplir con sus buenas intenciones, dentro de la definición que usted tiene de buena voluntad debe estar que la gente bienintencionada no desea hacer daño. Ellos no planean un verdadero mal hacia el otro.

Pero en el trajín diario del matrimonio y la presión de la paternidad es fácil comenzar a pensar que su cónyuge no tiene en su corazón el mejor interés. Su cónyuge puede ser negligente, olvidadizo, descuidado o hiriente y, como resultado, usted se lastima o se enfada lo suficiente para insolentarse. El estrés crónico y la negatividad lo jalan hacia abajo, y usted duda de la buena voluntad del otro. Los cónyuges necesitan que les recuerden darse el beneficio de la duda.

> *Tampoco intente desagradar al otro, como dice la Biblia: «Pero el casado tiene cuidado de las cosas del mundo, de cómo agradar a su mujer [...] de cómo agradar a su marido»*
> *(1 Corintios 7.33–34).*

Les he preguntado con frecuencia a las parejas durante la consejería: «¿Su cónyuge es una persona con buena voluntad?». Ambos responden fácilmente: «Sí». Muchas parejas me han dicho que esa pregunta ha revolucionado su matrimonio. Reconocer que en lo profundo saben que su cónyuge tiene buena voluntad a pesar de todo lo que pueda estar sucediendo, lo coloca en un camino positivo hacia el trabajo en equipo, aunque continúen teniendo diferencias y enojos fuertes.

Confíe en la buena voluntad de su cónyuge, si no por otra razón, por el bien de sus hijos. Qué triste es cuando los niños ven la buena voluntad básica de mamá y papá, pero mamá y papá no la ven en el otro.

A menudo me preguntan cómo reconcilio la buena voluntad con la depravación humana. Cada parte de nuestro ser está infectado de pecado, tal como la tinta se permea en cada gota de un vaso de agua. Pero —y este es un gran *pero*—, nosotros estamos hechos a la imagen de Dios y podemos actuar con buena voluntad de acuerdo con ello. Nosotros podemos desear hacer lo que está bien y hacerlo en cierto grado.[3] Es reconocer ese deseo en un cónyuge lo que puede crear el trabajo en equipo. Aunque los esposos y las esposas puedan ser desconsiderados y desagradables algunas veces, es mejor no creer que tengan motivos malignos. Son simplemente humanos. Puede ser que conozcan a Cristo, pero no siempre hacen lo que saben que deben hacer (Romanos 7.19).

A medida que intente trabajar en equipo, habrá muchas presiones y preocupaciones que surjan en el flujo de la vida diaria juntos. Muchas veces, una madre se agobia por las cargas de sus hijos. En esos momentos ella puede lucir crítica e incluso irrespetuosa. Déjeme advertirles a todos los esposos: ella no está utilizando a los niños como un pretexto para enviarle a usted mensajes de desaprobación e irrespeto. Cuando su esposa se queje, dele el beneficio de la duda. Ella no está intentando ser molesta ni crítica. Solo desea trabajar como equipo. Cuando usted se retrae debido a que piensa que ella lo está agobiando, usted no logra ver su necesidad de fortaleza y apoyo. Decodifique su buena voluntad y su buen corazón. A ella le importa. No lo personalice como un ataque contra usted.

Sin embargo, algunas veces la esposa puede errar en la manera de expresar sus sentimientos negativos. En una familia, el esposo propuso tener un estudio bíblico con los niños, pero su esposa rechazó la idea frente a todos. Dijo que tomaría demasiado tiempo y podría ser aburrido para los niños. Resultó que ella simplemente estaba protegiéndolos de la tendencia de su esposo a hablar demasiado con sus perspectivas extremas de lo que significa la Escritura. Lamentablemente, ella perdió la oportunidad de apoyar y animar las buenas intenciones de su esposo para guiar a su familia espiritualmente.

¿Qué pudo haber hecho diferente? Ella pudo haber guardado silencio cuando él propuso la idea, luego sugerido en privado pasajes más pequeños de la Escritura y limitar el tiempo a lo que era apropiado para la edad de los niños. La esposa debe intentar lo mejor que pueda darle a su esposo el beneficio de la duda, confinado en su buena voluntad, especialmente cuando él intente hacer lo correcto.

Un caso práctico en el que los padres se muestran mutuamente su buena voluntad

A continuación se encuentra un ejemplo de cómo una pareja —Jim y Cathie— que asumieron la buena voluntad mutuamente a pesar de los graves problemas de paternidad, pensaron que nunca utilizarían el término. El esposo me escribió para contarme cómo habían estado practicando el arte del amor y el respeto durante un año, cuando su hija de diecinueve años regresó a casa, luego de su viaje misionero de cinco meses. Antes de que ella se fuera, ellos tuvieron que ponerse de acuerdo en que, cuando fuera el tiempo, debían instarle a inscribirse a la universidad para mantener intacta la cobertura de su seguro. Si ella decidía no asistir a la universidad, debía trabajar a tiempo completo y pagar su propio seguro. La chica había estado en casa unos días, cuando Cathie mencionó casualmente que si su hija «necesitaba una limpieza dental o algo más, debía hacerse cargo». Jim pensó que eso no estaba en su acuerdo y lo dijo. El Ciclo Alienante estalló y «todo se derrumbó». Cathie sintió que Jim estaba siendo desamorado, y él sintió que ella había ignorado el acuerdo y le estaba diciendo a él lo que harían.

Cathie no se sintió amada, Jim se sintió irrespetado, y ambos cayeron en «lo de siempre». Debido a que ella aparentemente había ignorado sus opiniones, él intentó evadirla al no desear entrar en una batalla de palabras en la que «ella me derrotaba todo el tiempo». Pero ella continuó y él se dio cuenta de que tenía que dar el primer paso para expresar lo que sentía, por más difícil que le fuera, como un hombre común. Él le explicó que su hija le importaba, pero sintió como si Cathie estuviera tomando decisiones contrarias a lo que habían decidido, pasándole por encima en lugar de trabajar con él. Jim destacó que las amaba a ambas y que no deseaba que eso se interpusiera entre su esposa y su «mamá osa», que necesitaba proteger a su hija.

Cathie respondió que ella no planeaba tomar el control. Se besaron y se marcharon a sus respectivos empleos. «Yo estaba intentando practicar el amor —escribió él—, pero en realidad todavía no me sentía respetado. Y estaba esperando que con el tiempo cambiara mi humor y yo cediera a regañadientes».

Jim sintió que había hecho su parte para enmendar el distanciamiento, pero en medio de ello, «el verdadero esfuerzo vino de ella más tarde». Él estaba en medio de un malísimo día con un equipo que fallaba y gente intentando tener atención, cuando ella llamó para saber cómo estaba. Él le expresó su frustración con todos los problemas y ella intentó suavemente animarlo. Justo entonces entró otra llamada y él cambió a la otra línea, mientras ella supuestamente había colgado. Minutos más tarde terminó la otra llamada, y mientras guardaba su teléfono celular pudo escuchar una voz. Era Cathie, orando por él con convicción. De alguna manera su llamada no se había desconectado. Ella había estado orando por él todo el tiempo.

Jim concluyó su carta diciendo que no está seguro de cómo es que todo se dio ese día, pero que había comenzado cuando su esposa aparentemente no había respetado sus deseos, y había terminado cuando ella sacudió su mal humor y le inyectó «una completa confianza y respeto. La vi respetándome demasiado [...] Ella sabe el secreto del respeto, y yo estoy comenzando a regresar a mí mismo».

Que grandiosa historia acerca de la buena voluntad en acción. Ellos tuvieron un problema. Estuvieron cerca de no poder ver lo que realmente sentía el otro. Cuán fácil le habría sido a ella sentirse lastimada y no amada, y para él malinterpretarla como irrespetuosa. Pero las circunstancias inusuales, el hecho de que Jim escuchara a Cathie orando por él en el teléfono, hicieron que él viera claramente la buena voluntad de Cathie para con él. Qué momento más privilegiado para él.

Le comparto esta carta y su historia como una ayuda visual para recordarnos que necesitamos confiar en la buena voluntad de nuestro compañero, aunque no siempre lo veamos tan claramente como Jim ese día. De otra manera, el trabajo en equipo puede ser socavado durante los fuertes desacuerdos, porque imaginamos que nuestro cónyuge tiene mala voluntad. Para ser un verdadero equipo de padres, lo que debemos hacer amorosa y respetuosamente es dejar de etiquetar a nuestra pareja como miserable. Y eso nos lleva al tercer paso.

Hablar con Amor y Respeto

A menudo me llegan cartas de esposas que dicen necesitar respeto tal como el hombre. Absolutamente. Todos necesitamos amor y respeto por igual. En mi libro, *Amor y Respeto,* hablo acerca del deseo que la mujer tiene que su esposo la estime, lo cual es su manera amorosa de respetarla. Un hombre no puede decirle sinceramente a una mujer: «Te amo», si no la estima ni la respeta.

> En todo caso, cada uno de ustedes ame también a su esposa como a sí mismo, y que la esposa respete a su esposo.
> —*Efesios* 5.33, NVI

Por el otro lado, tal como las mujeres necesitan respeto, en lo concerniente a los asuntos más profundos del corazón, podríamos apostar que ellas giran en torno al amor. Ninguna película termina con el chico abrazando a su mujer, y diciendo: «¡Te respeto con todo mi corazón!». De hecho, les preguntamos a siete mil personas: «Cuando se encuentra en un conflicto con su pareja, ¿en ese momento siente falta de amor o falta de respeto?». Setenta y dos por ciento de las mujeres sintieron falta de amor; mientras que ochenta y tres por ciento de los hombres se sintieron irrespetados.

Las investigaciones de Shaunti Feldhann, reportadas en su libro clásico *Solo para mujeres,* han mostrado claramente qué sería peor entre ser abandonado y no amado, o ser visto como insuficiente e irrespetado: ochenta por ciento de los hombres no soportan la idea de ser vistos como insuficientes e irrespetados.[4]

Generalmente hablando, si usted desea trabajo en equipo al criar, asegúrese de que su esposa lo escuche hablando con tonos y palabras amorosos, y su esposo la escuche hablando con tonos y palabras respetuosos.

Una manera segura de arrancar el trabajo en equipo con una esposa es elogiarla por la maternidad. Hace años, cuando nuestros tres hijos eran pequeños, yo le dije un día a Sarah: «¡Si yo tuviera tu trabajo estaría en prisión!». Más tarde comentó: «¡Eso me hizo muy feliz! No que estuvieras en prisión, pero que comprendieras cuán difícil puede ser la maternidad. Me sentí tan amada y estimada».

La verdad es que a medida que nuestros hijos han avanzado hacia la adultez, yo claramente le doy casi todo el crédito a la maternidad de Sarah. Aunque esté comprometido con la paternidad, ella está consumida en la maternidad. Ella es la cabeza y los hombros sobre mí como padre.

La esposa está naturalmente equipada con una naturaleza alimentadora y detecta rápidamente lo que le molesta a su hijo. El esposo sabio es el que deja que su esposa aconseje y guíe en esas situaciones. Él no reacciona negativamente a sus sugerencias. Un hombre que recibe con amor los reportes, las contribuciones e incluso las quejas de su esposa, verá que ella se inspira y se anima más con su relación y su trabajo en equipo como padres. Pero si él se ofende por lo que cree que es un desdén hacia él, no podrá estimar el corazón amoroso de su esposa y frustrará su trabajo en equipo.

Pero el amor y el respeto obran en dos vías. Es una mujer sabia que se da cuenta de la importancia de escuchar las opiniones de su esposo, en lugar de desdeñarlas o ignorarlas sutilmente. Esto puede suceder muy fácilmente en las situaciones de la crianza en que las esposas son bastante nutritivas y amorosas con su familia que puede ser que no se den cuenta de que su esposo las está percibiendo como irrespetuosas.

¿Cuándo es que un hombre se siente irrespetado en la familia? En un estudio bíblico para parejas basado en Amor y Respeto, las esposas deseaban saber qué hacía que los hombres se sintieran irrespetados en el hogar. Sobresalió una razón significativa: «Cuando mi esposa no valora mi opinión en los asuntos familiares».

A continuación tenemos una carta de una esposa que estaba enfrentando una grave tensión con su esposo, por la inminente boda de su hija y por cuánto iba a costar. Había habido una pequeña y clara discusión acerca de quién iba a pagar qué, y el esposo estaba sintiendo que todos simplemente ignoraban lo que él pensaba y nadie le estaba mostrando respeto. Como él le llevaba los gastos a su esposa, ella tendía a pensar que él simplemente no paraba y eso hacía que ella se aislara o se pusiera a la defensiva. Su respuesta común era: «Ella es mi única niña, mi única hija, y deseo que tenga una linda boda», lo cual solamente incrementaba la tensión. Finalmente, ella se dio cuenta de que eso no estaba funcionando y decidió practicar el respeto. Así que escribió:

> Lo vi desde su punto de vista y estuve de acuerdo en todo lo que él estaba diciendo, le pedí perdón y le dije que me había equivocado en la manera que lo estaba tratando [...] Hablamos de nuevo sobre el presupuesto de la boda y nos pusimos de acuerdo con cuánto dinero contribuiríamos. Él se tranquilizó y pudimos discutirlo clara y racionalmente, sin que se volviera una guerra. En el pasado, yo habría intentado que se tranquilizara, diciéndole que lo amaba, y él diría: «¡Ya lo sé! ¡Pero me pasas por alto!». Él no usa la palabra «respeto», pero sí usa «pasar por alto» [...] Yo nunca comprendí por qué no era suficiente decirle de mi amor. Luego de que acabó, nos acercamos más [...] se sintió como si estuviéramos *en un equipo trabajando juntos* en el problema.

¡Un equipo! ¡Ella lo capta! Se dio cuenta de que había parecido irrespetuosa e hizo un ajuste. Demasiadas esposas no intentan ser irrespetuosas, pero no comprenden que su esposo es «azul», mientras que ellas son «rosas». Los esposos tienen buena voluntad, pero ellos ven, piensan y sienten de manera diferente que las mujeres. Con la emoción por la boda en aumento, la perspectiva rosa de esta esposa la consumió a medida que anticipaba el gozo en su hija que pronto se casaría. Ella había estado evadiendo o poniéndose a la defensiva, porque simplemente no podía comprender por qué él no podía cambiar su «actitud mimada e infantil» acerca del dinero y simplemente consentir y disfrutar toda la experiencia como ella lo planeaba.

La respuesta fue simple y, por dicha, ella finalmente la vio. Su esposo no era mimado ni infantil; su perspectiva azul de todo el asunto simplemente era diferente de la rosa. Él no estaba equivocado, simplemente era diferente y su carga repetitiva: «Me pasas por alto», finalmente la hizo entender. Ellos pudieron detener el Ciclo Alienante y salir adelante. Una vez que él supo que estaba siendo escuchado y no pasado por alto, ellos pudieron unirse y trabajar en lo que a él más le preocupaba: un presupuesto.

Los hombres tienen fortalezas y vulnerabilidades que las esposas no; y las esposas tienen fortalezas y vulnerabilidades que su esposo no tiene. Si esperan construir un equipo, deben trabajar juntos con amor y respeto incondicionales.[5] Deben mezclar su rosa y su azul para hacer el violeta de Dios: dos que se vuelven uno, un equipo comprometido a hacer su matrimonio como para Cristo.[6]

Dios nos diseñó para que tuviéramos dos perspectivas. En lugar de intentar probarle a su pareja que está equivocado con la perspectiva de ganar o perder, aprenda a diferir agradablemente con buena voluntad y llegará a una solución en la que todos ganarán. Debido a que algunas veces esté en desacuerdo con Sarah no hace que esté equivocada y yo bien. Nosotros nos adherimos a un axioma sencillo: no está equivocado, solo es diferente. Luego avanzamos a mezclar nuestras opiniones para bien del equipo y más importante aun. Para el resto de la familia.

Eclesiastés 4.9 dice que dos son mejores que uno, pero también observe la sabiduría de los versículos 10–12: «Si uno cae, el otro puede darle la mano y ayudarle; pero el que cae y está solo, ese sí que está en problemas. Del mismo modo, si dos personas se recuestan juntas, pueden brindarse calor mutuamente; pero ¿cómo hace uno solo para entrar en calor? Alguien que está solo, puede ser atacado y vencido, pero si son dos, se ponen de espalda con espalda y vencen; mejor todavía si son tres, porque una cuerda triple no se corta fácilmente» (NTV).

Yo no puedo responder quién está bien cuando usted y su cónyuge difieren. Puedo decir con convicción que sus hijos sufrirán las consecuencias a largo plazo si ambos no pueden unirse y colocar a Dios y al otro primero. Crea en la buena voluntad del otro, actúe y hable con amor y respeto, y mezclen sus perspectivas rosa y azul para formar el color violeta real del cielo.

Rosa y azul: no están equivocados, solo son diferentes. Esto podría ser tan importante como cualquier otro principio en el diseño de Amor y Respeto para su familia. Es tan importante que todavía hay mucho más que aprender acerca del rosa y el azul, y de cómo criar a sus hijos de acuerdo con su género. Los niños y las niñas necesitan diferentes estrategias, como lo explicará el siguiente capítulo.

———

Para obtener más información acerca de los siguientes temas, vaya a www.loveandrespect.com/parent/teamwork (sitio web en inglés).

- ¿Deben los padres divorciarse por el bien de los hijos?
- Cómo ver la buena voluntad en su cónyuge sin importar lo que suceda.

11

Paternidad rosa y azul

Para mí, este es uno de los capítulos más intrigantes de todo el libro, debido a mi fascinación con la manera en que Dios nos hizo como hombre y mujer. La masculinidad y la femineidad se manifiestan a temprana edad. Un niño del género opuesto puede parecer extraño. Un padre bromeó: «Amamos a estos niños; pero, Señor, ayúdanos. Si ellos no tienen los mismos cromosomas XX y XY que nosotros, puede ser como navegar en un país extranjero sin un mapa».

Creo que descubrí la información fundamental relacionada con el amor y el respeto que explica estos cromosomas femeninos y masculinos, y nos ayuda a criar a niños rosados y azules, que son iguales pero no los mismos. Sabemos que genéticamente, los niños y las niñas son diferentes.[1] Es importante que los padres pongan atención a estas diferencias rosas y azules en sus hijos, las cuales están cimentadas en el diseño de Dios de varón y hembra (Mateo 19.4). Las profusas investigaciones confirman la obra creativa de Dios. Por ejemplo, las niñas necesitan gustarle a alguien y estar socialmente conectadas; los niños necesitan ser respetados.[2] Mi amiga, Shaunti Feldhahn, una gran investigadora, encontró un patrón innegable cuando investigó para su libro *Solo para padres*: las niñas se inclinan a la necesidad de ser amadas y los niños a la de ser respetados.[3]

Por desdicha, en mi opinión, algunos investigadores no interpretan correctamente a los niños. Por ejemplo, las niñas de preescolar alternan tomando turnos con otras, veinte veces más frecuentemente que los niños. Los niños son veinte veces más agresivos al tomar acción y competir con otros, sin preocuparse por el conflicto; y cuando están jugando, defienden fuertemente su territorio.[4] Para bastantes investigadores, estos hallazgos hacen a las niñas más cuidadosas y a los niños hiperactivos... incluso violentos. Sin embargo, esta misma información puede ser interpretada como que a los niños les gusta desarrollar sus habilidades para defender y proteger agresivamente a los inocentes, sin preocuparse mucho por su vida, particularmente si el conflicto es entre el bien y el mal.

Tengo un amigo que tiene un restaurante que da servicio de comidas a un preescolar y una primaria de niños y niñas. Él creó el Salón de las princesas en una parte de las instalaciones. Cuando los niños y las niñas entran en esa habitación, las niñas ansían ponerse los vestidos, las tiaras, caminar en tacones y mover las varitas. Anhelan ser princesas muy especiales y amadas. Sin embargo, los niños no muestran tal interés en el Salón de las princesas. Pero cuando los niños se voltean para marcharse, ven espadas de plástico alineadas en la pared de la entrada. ¡Ay! Entonces las agarran y la diversión comienza.

Algunas personas, a menudo las madres, se incomodan con el hecho de que los chicos vayan por las armas. Mi interpretación es que sus hijos se imaginan defendiendo honorablemente el fuerte contra un intruso malvado (y luego protegiendo amorosamente a la damisela en peligro). Ningún niño puede expresar con palabras ese sentimiento, pero está en sus genes. Necesitamos ver que esos pequeños buscan ser nobles, no tan potencialmente violentos, ni intentando lastimar a los demás.

Necesitamos ver a los niños como bienintencionados aunque diferentes; son iguales pero no los mismos. Una chica adolescente mira la vida a través de sus gafas rosas relacionadas con los asuntos del amor; un chico adolescente mira a través de sus lentes azules relacionados con los asuntos del respeto. Nosotros aprobamos a las chicas que necesitan amor, pero tendemos a ver la necesidad de respeto como arrogancia.

Pero desde el principio de la creación «Dios los hizo hombre y mujer» como dice la Escritura (Marcos 10.6, NTV).

Como creyentes necesitamos reconocer el diseño de Dios. A medida que los niños y las niñas se conviertan en hombres y mujeres que se casan, necesitarán aplicar Efesios 5.33. Ahí aprendemos que la esposa necesita sentirse amada a pesar de su amabilidad y el esposo necesita sentirse respetado por lo que es en lo profundo de su corazón, aunque no logre ser

Los chicos no están equivocados por ser chicos, simplemente son diferentes de las niñas. Dios los hizo de esa manera.

respetable todo el tiempo en todas las maneras. Este principio es tan importante para la paternidad como lo es para el matrimonio. Necesitamos comprender por qué nuestros hijos y nuestras hijas se desmoralizan y reaccionan cuando se sienten irrespetados y sin amor. *El hombre está en el niño y la mujer en la niña.* Ninguno está equivocado, solo es diferente.

¿Qué quiero decir con amar a las niñas y respetar a los niños? A lo que *no* me refiero es que las niñas no necesiten respeto ni los niños amor. Hablaremos más de ello luego, pero por ahora le invito a mirar conmigo dos relaciones cruciales que pueden revolucionar la manera en que cría a sus hijos.

La relación madre e hijo: el respeto de ella

Las madres me dicen continuamente cómo es que utilizar el mensaje de respeto las ha llevado a otro nivel de la conexión significativa con sus hijos. Luego de asistir a nuestra conferencia, una mamá me escribió para contarme que ha decidido comenzar a hablarle con respeto a su hijo:

Cuando mi hijo me dice lo que piensa, le digo: «Realmente respeto lo que dices»; o: «Realmente respeto la manera en que estás tomando la iniciativa de llevar a cabo las cosas y completarlas». Esto ha hecho sonreír a mi hijo como nunca lo he visto. Yo hablo más acerca del respeto en lo que concierne a los eventos deportivos o acerca de mostrarle respeto a su oponente. Mi hijo siempre supo que yo lo amaba. Ahora sabe que le respeto a él y a sus ideas, algo que no hacía muy bien antes.

Otra madre reportó una conversación que tuvo con su hijo de siete años, la cual es una demostración clásica del poder de mostrarle respeto a un varón.

MAMÁ: Te respeto.
Hijo: (Con una sonrisa caritativa.)
MAMÁ: ¿Sabes lo que eso significa?
Hijo: (Negando rápidamente con la cabeza.)
MAMÁ: Bien, significa que estoy orgullosa de ti, y que creo que eres honorable, por lo que pienso que eres un hombre fuerte.
Hijo: (Sentado más erguido con una sonrisa tímida.) Gracias, mamá.
MAMÁ: ¿Cuál te gustó escuchar más? ¿Que estoy orgullosa de ti, que pienso que eres un hombre fuerte o que te amo?
Hijo: Orgullosa y fuerte.

Su hijo de siete años sabe que ella lo ama, pero el respeto es algo nuevo, ¡y a él le encanta!

La conversación respetuosa funciona con los niños sin importar su edad; pero cuando digo que «la conversación respetuosa funciona», no me refiero a manipularlo o hacer que él lleve a cabo cierta actividad. La conversación respetuosa funciona con su hijo, porque llega a la necesidad de respeto que yace en lo profundo de su espíritu. Sí, usted le ama, pero la mejor manera de comunicar su amor es mostrándole respeto al mismo espíritu de su hijo, un precioso espíritu para Dios. A veces él no logrará ser lo que debe ser, pero todavía necesita respeto. Posiblemente usted no siempre sienta que se merece su respeto, pero es durante esos momentos que él más lo necesita.

> *Los varones poseen virtudes dignas de imitar. Por ejemplo, todos nosotros debemos portarnos varonilmente y esforzarnos (1 Corintios 16.13). Las madres pueden honrar tales cualidades en sus hijos.*

A continuación hay tres maneras comprobadas para que las madres hablen y actúen con respeto ante sus hijos.

Ponga atención a lo que están diciendo

Una madre me habló acerca de su hijo de nueve años: «Esta semana recibí la tarjeta más linda del Día de las madres, escrita a mano. Usted se asombrará de lo que decía la primera línea: "Te aprecio porque eres respetuosa". El resto de la tarjeta hablaba de que estaba agradecido por lavar su ropa y porque soy buena en matemáticas; pero el comentario sobre el "respeto" fue lo más importante».

Y lea el testimonio de esta mamá:

Una noche mientras recostaba a nuestros hijos, el de cinco años, en medio de un monólogo acerca de cuánto lo amaba, me miró con tristeza y dijo: «Mamá, ¿estás orgullosa de mí?». Impactada, le expresé inmediatamente que desde luego que estaba orgullosa de él. Él me preguntó con tristeza: «Entonces, ¿por qué nunca me lo dices?». Desde entonces, he trabajado para contener mi deseo de tomarlo del suelo y llenarlo de besos; y, en vez de eso, colocar mi mano en su hombro y decirle que estoy orgullosa de él. Él responde a eso con un simple gesto al erguir el pecho y decir: «Gracias, mamá», asintiendo con la cabeza. Y se retira sintiéndose más valorado que si besara sus mejillas durante un año.

Los niños gimen por respeto, si solamente las mamás escucharan con atención lo que están diciendo. Una madre escribió:

> Con mis hijos me he dado cuenta de que la ira y el control los enfurecían, y simplemente se sentían irrespetados. A tan temprana edad puedo ver que eso es lo que han pedido de mí. Cuando los animo, soy paciente, acepto sus errores y soy amable con la corrección; y al forjar su carácter, tengo un hogar mucho más pacífico [...] ¡Estoy tratando de no destruir mi casa con mi lengua!

Esta mamá «lo captó» y me lleva al siguiente punto.

Solo esté con ellos... ¡y hable menos!

Estar hombro a hombro con su esposo y no hablarle es una revelación para muchas esposas en nuestra conferencia. Eso también funciona con los hijos. Una madre escribió acerca de que veía que sus hijos, que están en la pubertad, necesitaban un acercamiento diferente: las canciones de cuna habían desaparecido; su necesidad de consuelo cuando se lastimaban físicamente era mucho menor; la sensación de que «le pertenecían a ella» se estaba desvaneciendo. Así que recordó haber leído en un libro de James Dobson que hablar con los niños mientras se hace alguna tarea podría ser efectivo, de manera que decidió que un día los dejaría mirar mientras ella hacía galletas.

No debemos perder de vista el sentido común cuando se trata de varón y hembra. «Pregunten y vean si acaso los varones dan a luz» (Jeremías 30.6, NVI).

No les pidió ayuda, solamente comenzó a mezclar la masa para las galletas, cuidando de no decir nada. Finalmente ellos desearon unirse. A medida que trabajaban juntos, enrollando la masa en azúcar con canela, captó lo que estaban pensando. Pronto estaban hablando de la familia, de lo que su madre había hecho mientras crecían, de sus sueños, incluso de lo que estaba sucediendo en la escuela.

Luego de que salieron del horno las diez docenas de galletas, comieron algunas juntos. Ella concluyó su carta: «Fue una tarde gratificante y un grandioso tiempo para reconectarnos. ¡Esa fue la misma tarde que mi hijo, que iba a cumplir doce años, me pidió que lo arropara en la cama! Debió haber sentido lo mismo que yo. Todo porque me tomé tiempo de detenerme y simplemente dejarlo ser».

¿Captó eso? El *niño de doce años* deseaba que mamá lo arropara en la cama. Las actividades hombro a hombro con los niños pueden encender su afecto y su amor por mamá, incluso durante la pubertad, cuando el afecto parece estar desvaneciéndose.

A menudo escucho a mamás que hacen demasiadas preguntas acerca de sus hijos. Una de ellas fue a casa a interrogar a su hijo de cuatro años acerca de cómo habían ido las cosas con la niñera:

—¿Jugaron?

—Sí, mamá.

—¿A qué jugaron?

—A las escondidas.

—¿Qué escondieron?

—Juguetes.

—¿Qué tipo de juguetes?

—Mis juguetes.

—¿Sissy jugó también?

—Sí, mamá. ¿Podemos dejar de hablar ya?

Esta típica mamá con preguntas típicas aprendió que su típico hijito en realidad no estaba interesado en lo que para él era historia antigua. Esa falta de interés e incluso esa aversión a las preguntas continúa a medida que los niños crecen. (Ver la experiencia «¿Cómo te fue en la escuela» que Sarah tuvo con David, en el capítulo 5, página 61-62.)

En muchos casos en que las mamás hablan menos, sus hijos hablan más. Desde luego, también existen las veces en que mamá *debe* hablar, especialmente para...

Hablarle con respeto a su hijo

No solamente puede pensar en ser más respetuosa con su hijo; usted debe hablarle con respeto constantemente, lo cual le aseguro que él apreciará mucho más que las preguntas. Una mamá me contó:

> Continúo asombrada por la gran diferencia que he visto en mi esposo y mis hijos al yo utilizar las palabras *respetar, apreciar* o *admirar*. Ansío lo que el Señor tiene preparado para mi familia. Continuamente soy desafiada a ser más respetuosa y a elegir palabras respetuosas. Resulta difícil luego de intentar protegerme con las palabras incorrectas.

Otra mamá me dijo:

> Cuando me dirijo a mi hijo, me aseguro de que sepa cuán importante es el respeto cuando trata con los demás. Me aseguro además de que sepa cuánto valoro y respeto sus sentimientos, así como el hecho de que esté dispuesto a compartir esos sentimientos. He aprendido que aunque «solo tiene once años», tengo que mostrarle respeto. Elijo mis palabras con cuidado. Nunca deseo que se sienta menospreciado. Y siempre cuido que mis palabras no aplasten su espíritu.

Mamá, esté consciente de que puede aplastar el espíritu de su hijo no solamente con palabras, sino también con una mirada o con su tono de voz, incluso cuando piense que «solo está tratando de ayudarle a aprender». Muchas madres sienten tanto amor por sus hijos que eso las ciega a la necesidad que el niño tiene de respeto. Ella asume que él debe conocer la profundidad del amor de ella. Pero ella debe reconocer que aunque él la ame, ella puede parecer estar disgustada con él. Por ejemplo, al corregirlo, ella puede parecer condescendiente.

Una mamá escribió:

> Hasta hace poco tiempo, cuando disciplinaba a mi hijo mayor, lo trataba con un tono «paternal»... ¿funcionó? Obviamente no. Yo estaba frustrada y había estado orando por una respuesta acerca de cómo comprender a mi hijo y sus necesidades como hombre. Bien, no son muy diferentes de las de mi esposo. Él aprecia el respeto, por lo que su respuesta ha sido positiva y menos frustrante para mí.

La verdad le llegó a la madre de un chico de quince años que la dejó asombrada, impactada y maravillada. Ella nos contó:

> Mi hijo ha comenzado una nueva técnica de control conmigo últimamente. Creyó que podía gritar sus opiniones con todas sus fuerzas, esperar que yo viera las cosas a su manera y las aceptara. Lo intentó para ir a algunos lugares con sus amigos y para comprar cosas, por mencionar un par de hechos. Yo solía expresarme tranquilamente con él, tanto que lo último que recuerdo es que yo soy la madre y él es el hijo, no al revés. Intenté darle sugerencias acerca de cómo hablar las cosas conmigo, de manera que fuera más sensible a sus ideas. Las cosas terminaron en una gran batalla verbal. Él se sintió terrible y yo también. En los últimos estallidos de exigencias, todo lo que yo decía era: «Respeto la manera en que has venido a pedirme algo y deseo escuchar lo que dices que es una buena decisión. No puedo superar el ruido... no se siente como algo

amoroso». Continuó gritando normalmente, sin importar cómo le respondiera yo; pero esta vez se retrajo y se marchó a su habitación. Luego regresó y, de verdad, platicamos acerca de sus planes. Yo estaba un poco impactada y sentía euforia a la vez.

Ella dijo una palabra que fue diferente a todas las veces en que se dirigía a su hijo. Esa palabra fue *respeto*.

Una madre de hijos adultos escribió:

Al hablar con mis hijos por teléfono, en lugar de siempre terminar nuestra conversación con «Te amo», dije: «Respeto... (lo personalizaba de acuerdo a su situación». Uno de mis hijos se quedó callado, luego dijo: «Gracias, mamá», lo cual literalmente impactó mi corazón. Otro hijo, que es más distante emocional y espiritualmente de nosotros, también se quedó callado, y luego dijo: «Te amo», lo cual rara vez me dice. Eso fue asombroso.

Aplicarle respeto a la conversación con los hijos está dejando a las madres abrumadas de gozo. Aunque esta no es una fórmula, conduce a conexiones más frecuentes con los hijos.

Todas las madres dicen que respetan a su bebé. ¿Por qué más lo confrontaría y desearía mutua comprensión y conexión con él? Pero ella necesita retroceder y observar la manera en que le habla a su hijo. Muchos chicos creen que sus madres están enojadas con ellos. Los chicos lo traducen a través de la red del respeto, y se cierran. Aunque es más probable que la hija comprenda a la mamá cuando está frustrada, los niños no lo disciernen bien. Además, debido a que el niño no se quebranta y llora como la hija puede hacerlo, la mamá puede sentir que su hijo se está volviendo duro con ella y, por lo tanto, incrementa sus palabras de desaprobación. En lugar de suavizarse, él resiste todavía más. Cuando una mamá discierne cuán negativa parece y hace un ajuste, su relación con su hijo cambia a mejor.

Una mamá escribió: «Me estoy proponiendo elogiar y respetar a mi esposo frente a mis hijos, ¡y los cuatro están más erguidos!». Hay mucho más que aprender acerca de las diferencias rosas y azules entre las madres y sus hijos. Para obtener más consejos, revelaciones y sugerencias, vaya a www.loveandrespect.com/parenting/gender (sitio web en inglés).

La relación padre e hija: el amor de él

El hecho de que el padre deba amar a su hija en una manera especial no es información nueva. A diferencia de muchas madres que pueden no estar conscientes de la necesidad de hablarles respetuosamente a sus hijos, la mayoría de los padres conocen la necesidad que tiene la hija del amor de su papá, porque sus esposas los entrenan. ¿Por qué una mamá entrena al papá de esta manera? Porque espera que él haga con su hija lo que para ella era importante cuando era pequeña y que continúa siéndole importante ahora.

Usted ha escuchado que «la mejor manera de amar a su hija es amando a su madre». Ese es un excelente consejo. Si una hija ve constantemente a sus padres en el Ciclo Alienante, puede comenzar a creer que su papá tampoco la ama a ella.

Isaías capta el dolor emocional que siente una joven cuando es rechazada. Ella se siente «abandonada y triste de espíritu» (54.6a), «de la juventud [...] repudiada» (54.6b).

Una característica clave que los papás deben comprender acerca de las hijas —y de las mujeres— es que tienden a personalizar lo que se les dice y, probablemente más importante aun, cómo se les dice. Si usted tiene que confrontar o corregir a su hija, intente hacerlo amablemente. Ningún padre intenta rechazar a su hija, pero cuando el papá parece estar castigándola, ella puede pensar fácilmente que le está diciendo: «En realidad, no te amo». Nosotros los papás necesitamos preguntarnos: «Cuando confronto o corrijo a mi hija, ¿puedo estarme excediendo o haciendo que no se sienta amada y se sienta injustamente criticada?».

Cuando ella fracasa será extremadamente dura consigo misma, por lo tanto asegúrese de resaltar lo positivo y de compartir cuánto le gusta lo enseñable que es. Anímela a aprender de sus errores, pero no insista en ellos. Eso sería un error más grande de lo que ella podría hacer.

A menudo recibo cartas de esposas que dicen necesitar tanto respeto como amor. Amy, de trece años, está de acuerdo, al decir que está muy segura del amor incondicional de sus padres, pero ella también necesita respeto, y le gusta que su papá le diga: «Bien hecho». Sin embargo, continuó diciendo: «Pero si la pregunta es sin cuál no podría vivir (amor o respeto) [...] sin duda no podría vivir sin el amor de mis padres. Es más una necesidad que un deseo».

Las observaciones de Amy acerca del respeto y el amor me dicen que las hijas responden primero a la afirmación de quienes son como personas. Las hijas aprecian los cumplidos por su desempeño, pero si eso es todo lo que papá alaba de ellas, entonces intuitivamente sentirán que si no tienen un buen desempeño, no serán aceptadas ni amadas.

La mayoría de las hijas se preguntan: *¿me ama mi papá por lo que soy, sin importar lo que suceda?* Es por ello que un papá no puede hablarle palabras más dañinas a su hija que: «Nadie podría amarte jamás». Es difícil creer que un papá le diría eso a su hija, pero tengo demasiadas cartas de mujeres que me dicen que les sucedió.

Al relacionarse con su hija, recuerde que su cerebro femenino está «conectado directamente» a aptitudes especiales como: ser muy verbal, conectarse profundamente con las amistades, desactivadora de conflictos y una «capacidad casi psíquica de leer los rostros y el tono de voz para saber las emociones y el estado de ánimo».[5] Dios llama a los padres a comprender y trabajar con su precioso diseño. A continuación hay algunas cosas para que los papás recuerden a medida que críen a sus hijas.

A partir de la infancia, las niñas desean mirarlo a los ojos

De acuerdo con investigadores especializados, durante los primeros tres meses de vida, las habilidades para el contacto visual y la mirada facial de una bebé se desarrollan más de 400%, pero en los niños no sucede tal cosa. Cuando hay una falta de expresión facial, las niñas se confunden y se alejan. Las pequeñas son mucho más sensibles a las voces humanas que los niños. Ellos tienen una sensación de sí que está conectada con la manera en que los adultos las escuchan. De hecho, se observó que las niñas de un año son más capaces de sentir empatía al ser más sensibles a la gente que luce triste o lastimada.[6]

> Los esposos deben ser «comprensivos en su vida conyugal» con su esposa, «como mujer»; lo mismo sucede con un papá hacia su hija, ya que ella es mujer
> (1 Pedro 3.7, NVI).

Una madre describió a su hija de diez meses: «Su idea de jugar me involucra a mí tendida sobre mi espalda, para que ella pueda montarme, mirar mi rostro y empujar su nariz contra la mía, mientras me ve a los ojos, sonriendo y parloteando con gusto».

A medida que las hijas crecen y se convierten en jóvenes, luego en esposas, su necesidad de mirarlo a los ojos continúa y madura. El papá y el esposo que les devuelve la mirada es sabio.

El amor es su lenguaje nativo

Las expresiones de amor circulan profundamente en la hija, las que anhela escuchar a temprana edad. Aquí tenemos un ejemplo de un padre que hace que su hija sienta que es el anhelo de su corazón. Cuando ella tenía alrededor de cuatro años, comenzaron un intercambio tipo «yo te amo más». Papá le acababa de decir a su niñita: «Te amo del tamaño ¡del mundo entero, ida y vuelta!». Ella respondió: «¡Yo te amo hasta donde está Dios!». Su carta continúa: «Eso me dejó teológicamente asombrado. Me había superado por mucho». Aunque la pequeña tenga cuatro o cuarenta años, el amor es el lenguaje que escucha mejor.

Cuán diferente y triste es la carta de una hija adulta que recuerda ver a su «emocionalmente frío y distante» papá sentado en la iglesia dos veces los domingos, escuchando la Palabra de Dios, pero «nunca recuerdo haberme sentado en su regazo, que sostuviera mi mano o que me dijera que me amaba [...] Todo fue muy confuso para mí».

No les pida que disimulen sus sentimientos

Cuando nuestros hijos eran más pequeños, Sarah y yo les instruíamos: «Llora suavemente». Estábamos bien con algunas lágrimas, pero no con lloriqueos y quejas fuera de control, especialmente en público. Recientemente le pregunté a Joy: «¿Qué recuerdas acerca de que te decíamos que lloraras suavemente?». Joy respondió: «Lo odiaba. Algunas veces estábamos descontrolados, pero también sentía que mi lloriqueo no era validado y que mi tristeza no era reconocida [...] incluso aunque probablemente ustedes lo validaran. Recuerdo odiar ese "Llora suavemente, estamos en público", porque llorar es algo que usa todo tu cuerpo y es difícil de retraer». Joy escuchaba nuestra petición de controlar su llorido como: «Disimula tus sentimientos». Usted puede aprender de nuestro error. Yo digo ciertamente que un papá nunca debe decirle a su hija: «¡Deja de llorar!». Las niñas y sus madres sienten las cosas profundamente, y llorar es parte de cómo Dios les permite soltar sus cargas.

> *Los papás deben aceptar aquellos momentos en que su hija se estremecerá como mujer (Isaías 19.16).*

Decodifique el drama con su hija adolescente

Muchos papás estarán de acuerdo en que la palabra *drama* podría estar impresa en la frente de algunas de sus hijas adolescentes. El padre necesita reconocer que muchas veces su hija adolescente estalla con palabras dramáticas de desacuerdo y protesta, no porque esté intentando ser irrespetuosa con él como papá, sino porque se siente menos importante. La causa subyacente de su «conmoción emocional» es que necesita su amor tranquilizador. Ella espera que su papá la ame a pesar de su irrespeto aparente.

Pienso en el papá que hace una cita para llevar al centro comercial a su hija de trece años, pero algo surge en el trabajo y tiene que cancelarla. Él, lamentablemente no tiene mucho tiempo para explicarle, de manera que le envía un mensaje rápido de texto: «Lo siento, cariño... posiblemente para la otra». Pero su hija estaba contando con su papá y responde con enfado: «¡Esto SIEMPRE sucede! ¡Tú NUNCA cumples tus promesas!».

Si el papá interpreta el estallido dramático de su hija como menosprecio a su persona, se alejará de ella emocionalmente para evitar que el conflicto incremente o estalle en ira por sus acusaciones exageradas. De cualquier manera, puede parecer como si ella no le importara, lo cual no representa sus profundos sentimientos. La hija realmente necesita su amor, incluso cuando ella ha reaccionado inmaduramente, lo cual puede parecer fácilmente una falta de respeto.

Si papá ve su desilusión y frustración, ambos pueden solucionarlo. Pero si él intenta duramente «enseñarle que ella no puede hablar de esa manera», ella se convencerá cada vez más de que no es el anhelo de su corazón y puede tener una «herida de papi» que podría durar toda la vida.

Hay muchas más revelaciones e ideas prácticas acerca de las diferencias «rosas y azules» entre los padres y sus hijas que podrían contarse aquí. Para obtener más información vaya a loveandrespect.com/parenting/gender (sitio web en inglés). Posiblemente tenga preguntas acerca de las dos otras relaciones que no cubrimos: padres e hijos y madres e hijas.[7]

Rosa o azul: ella necesita amor y él necesita respeto

Recibí una carta de un padre que tiene un hijo, Matt, graduado universitario, y una hija, Amy, que está trabajando en su licenciatura. Él describió acertadamente cómo funcionan el amor y el respeto con las hijas y los hijos.

Amy estuvo enfrentando un año difícil, no con los estudios sino con sus compañeras de cuarto. Cuando regresó a casa en las vacaciones de Navidad, su papá le dijo cuán orgulloso estaba por la manera en que había permanecido con las otras chicas, intentando amarlas a pesar de lo que estaba sucediendo. Ella apreció sus palabras, pero todavía se sentía trastornada y se negaba a regresar.

Luego Amy habló con su mamá, que simplemente le dijo que ambos la apoyaban y la amaban, «sin importar lo que sucediera». El foco comenzó a encenderse cada vez más. Amy, que había estado aterrada de regresar para el segundo semestre, ahora estaba completamente animada y emocionada. Como lo explica su papá: «Es como si nuestro amor por ella, con el cual sabe que puede contar, fuera un campo de fuerza remota en el que se siente segura. Debido a que sabe que la amamos y que oramos por ella, ella puede confrontar con valentía a sus hermanas en Cristo».

En la misma carta, ese padre describió una conversación telefónica con su hijo mayor, que trabaja para un gran ministerio de apoyo a la iglesia en una parte lejana del país. Mientras hablaban, le dijo a su hijo cuán orgulloso estaba de él y cuánto lo respetaba. Su hijo le preguntó por qué, de manera que el padre mencionó que él podría estar ganando cincuenta por ciento más luego de graduarse con los más altos honores, pero había escogido usar sus talentos para servir al Señor. Este papá continuó mencionando varias cosas: cuán capaz era su hijo de cuidar el coche, su servicio constante a su iglesia, así como a los misioneros que apoya. Mientras el papá hablaba, su hijo permaneció callado del otro lado de la línea. La carta continúa: «Luego de haber recorrido la lista de cosas por las que estaba orgulloso, cuando él habló, noté que estaba llorando. No me di cuenta mientras lo elogiaba de lo importante que sería eso para él. Esa fue una lección para mi esposa y para mí. Entonces ella se sentó y le escribió una carta acerca de cuán orgullosa estaba de él».

El papá añadió después que podía ver que sus dos hijos todavía necesitaban mucho apoyo de mamá y papá, pero el que necesitaban era diferente. Su hijo, Matt, «sabe que lo amamos, pero eso no le importa demasiado. Él necesita saber que estamos orgullosos de él y que lo admiramos. Amy sabe que estamos orgullosos de ella, pero no le importa mucho. Ella necesita saber que la amamos».

¿Qué géneros viven en su casa? ¿Están obteniendo lo que deben tener?

Como hemos visto, el Ciclo Alienante de la Familia puede ser decodificado y desactivado. Usted puede utilizar los principios GUÍAS para subirse al Ciclo Energizante de la Familia, pero hay un paso crucial para los padres que siguen a Cristo. El Ciclo Gratificante de la Familia es lo que debe tratar un padre cristiano, y tiene poca relación con sus hijos. Ahí vamos a continuación.

TERCERA PARTE

EL CICLO GRATIFICANTE DE LA FAMILIA

Como hemos visto, el Ciclo Gratificante de la Familia gira cuando los niños sienten falta de amor y los padres sienten falta de respeto. En el Ciclo Energizante de la Familia vimos cómo los principios GUÍAS proporcionan un plan de acción para criar a la manera de Dios y mantener el Ciclo Alienante de la Familia en su jaula. Pero, ¿qué si usted realmente vive bajo los principios GUÍAS y sus hijos simplemente no están cooperando?

Aunque nosotros les demos con amor a nuestros hijos, puede ser que ellos no siempre nos reciban con gratitud y respeto.

Aunque intentemos con amor comprender a nuestros hijos, puede ser que se enfaden, se exasperen y nos acusen de ser poco amorosos.

Aunque busquemos diligentemente instruir a nuestros hijos, no siempre serán enseñables (algunas veces es lo último que serán).

Aunque intentemos disciplinar a nuestros hijos razonable y justamente, a veces nos acusarán de ser injustos y poco amorosos.

Aunque hagamos nuestro mejor intento para animarlos, es posible que a veces les falte valentía y confianza.

Y aunque supliquemos fielmente por nuestros hijos (oremos por ellos), no hay ninguna garantía blindada de que confiarán en Dios y le obedecerán.

Ningún sistema es infalible; ningún plan de acción es perfecto. Es por ello que el Ciclo Gratificante de la Familia es la parte más importante para utilizar el Amor y el Respeto en su familia. En estos capítulos verá que su paternidad se trata más acerca de su relación con Cristo que de la relación con sus hijos. Aquí aprenderá cómo confiar completamente en el Señor Jesús y nunca rendirse... ¡nunca!

12

LA VERDADERA RAZÓN PARA SER PADRES A LA MANERA DE DIOS

Ser padres como para Cristo: nuestro más alto llamado

¿Qué significa esto para nosotros? La imagen del Ciclo Gratificante de la Familia de la página 183 afirma: «El amor del padre a pesar del respeto del hijo...». Deseo expandir esto para decir que una mejor afirmación es: «el amor del padre para Jesucristo y su hijo, a pesar del respeto del hijo...». Como padres debemos criar «como para» Jesucristo, a pesar de las decisiones que tomen nuestros hijos. Ser padres a la manera de Dios significa que somos padres «como para» Cristo, aunque nuestro hijo no logre ser lo que esperamos que pueda ser.

¿Cómo criamos «como para Cristo»? En estos capítulos del Ciclo Gratificante de la Familia espero mostrarle que no estoy hablando en la jerga espiritual etérea. Ser «padres a la manera de Cristo» representa una aproximación completamente distinta. Significa estar conscientes de Cristo en todo lo que hacemos con nuestros hijos y para ellos; este es el más alto llamado para los padres.

¿Nos indica la Biblia que «criemos como para el Señor»? En Colosenses 3.15–24, Pablo instruye a todos los creyentes para que sean conscientes de la presencia de Cristo en nuestra vida diaria. Nosotros debemos dejar que «la paz de Dios gobierne en vuestros corazones [...] y sed agradecidos [con Dios]» (v. 15). Nosotros debemos dejar que la «palabra de Cristo more en abundancia en [nosotros]» (v. 16). Y lo que hagamos «de palabra o de hecho», lo hagamos «todo en el nombre del Señor Jesús, dando gracias a Dios Padre por medio de él» (v. 17).

> *De cierto os digo que en cuanto lo hicisteis a uno de estos mis hermanos más pequeños, a mí lo hicisteis.*
> —Mateo 25.40

En pocas palabras, debemos hacer lo que hagamos y decir lo que digamos «como al Señor» (por ejemplo, Efesios 5.22). Prefiero esta traducción «como al Señor», o en otros pasajes: «como para el Señor», porque es una manera más fuerte de expresar la idea de que todo lo que debemos hacer, se haga, no solo «para» el Señor, sino «por» Jesús (Mateo 25.40). El Señor está activamente presente. En el contexto total de Colosenses 3.15–24, Pablo aplica esta poderosa verdad a la vida matrimonial y familiar (especialmente en los versículos 18–21). En toda la vida, y particularmente como cónyuges y padres, debemos ir sobre la vida horizontal y estar en contacto con la vida vertical que tenemos con nuestro Padre celestial, a través de Jesucristo, nuestro Señor. Debemos hacer lo que hagamos «como para el Señor» (v. 23), porque «a Cristo el Señor servís» (v. 24). Por cierto, en el mensaje paralelo de Efesios 5.18–6.9, se muestran las mismas verdades. No hay ningún asunto pequeño.

Criar «como para el Señor» en realidad significa que en un sentido muy profundo, este libro acerca de la crianza tiene muy poca relación con los niños. En un aspecto, nuestros hijos son secundarios. Este libro no está centrado en los hijos, sino en la paternidad enfocada en Cristo. Aunque estemos conscientes de nuestros hijos y les amemos más que a nuestra propia vida, al aplicar los principios GUÍAS las veinticuatro horas del día, los siete días de la semana, debemos ser más conscientes de Cristo que nuestros hijos. Más allá de los sentimientos de nuestros hijos, debemos considerar los de Cristo, al Único que deseamos agradar en el sentido más profundo.

De hecho, la Escritura nos dice que amemos a Cristo más que lo que amamos a nuestros hijos. Jesús dijo: «El que ama a padre o madre más que a mí, no es digno de mí; el que ama a hijo o hija más que a mí, no es digno de mí» (Mateo 10.37). Sí, nosotros nos concentramos en los niños al criarlos, ya que eso es ineludible; pero en la paternidad nos enfocamos más en Cristo, ya que eso es incomparable.

Sin embargo, si debemos dirigir confiadamente nuestra paternidad como para el Señor, debemos tener muy claro quiénes somos en Él. Mental y emocionalmente debemos sujetar y asir la verdad acerca del valor eterno para el Señor. Por ejemplo, necesitamos escuchar la palabra de Cristo acerca de nuestro valor. «Mirad las aves del cielo, que no siembran, ni siegan, ni recogen en graneros; y vuestro Padre celestial las alimenta. ¿No valéis vosotros mucho más que ellas?» (Mateo 6.26). Cada uno de nosotros debe reconocer la perspectiva eterna de Dios para nosotros y el valor incalculable que coloca en nosotros. Más importante aun, ¿realmente afecta nuestro valor para Dios a nuestro matrimonio y nuestra paternidad?

Cuando peso las palabras que Jesús utilizó para describir lo que ha hecho por mí, me asombro. Él me rescató, me perdonó, me dio vida eterna, me amó y ha preparado un lugar para mí (Mateo 20.28; 26.28; Juan 3.16; 15.9; 14.2). Al dejar que la palabra de Cristo more abundantemente en mí, puedo vislumbrar la gracia de su aceptación, su aprobación eterna y su valoración inestimable de mí. Le invito a que comprenda lo mismo, ahora. Y recuerde que nada de esto es merecido. No podemos ganarnos ninguno de los regalos injustificados de Cristo, pero solo podemos recibirlos y dejar que esas verdades afecten nuestra manera de criar.

No comprender que nuestra importancia y nuestra verdadera identidad están en Cristo y no en nuestros hijos, nos pone en peligro de desanimarnos, como escribió una madre:

> Uno de mis problemas es que cuando mis hijos se comportan mal o actúan como creen que deben hacerlo, siento que es un reflejo y una extensión de mí. Supongo que es algo de orgullo o parte de mi personalidad, pero ¿tiene sugerencias? Porque parece que esto es lo que me desgasta y me paraliza, y me siento derrotada. ¿Es lógico esto?

Sus comentarios coincidieron perfectamente con Sarah y conmigo. Nosotros hemos estado ahí. Sarah recuerda nuestro primer año de paternidad: «Yo deseaba que Jonathan fuera perfecto en la guardería de la iglesia. Tristemente, no lo era a los tres meses de edad, así que lloraba cada domingo y yo me sentía como un fracaso».

Aunque este episodio de la guardería luzca gracioso ahora, es un símbolo de lo que sentimos como padres a medida que pasaron los años y los problemas se volvieron más graves. Cuando crecieron nuestros hijos, ellos hicieron lo que hacen los niños: actuar imperfectamente. Nuestra intención para desear tener hijos perfectamente comportados era pura (deseábamos protegerlos de las consecuencias de las malas decisiones), pero cuando su comportamiento nos hizo preguntarnos nuestro valor como padres e incluso como cristianos, nos desanimamos profundamente. En la cumbre de muchas malas decisiones que nuestros hijos tomaron, Sarah y yo nos sentamos triste y calladamente, mientras nos preguntábamos en qué nos habíamos equivocado. ¿En qué fracasamos al ayudar a nuestros hijos a tomar las decisiones correctas? ¿En qué nos equivocamos como padres? ¿Por qué no pudimos guiarlos mejor durante sus pruebas y sus tentaciones?

Hubo algunas noches oscuras en que tuvimos que lidiar con estas cosas dolorosas, como deben hacerlo muchos padres. ¿Dejaríamos que esas situaciones nos conquistaran y nos hicieran dejar de criar a la manera de Dios, hundiéndonos en la autocompasión? La buena noticia es que tal reflexión nos colocó en una posición de no solamente buscar maneras de mejorar nuestra paternidad sino, más importante aun, de enfrentarnos con nuestra identidad en Cristo. Al confesarle nuestros fracasos y defectos a Dios, le permitimos que nos recordara su amor, que Él es por nosotros y que hará que todas las cosas obren para nuestro bien.

Si permitíamos la falta de disciplina, la irresponsabilidad y la pecaminosidad en nuestros hijos —todo el comportamiento «normal» que estábamos intentando corregir— para definir nuestra propia identidad...

- Nuestra autoestima iría de arriba para abajo basado en qué tan «buenos» eran nuestros hijos todo el tiempo. Para que nos sintiéramos bien con nosotros mismos, nuestros hijos debían portarse bien. Obviamente eso no era justo para nosotros y de seguro tampoco para ellos.
- Los estaríamos haciendo responsables de nuestra sensación de paz, en lugar de dejar que la paz de Cristo reinara en nuestro corazón.
- Estaríamos dejando que lo que decían acerca de nosotros determinara cómo nos sentíamos con nosotros mismos, en lugar de confiar en las palabras de Cristo para determinar nuestra autoestima.

Con el pasar de los días, Sarah y yo dejamos humildemente que las Escrituras crearan un nuevo guion en nuestro corazón y nuestra mente, lo que usted también debe hacer. ¿Cuál es su guion interno? ¿Ha entendido su posición en Cristo? ¿Se da cuenta de que usted vale, porque Él dice que usted vale y no por lo que usted (o sus hijos) hagan o dejen de hacer?

Al hablar con padres en todo el país, encuentro a muchas personas que se sienten derrotadas como padres por la manera en que se comportan sus hijos (o en que han resultado). Lo que estoy a punto de decirle no solamente refrescará su alma personalmente, sino que también le permitirá criar como Dios lo planea, o al menos hacer un progreso en esa dirección.

Usted «vale lo que Jesús vale para Dios»

Todos los que creemos en Cristo como Salvador tenemos un «pasaporte al cielo», por decirlo de algún modo, el cual dice: «Por Jesucristo, este es un hijo perdonado, aceptado, aprobado, hecho justo y perfecto, adoptado por Dios». Debido a que Jesús es *el* Hijo de Dios, nosotros somos hijos e hijas adoptados por Dios. Estamos en la familia de Dios y nunca seremos abandonados. Esta es nuestra verdadera identidad. Nosotros somos hijos amados de Dios, hijos para quienes Él tiene sentimientos eternos de compasión. ¿Creeremos que Dios se siente de esta manera con nosotros aun cuando no sintamos eso con nosotros mismos? ¡Debemos sentirlo! Eso significa fe.

> *No os conforméis a este siglo, sino transformaos por medio de la renovación de vuestro entendimiento, para que comprobéis cuál sea la buena voluntad de Dios, agradable y perfecta.*
> —Romanos 12.2

¿Lo capta? ¿Comprende lo que significa ser «amado por Dios», un estribillo que se usa docenas de veces en la Biblia acerca de todos los creyentes? A Sarah y a mí al principio nos tomó un tiempo comprender esta verdad (y todavía estamos en el proceso en cierta medida), pero cuando lo comprendimos afectó completamente nuestra manera de ser padres. La verdad de Dios estaba ahí en los momentos oscuros. Tuvimos que aceptar y creer lo que todos los padres cristianos deben creer: ¡valemos lo que vale Jesús para Dios! La Biblia declara: «Porque habéis sido comprados por precio» (1 Corintios 6.20; 7.23). ¿A qué precio? «No con cosas corruptibles, como oro o plata, sino con la sangre preciosa de Cristo, como de un cordero sin mancha y sin contaminación» (1 Pedro 1.18–19). Fuimos comprados con la sangre de Cristo. Su vida por nuestra vida.

Por favor, únase a Sarah y a mí, y diga: «Sí, yo *valgo* lo que vale Jesús para Dios. Cuando Dios dice que yo valgo, ¡valgo!».

Estoy muy consciente de que en el trajín diario de la vida, nuestros sentimientos contrarrestan y socavan nuestra confianza en nuestro verdadero valor en Dios. Pero una vez que conocemos nuestro valor en Dios, dejamos de intentar obtenerlo con nuestros hijos. Sí, hoy nos dan razones para gozarnos y mañana pueden causarnos jaqueca y pena, pero en ningún momento determinan nuestro valor e importancia como seres humanos redimidos. Como creyentes en Cristo, llevamos nuestra identidad a nuestra paternidad; no obtenemos nuestra identidad de nuestra paternidad.

Como me dijo una madre: «Nuestros hijos no pueden sanar nuestras heridas; solo Dios puede hacerlo». Ella se dio cuenta de cuán dañina era la actitud que tenía con sus hijos cuando esperaba que ellos crearan en ella una imagen sana. Ella percibió que había estado intentando hacerles responsables de su bienestar. Había estado exigiéndoles que actuaran obedientemente para apoyar su endeble autoestima.

Otra promesa bíblica confirma que valemos lo mismo que Jesús para el Padre: nuestra herencia eterna. «Así que ya no eres esclavo, sino hijo; y si hijo, también heredero de Dios por medio de Cristo» (Gálatas 4.7). Pero ¿qué significa «heredero»? «El Espíritu mismo da testimonio a nuestro espíritu, de que somos hijos de Dios. Y si hijos, también herederos; herederos de Dios y coherederos con Cristo, si es que padecemos juntamente con él, para que juntamente con él seamos glorificados» (Romanos 8.16–17). ¡Ahí está! ¡«Coherederos con Cristo»!, «todo es vuestro, y vosotros de Cristo, y Cristo de Dios» (1 Corintios 3.22b–23).

Le he dado este breve curso acerca del valor de los creyentes a los ojos de Abba Padre, para demostrar que los padres cristianos tienen un documento vivo y divino —los oráculos de Dios—, que nos dice quiénes somos ante sus ojos (Hebreos 5.12). A medida que trabajamos en la paternidad cada día, debemos creer en la verdad de Dios, incluso cuando no necesariamente lo sintamos.

Debemos creer que una autoimagen bíblica les brinda una paz controladora a los padres cristianos durante las pruebas diarias, un beneficio muy práctico para nosotros y nuestros hijos. De manera que cuando el perro muerda la orilla del sofá, el bebé se caiga de las escaleras y se rompa un brazo, o nuestro adolescente choque el coche, podemos caminar con la seguridad de saber que de alguna manera, solamente en su sabiduría soberana, Dios siempre está obrando las cosas para bien para aquellos que le aman (*memorice* Romanos 8.28). No, no esperamos paz perfecta todo el tiempo; habrá días frustrantes y agotadores. Sin embargo, si solo lo pedimos, los momentos de la paz de Dios suavizarán los tiempos difíciles que se pueden formar en nuestro comportamiento, lo cual puede hacerles daño a nuestros hijos.

> *He aquí yo vengo pronto, y mi galardón conmigo, para recompensar a cada uno según sea su obra.*
> —Apocalipsis 22.12

Nosotros criamos como para Cristo, por nuestra identidad en Él, pero también debemos criar como para Jesús por una razón más. Una recompensa eterna nos espera, y nada se compara con ella. Pablo pretendía que todos los creyentes, incluso los padres, supieran que «del Señor recibiréis la recompensa de la herencia, porque a Cristo el Señor servís» (Colosenses 3.24).

«¡Bien hecho, buen siervo y fiel!»

Todos los padres cristianos un día estarán frente al Señor en el tribunal de Cristo (2 Corintios 5.10; Romanos 14.10). Nuestra paternidad será parte de ese juicio. No seremos juzgados por la conducta de nuestros hijos con nosotros, sino por nuestra conducta para con nuestros hijos. Escucharemos Su humilde y verdadera evaluación de nuestras acciones y reacciones para con nuestros hijos. Con esperanza escucharemos: «Bien hecho», y recibiremos la recompensa del Señor por nuestras acciones y reacciones divinas en el proceso de paternidad.

De ahí la importancia de que nuestra paternidad deba ser más como para el Señor que como para nuestros hijos. En las palabras de nuestro Señor en Mateo 25: «De cierto os digo que en cuanto lo hicisteis a uno de estos mis hermanos más pequeños, a mí lo hicisteis» (v. 40). Y como Pablo lo explicó en Efesios 6.7–8: «Sirvan de buena gana, como quien sirve al Señor y no a los hombres, sabiendo que el Señor recompensará a cada uno por el bien que haya hecho, sea esclavo o sea libre» (NVI). Pablo estaba diciendo que lo que hagamos, lo hagamos como para el Señor y recibiremos algo de Él, y eso ciertamente incluye la paternidad (la cual abordó versículos antes, en Efesios 6.4). Todo lo que usted hace como mamá o papá cuenta, incluso si su hijo lo ignora. De eso se trata el Ciclo Gratificante de la Familia. ¡Dios nunca le ignora a usted!

Los padres que se sienten desanimados, de pronto pueden comprender la verdad de que lo que ellos realizan le importa a Dios, *nada se desperdicia*. Darle amor a un niño irrespetuoso cuenta para Dios, incluso si el niño se niega a apreciar ese amor. Estos esfuerzos aparentemente infructíferos le importan a Dios, porque este es el tipo de servicio que Él recompensa. En otras palabras, cuando nuestros hijos se niegan a respondernos pero nosotros continuamos amándoles, el Señor nos recompensa como padres.

¿Cuáles son las recompensas? Algunas de ellas las obtenemos en la tierra, pero obtenemos una increíble recompensa en el cielo. Jesús desea decir: «¡Hiciste bien, siervo bueno y fiel! Has sido fiel en lo poco; te pondré a cargo de mucho más. ¡Ven a compartir la felicidad de tu señor!» (Mateo 25.23, NVI). ¿Qué será «lo poco»? Seguramente incluyen lo que Pablo describió como el llamado de Dios a los padres, el cual estudiamos bajo los principios GUÍAS. Cuando tomamos la decisión de ser padres a la manera de Dios, los dividendos no tienen fin. Jesús le está ofreciendo una ganga. Haga unas cuantas cosas en la tierra, en esta vida, y obtenga muchas cosas para siempre en el cielo.

¿Alguna vez ha pensado en lo que significa «compartir la felicidad de tu señor»? Será un gozo sin medida. Piense en el día de su graduación, el día de su boda, los cumpleaños, los buenos tiempos de toda clase. ¿Qué sucedería si a cada hora de cada día experimentáramos la gloria y el gozo de todos esos eventos en toda su intensidad? Cuando usted «comparta la felicidad de su señor», la intensidad será trillones de veces más grande.

Imagine la escena en la que los creyentes ascienden al cielo y se paran frente a Cristo. Él le dice a un padre: «Bien hecho. Le diste amor a tu hijo irrespetuoso. Yo lo vi. Estás a punto de ser recompensado por cada acto de amor».

Como padres seguidores de Cristo tenemos el privilegio de vivir con el fin en la mente, lo cual es hacer la voluntad de Cristo y escuchar su «Hiciste bien, buen siervo y fiel». Se trata de agradar a Jesús con la manera en que criamos. En otras palabras, ser padre es una herramienta y una prueba para profundizar y demostrar nuestro amor, reverencia, confianza y obediencia a Jesucristo.

Pero ¿cómo superamos la prueba? ¿Cómo funciona todo esto en la batalla diaria? Los siguientes tres capítulos abordarán estas preguntas. En primer lugar, necesitamos pedirle su ayuda para hacer lo imposible: amar a nuestros hijos *incondicionalmente*.

13

Porque Él nos ama pese a lo que suceda... nosotros los amamos sin importar lo que suceda

«¡No somos mi esposo y yo los que estamos en el Ciclo Alienante, sino mis cuatro hijos y yo! Sé que cuando reacciono ante ellos, ellos reaccionan negativamente conmigo... hay un momento en que los amamos como mamás, pero no nos agradan. Es ahí donde me encuentro y eso nos desbarata. Necesitamos ayuda para salir del Ciclo Alienante de la Familia».

La mamá que escribió esta carta no es la única. Otra comentó: «Una vez, mientras conducía con mis dos hijos pequeños y otro de preescolar que estaba sollozando en el coche, comencé a llorar y dije: "¿Qué estaba pensando?". Dios me habló tan claramente que casi tuve que detenerme. "Tú no lo pensaste. ¡Fui yo!". Eso fue liberador. Ahora, cuando tiendo a llegar al límite digo: "Señor, está fue *tu* idea. *¡Ayuda!*"».

Esa madre de tres pequeños tiene la perspectiva correcta. Todos necesitamos ayuda. Cuando estamos en la Calle Cordura esquina cruce con la Avenida Estrés (lo cual se siente como que estamos en un callejón sin salida), el seguidor de Cristo puede acudir al Ayudador, el Espíritu Santo. De hecho, Dios espera que dependamos de Él. Si no lo hacemos, nos sentiremos indefensos y desesperanzados. Con respecto a hacer crecer nuestra familia, el salmista nos advierte contra confiar en nosotros mismos: «Si el Señor no construye la casa, el trabajo de los constructores es una pérdida de tiempo» (Salmos 127.1, NTV).[1]

Otro pasaje que declaran muchas familias es Josué 24.15: «Por mi parte, mi familia y yo serviremos al Señor» (NVI). Cuando Sarah y yo nos casamos, hicimos este versículo parte de nuestra ceremonia de bodas. Nuestro hijo Jonathan y su esposa, también llamada Sarah, lo hicieron también. En nuestra casa tenemos dos placas con Josué 24.15. Joy ya las apartó para ella cuando nos vayamos de esta tierra.

> Oye, oh Jehová, y ten misericordia de mí; Jehová, sé tú mi ayudador.
> —Salmos 30.10

Acudir al Señor por ayuda, buscar servirle, desde luego... Pero ¿cómo funciona eso al calor de la batalla diaria, cuando el Ciclo Alienante de la Familia lo está arrastrando?

Una manera de ver cómo buscamos su ayuda, especialmente cuando nuestros hijos están siendo irresponsables e incluso irrespetuosos, es mirar por encima de nuestros hombros y ver a Jesús, listo para darnos paciencia, fuerza, valentía, perseverancia, todo lo que necesitamos en el momento. Luego diga una simple oración, justo al grano: «¡Jesús, ayúdame!».

En el momento en que usted clama a Él por ayuda, ya le ha agradado. A medida que nos da fortaleza para amar a nuestros hijos, Él sonríe. Al amar a nuestros hijos, nosotros estamos mostrándole amor a nuestro Señor. Estamos criando como para Él.

Cuando Cristo declaró: «Porque separados de mí nada podéis hacer» (Juan 15.5), lo decía en serio. No podemos darle un amor perfecto a un hijo desobediente, irrespetuoso y rebelde, no siempre. No tenemos puesta una capa con una S (de Superman). Nuestra naturaleza humana no puede amar perfectamente. Añádale agotamiento a la mezcla y todos los ingredientes dicen Ciclo Alienante de la Familia, primer turno: sin amor, el hijo reacciona sin respeto, y sin respeto, el padre reacciona sin amor. Nadie está feliz.

La presión solamente aumenta cuando nos damos cuenta de que se supone que debemos amar a nuestros hijos como Él nos ama: *incondicionalmente*. Como se los enseño, aconsejo y hablo con las esposas y los esposos, los padres y las madres, y a menudo encuentro que «el amor y el respeto incondicionales» son difíciles de vender, sobre todo entre las esposas, que han sido culturalmente condicionadas a «respetar a su esposo solamente cuando se lo merece». Pero eso no es lo que significa *incondicional*, ya sea que lo apliquemos a nuestro cónyuge o a nuestros hijos.

El significado verdadero de *incondicional*

Al decir *incondicional* me refiero a que no hay condición alguna que me haga ser poco amoroso o irrespetuoso. En otras palabras, si soy poco amoroso o respetuoso, no se debe a ciertas circunstancias causadas por otros que me hagan reaccionar poco amoroso o irrespetuosamente. Yo *decido* ser duro, independientemente de las circunstancias.

Como me confesó un padre: «Nosotros tendemos a ser como Cristo cuando los niños se están comportando bien, y duros cuando son desobedientes». La mayoría podemos identificarnos, pero sabemos que eso se aleja bastante del amor incondicional; de hecho, es precisamente lo contrario. No podemos decir: «¡Yo amaría incondicionalmente a mis hijos si ellos solo se comportaran bien!». Esto no se trata de exigir que nuestros hijos se merezcan amor y respeto al ser amables y respetables. Si continuamos pensando eso, siempre amaremos y respetaremos a nuestros hijos condicionalmente, dependiendo de cómo reaccionen. Es bastante simple hacerlos chivos expiatorios de nuestra demostración de ira e impaciencia. Pero toda esa irresponsabilidad de nuestra parte dura poco tiempo. Finalmente, los niños crecen y las cosas se voltean. Como adultos, nuestros hijos pueden culparnos de todos sus problemas. Tristemente, ellos argumentan contra nosotros, tal como nosotros argumentamos contra ellos.

Entonces ¿en dónde nos deja eso al intentar amarlos incondicionalmente? Para amar así, obedecemos el mandamiento de Dios de amar y respetar a pesar de las circunstancias (Romanos 12.10; 1 Pedro 2.17). Si nos negamos a obedecer este mandamiento, terminamos racionalizando (diciéndonos «mentiras racionales») y creyendo que otros han provocado que seamos duros y groseros. Les decimos a los demás de diferentes maneras que *ellos* nos han hecho reaccionar como lo hicimos.

> *Si sólo aman a quienes los aman a ustedes, ¿qué mérito tienen? ¡Hasta los pecadores aman a quienes los aman a ellos!*
>
> —*Lucas 6.32*

Como padres buscamos a Jesús para obtener motivación y amar tal como Él nos ama: incondicionalmente. No hay nada que podamos hacer para que Él nos odie o nos desprecie luego de que pecamos, nada (Romanos 8.1–2). Sin embargo, aunque nos ame sin importar lo que hagamos mal, lo que hacemos mal le importa. Es por ello que nos disciplina (Hebreos 12.5–11). De la misma manera, como padres, amar y respetar a nuestros hijos incondicionalmente no significa que quitemos todos los requerimientos y les demos permiso de hacer lo que deseen.[2] Nosotros confrontamos su fracaso para obedecer, y los disciplinamos, corrigiendo su actitud irrespetuosa con una actitud amorosa. El amor incondicional, entonces, significa que *les damos a nuestros hijos el regalo de un comportamiento amoroso y respetuoso cuando no lo merecen.* Esto no se trata de lo que no pueden ser; se trata de lo que Dios nos está llamando a ser.

A partir de la experiencia personal y de haber lidiado con miles de cónyuges y padres, sé que es imposible amar incondicionalmente.

Nosotros tuvimos que aprender (más precisamente, todavía estoy aprendiendo) a amar a nuestros hijos incondicionalmente; eso no sucede en forma automática. Al reflexionar en los años en que nuestros hijos eran más pequeños, me doy cuenta que a menudo ni siquiera pensaba en Jesús durante una riña con ellos. Había una enorme desconexión entre mi paternidad y Cristo. En lugar de intentar intimar con su amor incondicional por mí, yo me enfadaba antes de siquiera pensar en el Señor. Más tarde, a menudo con el ruego de Sarah, yo le confesaba a Él mi pecado y me disculpaba con los niños.

Comenzaba una y otra, y otra vez, intentando parecerme más a Cristo. Intentaba recordarme que el Señor estaba presente en mi paternidad y que estaba, por decirlo de alguna manera, detrás de los hombros de mis hijos. Yo sabía que tenía que agradar a una audiencia de Uno, y que los niños eran realmente secundarios. Además sabía que el Señor siempre estaba dispuesto a ayudarme cuando yo pidiera su ayuda con mi ira, mi presuposición, preocupación, mi sentido de importancia, mi enfado y mis derrotas.

Aunque yo había abandonado en gran parte el mal ejemplo que mi propio padre estableció con su ira y la pérdida de sus cabales, sin embargo, su ejemplo negativo regresó para perseguirme. Apenas me enfadaba francamente. En vez de eso, la ira hervía en mí cuando sentía la influencia no deseada de mi padre, la cual yo tenía que contrarrestar. Todos conocemos el poder de nuestro «origen familiar», como lo llaman los psicólogos. Debido a estos problemas algunos batallamos más que otros en el proceso de paternidad. No obstante, tenemos la oportunidad de recibir ayuda del Santo Ayudador. Escuchamos el testimonio de Larry, un profesor amigo mío y un hombre con un gran intelecto, quien descubrió que vivir en familia no es un asunto de saber más sino de hacer el bien:

Yo no puedo llevarlo a cabo esto solo, no será fácil. He visto que algunos aspectos de mi padre han surgido en mí de vez en cuando

(cuando eso sucede, me detengo y experimento «vómito psicológico», porque me causa aversión). Pero al confiar en el Espíritu Santo, he experimentado algunos de los frutos que Dios desea que surjan de mi vida, como lo detalla Gálatas 5.22–23. Finalmente, sé que para quebrantar este ciclo debo apoyarme en los recursos de Dios, no en los míos. Yo puedo decidir cambiar, pero eso solo dura un corto período de tiempo, luego vuelvo a caer en mis viejos hábitos. Como me dijo un amigo una vez, Gálatas 5.22–23 describe los frutos del Espíritu, no los frutos de Larry.

Y una madre escribió acerca de sus luchas:

Nunca devuelvan a nadie mal por mal. Compórtense de tal manera que todo el mundo vea que ustedes son personas honradas.
—Romanos 12.17, NTV

He estado teniendo inmensas luchas con la obediencia de mi hijo de siete años. He sentido la carga de mi aversión por él, a medida de que entramos en este Ciclo Alienante de la Familia. No deseo ser parte de ello, pero al criar a siete niños de entre trece años y cuatro meses, con un esposo que viaja a veces, comienzo a perder mi propósito de servir al Señor. Su mensaje de hoy fue muy liberador [...] Yo me encontraba en el límite, agotada por mi incapacidad de romper este ciclo. Voy a ver más allá de él y ver a Cristo. Reflexionaré en la Escritura para mostrarle el amor de Jesús por él. Dejaré que Dios haga el trabajo de moldearlo [...] Me he estado enfocando en algunas de sus fortalezas, intentando no envolverme en el ciclo negativo de los pensamientos y la ira [...] Mantengo tranquila mi voz y me enfoco en la corrección para guiarlo. Incluso ha habido veces en que el Espíritu me ha llevado a darle un gran abrazo. He visto cambios importantes en nuestra relación.

Un padre herido confesó:

Al calor del momento, frente a la resistencia volátil, todo sale por la ventana [...] Yo estoy simplemente tratando de sobrevivir a la situación sin decir nada de lo que me arrepienta para siempre. Mi hijo tiene varias formas de manipulación, resistencia y falta de respeto hacia nosotros como padres, lo cual nos hace desear golpearlo. Él es un niño verdaderamente dulce e incluso con un corazón muy sensible pero que, en cuestión de quince minutos, puede irritarnos al punto en que solo deseamos encerrarlo en una habitación y huir de la casa. Eso puede parecer un poco al horror de Jekyll y Hyde [...] Yo ya no tengo mucha esperanza de que cuando conozca a Jesús escuche: «Bien hecho, buen siervo y fiel». Solo espero que no diga: «Nunca te conocí. Aléjate de mí, hacedor de maldad».

Captamos el dolor y el temor en las palabras de este padre. Algunos podemos relacionarnos con esos sentimientos de insuficiencia. Por esta razón necesitamos aceptar la cruda verdad: no podemos llevar a cabo los principios GUÍAS ni ningún tipo de paternidad positiva y amorosa solos, y esto está bien. Cuando nos sentimos irrespetados no es normal que amemos o que sintamos mucho amor. Sin embargo, podría ser que Dios planee usar a nuestros hijos para influir en nuestra vida más de lo que Él nos usa a nosotros para influir en la de ellos. La paternidad no es una calle de una sola vía. Cuando esa verdad me golpeó, cambió la manera en que me relacionaba con mis hijos.

El Espíritu Santo es llamado «Ayudador» por una razón

Sarah y yo encontramos un gran aliento en el hecho de que el Espíritu Santo sea llamado el Ayudador por una razón. Dios planea ayudarnos, porque nosotros necesitamos su ayuda. Está bien —de hecho, es absolutamente necesario— admitir que no tenemos poder de amar perfectamente a nuestro hijo irrespetuoso y desobediente. Muchas veces en oración, Sarah y yo expresamos nuestra falta de poder para ser padres a Su manera. En lugar de huir de los sentimientos de insuficiencia, le llevamos esos sentimientos al Señor. Como instó el apóstol Pedro, nosotros echamos nuestra ansiedad en Él, porque Él tiene cuidado de nosotros (1 Pedro 5.7).

Sarah y yo echábamos nuestras cargas continuamente. De hecho, Sarah dice con frecuencia: «Yo pensé que realmente crecía espiritualmente hasta que tuve hijos. Luego de tener hijos, realmente vi cuánto tenía que crecer». En otras palabras, los niños nos llevan a un punto en que nos damos cuenta de que no tenemos toda la fuerza ni la sabiduría interior en nuestro espíritu para ser el tipo de persona que debíamos ser. En tales ocasiones, podemos justificarnos y culpar a nuestros hijos, o podemos reconocer que necesitamos a Dios. Y junto con eso necesitamos darnos cuenta de que Dios está usando a nuestros hijos en nuestra vida, no solamente lo opuesto.

Cuando admitimos nuestras limitaciones y debilidades, descubrimos a qué se refería Pablo en 2 Corintios 12.9: «Te basta con mi gracia, pues mi poder se perfecciona en la debilidad» (NVI). Sarah y yo intentamos aplicar este principio al llevar nuestras debilidades ante Cristo y pedirle la gracia de su poder para que nos ayudara a ser padres a Su manera. Nosotros continuamos buscando mejorar. No obstante, en lo profundo de nuestro corazón reconocimos que primero necesitábamos a Dios. Sabíamos que Dios deseaba usar a nuestros hijos en nuestra vida. Sarah da el testimonio de que entró en una fe y una obediencia más profundas cuando aprendió cómo dar gracias frente a las cosas que no podía controlar. Aprendió a alabar y adorar a Dios durante los tiempos de prueba, ¡y tuvo muchas oportunidades!

«La acción de gracias se convirtió en mi sustento en el Señor —dice ella—. Dar gracias me centra en lo que Dios puede hacer, mantiene mis oraciones más positivas, me hace buscar a Dios para obtener una solución, en lugar de fijarme en el problema, y me trae paz. De verdad, tengo paz en la espera».

¿Puedo invitarlos, a usted y a su cónyuge, a reconocer ante el Señor que usted también necesita su ayuda? Posiblemente haya dejado a un lado rendir a su familia a Cristo con más regularidad. Usted no ha orado con algún patrón: «Señor, no sea mi voluntad sino la tuya en esta familia». Una cosa es dedicarle sus hijos al Señor en un servicio de la iglesia, un evento importante que muchos de nosotros hemos hecho; pero es demasiado fácil olvidar ofrecerle a Dios a nuestros hijos *continuamente*. Posiblemente

> *Así mismo, en nuestra debilidad el Espíritu acude a ayudarnos.*
> —Romanos 8.26, NVI

esté batallando en el intento solo. Posiblemente la conocida expresión: «Deje que Dios sea Dios» se aplique en usted especialmente ahora. Memorice Zacarías 4.6, y ore tan frecuentemente como avance su día con sus hijos: «No con ejército, ni con fuerza, sino con mi Espíritu, ha dicho Jehová de los ejércitos».

Y aquí hay algo más: a medida que buscamos a Cristo para obtener ayuda, podemos animar a nuestros hijos a hacer lo mismo. Al mostrar nuestra dependencia en el Señor podemos cultivar tal fe en nuestros hijos. Esta es la manera de edificar nuestro hogar. Jonathan y su esposa ya le han enseñado Salmos 118.7 a nuestro nieto de dos años: «Así es, el Señor está de mi parte; él me ayudará» (NTV).

Lo que *no* significa amor incondicional

Si debemos amar a nuestros hijos incondicionalmente —a pesar de su desobediencia—, significa que debemos aceptar lo que somos como padres, independientemente de nuestros hijos. Como lo mencioné, esto de la familia de origen me es muy real. Hay momentos en que podía sentirlo surgir en mí, tal como lo había visto surgir en mi padre.

Pero yo me negué a dejarme perder el control. Me detenía, sabiendo que mis hijos solo estaban siendo niños, incluso cuando parecían irrespetuosos. Yo sabía que no estaban provocando mi ira pecaminosa, más de lo que yo causaba la ira pecaminosa de mi papá. Ese era el problema de mi papá y, si yo tenía sentimientos similares, aunque mucho menos intensos y frecuentes, ese era mi problema.

Nuestros hijos no deben provocar que pequemos, sino que revelemos nuestras decisiones pecaminosas. El amor incondicional significa que no hay condición (circunstancia o característica) que nos fuerce a ser duros con nuestros hijos, incluso a odiarlos. Jesús enseñó: «Porque de dentro, del corazón de los hombres» vienen las decisiones pecaminosas, las cuales menciona en una larga lista (Marcos 7.21). La desobediencia y la falta de respeto de nuestros hijos no nos hace reaccionar en maneras poco amorosas. Nuestra reacción viene de adentro.

La verdad es que yo elijo la dureza. Mi hijo no la elije por mí. Pero ¿qué hay acerca de la «firmeza»? ¿Y en dónde se encuentra la delgada línea entre ser duro y ser firme? El amor incondicional no significa que les doy a mis hijos licencia para desobedecer. Yo no proclamo tontamente: «Vayan y hagan lo que deseen, para que pueda mostrarles que los amo tanto y que eso no cambia con lo que hagan». El amor incondicional significa confrontar con amor su comportamiento irrespetuoso y molesto. Estoy amando incluso cuando son groseros y molestos. El hecho de que ellos no logren ser lo que deben de ser, no justifica que yo no logre ser quien debo de ser. Yo no me hago el ciego ante su mal comportamiento, pero no utilizo eso para justificar mi falta de amor.

Además, el amor incondicional no es igual a la confianza incondicional. Una madre ama a su hijo pequeño sin importar lo que suceda, aunque no confía en él para que cruce la calle. La madre ama incondicionalmente, pero ella no elimina todas las condiciones. Confiar en que un niño pequeño cruce la calle sería falta de amor.

A los adolescentes les decimos: «Te amo sin importar lo que suceda. Nada de lo que hagas, ni siquiera mentir, puede hacer que deje de amarte. Mi amor es incondicional, *pero* si me mientes, no confiaré automáticamente en ti. Si yo confiara en ti a ciegas después que mientas, no sería muy amoroso».

Utilice los principios GUÍAS para amar a sus hijos incondicionalmente

En el capítulo anterior expandimos el Ciclo Gratificante de la Familia para decir que el amor de un padre es como para Jesucristo y para su hijo, a pesar del respeto del hijo. En los principios GUÍAS tenemos un plan de juego para criar a nuestros hijos como para Jesús. Al utilizar estas seis estrategias —en realidad son responsabilidades— estas nos dan la oportunidad de tener intimidad con Cristo separados de las respuestas de nuestros hijos.

Los principios GUÍAS tratan de cómo amar a nuestros hijos incondicionalmente. Tal como el Señor nos ama a pesar de nuestro comportamiento, nosotros utilizamos los principios GUÍAS para amarlos a pesar de su comportamiento. Pero ¿cómo seguimos los principios GUÍAS mientras mantenemos un equilibrio apropiado entre amar incondicionalmente y permitir consecuencias enseñables?

Consideremos algunas ideas:

Dar: les damos a nuestros hijos porque Cristo es generoso con nosotros. Les damos (con una razón) sin importar la gratitud que nuestros hijos expresen por nuestra benevolencia. Cuando no damos, lo hacemos no porque seamos egoístas, sino para evitar que el niño se vuelva egoísta.

Comprender: nosotros comprendemos a nuestros hijos porque Cristo siente empatía por nosotros. Buscamos comprender a nuestros hijos a pesar de su apreciación por nuestra empatía. Cuando no somos simpáticos, se debe a que discernimos que nuestros hijos se están dejando llevar por una autocompasión excesiva. Nos importa demasiado celebrar sus ataques de autocompasión.

Instruir: nosotros instruimos a nuestros hijos porque Cristo nos imparte conocimiento y sabiduría. Instruimos a pesar de su receptividad. Cuando no damos información, lo hacemos para permitirles que aprendan a través de prueba y error, no porque deseemos sabotear su éxito.

Disciplinar: disciplinamos a nuestros hijos porque Cristo nos confronta, nos corrige y nos disciplina. Cuando es necesario recreamos las consecuencias. Cuando no mostramos las consecuencias, lo hacemos como un acto de misericordia y gracia, no porque temamos a la resistencia y la intimidación del niño.

Animar: animamos a nuestros hijos para marcar una diferencia en su mundo, porque Cristo nos llama como adultos a hacer una diferencia en nuestro mundo. Alentamos a nuestros hijos aunque les falte confianza y habilidades sociales para derrotar todo lo que se opone a ellos. Cuando no damos palabras de afirmación, lo hacemos para ayudarlos a aprender a estar firmes por sí solos.

Suplicar: suplicamos por nuestros hijos, porque Cristo intercede por nosotros. Oramos por nuestros hijos a pesar de su interés y respuesta espirituales. Cuando no oramos, lo hacemos porque es tiempo de actuar en obediencia, no de esperar en fe.

Los principios GUÍAS nos dan la confianza de criar, sabiendo que lo que hagan o no hagan los niños es secundario. Esto se trata acerca de lo que somos nosotros, no acerca de lo que nuestro hijo no puede ser. A pesar del comportamiento de nuestro hijo, nosotros aplicaremos los principios GUÍAS. Nosotros seremos lo que debemos ser.

Hay una historia de un niño africano que fue capturado por unos esclavistas y traído a Estados Unidos en el siglo XVII para ser vendido al mejor postor. Mientras permanecía en la cuadra para ser subastado, un dueño de esclavos se le acercó y le preguntó: «Si te compro, ¿serás honesto?». El joven respondió: «Seré honesto me compre o no».

Como padre amoroso puedo decir sin duda: «Seré una persona dadivosa aunque mi hijo lo dé por sentado. Seré un padre comprensivo, a pesar de la calidez que mi hijo tenga conmigo. Seré un padre instructor, aunque mi hijo escuche las voces equivocadas. Disciplinaré, aunque me hayan dicho que soy el peor papá del planeta. Seré un padre que anime, aunque parezca que mi hijo no recibe mi afirmación y consuelo. Y seré un padre que suplique, aunque parezca que Dios está siendo silencioso y distante conmigo y mi hijo».

Los principios GUÍAS en pocas palabras dicen: He tomado la decisión de ser un padre amoroso, sin importar lo que suceda. ¿Por qué? Porque el Señor me ama, no importa lo que suceda. Pero todavía hay más para ser padres como para Cristo, y tiene que ver con estar atrapado en una tendencia muy natural y humana. Examinaremos cómo evitar esta trampa en el siguiente capítulo.

14

CUIDADO CON LA «TRAMPA DE LOS RESULTADOS»

No importa cuán bien decodifiquemos y desactivemos el Ciclo Alienante de la Familia, ni cuán duro trabajemos con los principios GUÍAS para hacer que resuene el Ciclo Energizante de la Familia, la paternidad es difícil, demandante y, para algunos, una propuesta frustrante. La verdad es que nosotros no tenemos el control. Nuestros hijos son agentes morales libres. Finalmente, ellos no deciden sus actitudes y elecciones internas.

El Ciclo Gratificante de la Familia está ahí como nuestro fundamento —una imagen mental, si lo desea—, que nos recuerda nuestra identidad en Cristo y las recompensas que nos tiene esperando. Él siempre está ahí, detrás de los hombros de nuestros hijos para ayudar; y solamente Él nos puede dar la fuerza para amar a nuestro hijo incondicionalmente.

Pero la función más importante del Ciclo Gratificante de la Familia es evitar que caiga en la trampa de los resultados. Yo la llamo trampa, porque la mayoría de nosotros nos basamos en los resultados de nuestra paternidad, debido en gran parte a que estamos culturalmente condicionados a siempre desear resultados. Por ejemplo, en los negocios debemos obtener resultados o la compañía puede fracasar. En los deportes, todos los entrenadores buscan resultados, desde la liga infantil hasta los profesionales. A donde usted mire, desde las lecciones de baile hasta las clases de piano, desde cultivar orquídeas hasta sembrar maíz, deseamos resultados.

Finalmente los niños deciden obedecer «a sus padres» (Colosenses 3.20, NVI), o ser «desobedientes a los padres» (Romanos 1.30; 2 Timoteo 3.2).

En cualquier área vemos los resultados como los que determinan nuestro éxito o fracaso, y en ello está la paternidad. Cuando nuestros hijos son «buenos» (son obedientes y nos hacen sentir orgullosos), nos vemos como padres exitosos y buenos. Cuando nuestros hijos son «malos» (desobedecen, van contra nuestros valores, nos avergüenzan), nos vemos como fracasos, como malos padres.

La pregunta que debemos establecer en nuestra mente es: cuando criamos como para Cristo, ¿nuestro enfoque estará en lo que Dios nos llama a ser o desviaremos nuestra atención para intentar controlar el corazón y el alma de nuestros hijos?

No podemos controlar el resultado final del alma de ellos

Estoy convencido de que ser padres a la manera de Dios con los principios GUÍAS como nuestro plan de juego, significa que no podemos consumirnos controlando el resultado final de nuestros hijos. Finalmente, las decisiones del alma (los asuntos de la fe y los valores) dependen de cada hijo. Nuestra tarea es enfocarnos en el proceso: dar, comprender, instruir, disciplinar, animar y suplicar como mejor creemos, aunque sepamos que nuestros hijos a fin de cuentas decidirán sus propias actitudes, creencias y acciones.

¿Significa eso que podemos ser indiferentes ante los resultados de nuestros hijos? ¡No, en absoluto! Eso nos importa más que nuestra propia vida. Pero la Biblia es clara en que los hijos pueden andar por su camino independiente a medida que se dirigen hacia la adultez. Efesios 6.1 ordena: «Hijos, obedeced en el Señor a vuestros padres, porque esto es justo». El mandamiento de Dios aquí es para los hijos, no para los padres. Ellos son seres independientes, morales y espirituales, que tienen la misma libertad que sus padres. Ellos pueden obedecer o desobedecer los mandamientos de Dios.

Dios planeó esta limitación para todos los padres, por el bien de los hijos. Sí, nosotros debemos hablar acerca de estos asuntos del alma con nuestros hijos y decirles lo que deseamos, pero reconocemos que es su decisión, no la nuestra. Y sí, ellos deben asistir a la iglesia con nosotros (al menos hasta cierta edad), pero finalmente deben decidir si creerán y asistirán a la iglesia porque lo desean. La fe de un niño debe volverse suya. El amor debe reconocer el libre albedrío.

Al otorgarles un libre albedrío a los niños, Dios colocó a los padres en una posición para concentrarse en lo que pueden hacer libremente: aplicar los principios GUÍAS. La buena noticia es que cuando los principios GUÍAS se utilizan con humildad y paciencia con los hijos, eso crea un ambiente amoroso que puede influir en ellos mejor para elegir la fe y los valores de sus padres. Dar un ejemplo positivo de nuestros valores es más atractivo para nuestros hijos que gritar órdenes para que obedezcan. Pocas cosas son más atractivas para los niños que cuando sus padres son agradecidos, sosegados, enseñables, obedientes, valientes y llenos de fe. ¿Deseamos que estos valores internos estén en nuestros hijos? ¿Los vemos en nosotros mismos?

Sarah y yo sabíamos que necesitábamos la ayuda de Dios para dar ejemplo, y nuestros hijos necesitaban Su ayuda para elegir, de manera que oramos por nosotros y por nuestros hijos. De hecho, creíamos que

Él permitía estas limitaciones en nosotros para que pudiéramos buscarle por ayuda. De esta manera, le pedimos a Dios que nos ayudara a nosotros y a nuestros hijos a:

- desarrollar un corazón agradecido,
- tener un corazón calmado y tranquilo,
- tener un espíritu enseñable,
- sentir un verdadero arrepentimiento y un deseo de cambiar el curso para bien,
- tener el valor para hacer lo que Dios llama a una persona a hacer, y
- anhelar confiar en Él y obedecerle.

Le decíamos a Dios diariamente que hablara a nuestros hijos todos los días. Todavía lo oramos, aunque ya estén fuera de nuestra casa, llevando vidas independientes de nosotros.

¿Tienen los padres buenos hijos buenos?

Los estudios acerca de la familia muestran que hay dos perspectivas básicas acerca de por qué los niños se vuelven de cierta manera. La «teoría de aprendizaje social» argumenta que los niños imitan a sus padres. Ellos hacen lo que sus padres hicieron, bueno o malo. La «teoría compensatoria» sostiene que los niños contrarrestan el ejemplo parental. Ellos no hacen lo que sus padres hicieron, bueno o malo.

En realidad, ambas teorías entran en juego en la mayoría de las familias. No se trata de defender una u otra, pero me adhiero constantemente a la idea de que los padres tienen un poder casi absoluto para «predestinar» a sus hijos a ser de una manera o de otra, y los niños tienen una mente limpia y no tienen voz.

Pero ¿qué dice la Biblia? Muchos padres cristianos señalan rápidamente Proverbios 22.6: «Instruye al niño en su camino, y aun cuando fuere viejo no se apartará de él». Algunos padres piensan que es una promesa de Dios el que sus hijos lo seguirán. Pero este es un principio escritural, no una promesa absoluta. Proverbios consiste de afirmaciones breves que generalmente son verdaderas, pero hay excepciones. Vea Proverbios 26.4 y 26.5. Nunca respondas al necio de acuerdo con su necedad. O leemos: «Riquezas, honra y vida son la remuneración de la humildad y del temor de Jehová» (Proverbios 22.4). Aunque este proverbio sea verdad, no siempre lo es. Es un principio, no una promesa. Hay muchas personas santas y humildes alrededor del mundo que no tienen riquezas. ¿Significa la falta de riquezas que a esa persona pobre le falta humildad y temor del Señor? ¡Desde luego que no! Proverbios revela que hay excepciones en cuanto a tener riquezas. Es mejor ser pobre para mantener la integridad (Proverbios 28.6, 11). ¿O qué hay de los proverbios que parecen prometer una larga vida para los que viven con rectitud (3.2, 16; 4.10)? ¿Jesús no murió a la edad de treinta y tres años y no muchos creyentes jóvenes han muerto con su fe? Sí, una vida santa y sabia aumenta la probabilidad de una larga existencia, pero la persecución de la fe de uno puede socavar la longevidad, lo cual también revela la Biblia. De esta manera, al dilucidar la Biblia debemos reconocer que cada texto de la Escritura debe ser interpretado a la luz de un contexto mayor de la misma. En cuanto a los Proverbios, estos revelan el mejor curso, pero no garantizan mejores resultados, ya que otras condiciones pueden entrar en juego. Con respecto a la familia, los padres pueden instruir a sus hijos correctamente de acuerdo con Proverbios 22.6. No obstante, Proverbios también enseña que los niños pueden ignorar la enseñanza de los padres, e incluso despreciarles, atacarles, robarles y maldecirles (Proverbios 1.8; 6.20; 20.20; 23.22; 28.24; 30.11). En estos textos, los padres no hicieron que sus hijos los desdeñaran, apuñalaran, robaran ni maldijeran.

Por lo tanto, cuando consideramos Proverbios 22.6 debemos reconocer que algunos niños se apartan de la fe. Irónica y tristemente, Salomón escribió este proverbio pensando en su hijo Jeroboam; y Jeroboam ignoró la ley del Señor (2 Crónicas 12.1). Asombrosamente, Jeroboam creció sabiendo que el Señor mismo le había aparecido a su padre dos veces (1 Reyes 9.2) y que su padre era el hombre más sabio del planeta (1 Reyes 4.30–31). La Biblia no ofrece una fórmula antifracasos para criar.

Miremos cuatro casos distintos de la Biblia que se han jugado entre los padres y sus hijos desde que Adán y Eva tuvieron a Caín y a Abel:

- Padres malos con hijos malos.
- Padres malos con hijos buenos.
- Padres buenos con hijos buenos.
- Padres buenos con hijos malos.

Como lo veremos, ambas teorías de paternidad, el aprendizaje social (los niños imitan a sus padres), y la compensatoria (los niños no siguen a los padres), se ejemplifican en estos cuatro casos.

Padres malos con hijos malos

Al decir padres malos, me refiero a padres que se niegan a confiar y obedecer a Dios, y eligen un estilo de vida maligno. Ellos no aplican los principios GUÍAS. Los hijos de esos malos padres también se niegan a confiar en Dios y obedecerle.

Uno de los muchos ejemplos bíblicos es: «Ocozías hijo de Acab comenzó a reinar sobre Israel en Samaria, el año diecisiete de Josafat rey de Judá; y reinó dos años sobre Israel. E hizo lo malo ante los ojos de Jehová, y anduvo en el camino de su padre, y en el camino de su madre, y en el camino de Jeroboam hijo de Nabat, que hizo pecar a Israel» (1 Reyes 22.51–52). Ocozías decidió seguir los pasos de su padre, Acab, y de su madre, Jezabel. Algunos hijos deciden hacer «según como hicieron sus padres» (2 Reyes 17.41).

Pienso en Herodías, que le aconsejó a su hija que pidiera la cabeza de Juan el bautista y su hija condescendió. «Ella, instruida primero por su madre, dijo: Dame aquí en un plato la cabeza de Juan el Bautista» (Mateo 14.8).

Todos reconocemos la incitación que le viene a un niño de ir por el camino del mal cuando los padres llevan una vida sensual. Isaías describe una escena tal. «Mas vosotros llegaos acá, hijos de la hechicera, generación del adúltero y de la fornicaria. ¿De quién os habéis burlado? ¿Contra quién ensanchasteis la boca, y alargasteis la lengua? ¿No sois vosotros hijos rebeldes, generación mentirosa?» (Isaías 57.3–4).

A lo largo de los siglos, las situaciones han ido de mal en peor. Algunos padres sujetan a sus hijos a abuso y violencia. Esos niños están expuestos a una crueldad horrible. Pero una vez victimizados deciden si victimizarán o no a los demás. ¿El niño abusado en el hogar se volverá abusivo fuera de la casa? El niño que es abusado finalmente lo decide. Él no está predestinado a ser abusivo y esta es la buena noticia acerca del libre albedrío.

Los niños siempre tienen una decisión futura, incluso si en el pasado sus padres los arrastraron hacia las drogas o los sujetaron bajo abuso físico o sexual. Yo lo sostengo, no para excusar la maldad de los padres (la cual será juzgada por nuestro Señor) o para minimizar los difíciles obstáculos que estos niños tendrán que vencer; sino para aseverar que ellos no están condenados a una vida de hacer el mal.

La prueba del libre albedrío y el poder de la elección se encuentra en el siguiente caso.

Padres malos con hijos buenos

Hay padres que han elegido el mal, no obstante sus hijos deciden confiar en Dios y obedecerle. ¿Cómo es eso? Los niños son seres morales y espirituales que pueden elegir el camino de Dios a pesar de sus padres.¹ Aunque esto no le es fácil a un niño, la buena noticia es que los hijos no son víctimas sin esperanza y sin ayuda. Yo nunca le diría a un niño: «Estás destinado a hacer lo malo que te hicieron a ti». Eso es verdadera crueldad.

De pequeño tomé una ruta compensatoria y casi siempre intenté contrarrestar la influencia negativa de mi papá. Pocas cosas pueden lastimar a un niño como lo que me hizo mi padre: en una de sus rabias intentó estrangular a mi madre, luego cometió adulterio. Pero algo me dijo que yo tenía la libertad de elegir una dirección diferente de la de mi papá, y lo hice. Lo compensé lidiando con luchas que mis compañeros de clase no conocían. Yo creía tener una mayor perspicacia e incentivo de viajar por una ruta distinta, porque vi de primera mano cómo no deseaba vivir.

Mi padre y yo reflexionamos en Ezequiel 18, que habla de un hombre que hace el mal y enfrenta el juicio,² pero su hijo «observa todos los pecados de su padre, pero no los imita» (v. 14, NVI).

En otro caso de la Escritura vemos que Manasés, uno de los reyes más malvados de Judá, tiene un hijo, Amón, que siguió sus pasos (padre malo, hijo malo). Pero el hijo del rey Amón, Josías, se convirtió en rey a los ocho años, e «hizo lo que agrada al Señor» (2 Crónicas 34.2, NVI). A pesar de un abuelo y un padre que no obedecieron a Dios, Josías reinó durante tres décadas y produjo grandes reformas en Judá. Él agradó a Dios, y cuando encontró el Libro de la Ley en el año dieciocho de su reinado, sucedieron cosas todavía más grandes (2 Crónicas 34.3–33).

Mis archivos están llenos de testimonios de hijos que decidieron no seguir el camino de sus padres, quienes no estaban interesados en agradar al Señor. Un hombre escribió: «Mi padre y su padre gritaban y daban alaridos. Yo decidí hace mucho tiempo que nunca sería así».

Los malos padres no controlan cómo terminará el juego. Los hijos malos que posiblemente no conozcan al Señor son capaces de tomar buenas decisiones a pesar del mal ejemplo de sus padres, pero los obstáculos pueden ser grandes. La mala paternidad puede provocarles a los hijos todo tipo de miserias a largo plazo, separados del poder sanador de la gracia de Dios.

Por lo tanto, no estoy excusando los errores que hacemos como padres, tampoco estoy diciendo que Dios apruebe la paternidad defectuosa. Los malos padres serán juzgados y los buenos serán recompensados. Nosotros le daremos un recuento a Dios acerca de nuestra paternidad. Jesús dijo: «Y cualquiera que haga tropezar a alguno de estos pequeños que creen en mí, mejor le fuera que se le colgase al cuello una piedra de molino de asno, y que se le hundiese en lo profundo del mar» (Mateo 18.6).

Estas son palabras pesadas de advertencia. El hecho de que Jesús eligiera utilizar la palabra «tropezar» es importante. La palabra griega utilizada aquí es *skandalon*, de la cual obtenemos la palabra «escándalo». Utilizada en griego puede tener varios significados, entre los que se encuentran: un gatillo en una trampa, un cepo o un impedimento que se coloca en el camino de otra persona. Y la palabra también se utiliza con respecto a «causar una ofensa» o «hacer a otro pecar». El hecho de que Jesús utilizara aquí esta palabra podría incluso ser interpretado como un padre que saca el pie, haciendo que su hijo se tropiece. A los ojos de Jesús, hay aflicción para un padre que engaña, persuade o hace que un niño caiga en pecado. A él le conviene ahogarse.

Pero la buena noticia es que la palabra *tropezarse* sugiere la capacidad de un niño para levantarse de nuevo y elegir el bien en lugar del mal. Por lo tanto, incluso con una paternidad cruel existe el libre albedrío para el niño.

Pero ¿qué hay de los casos en que los padres son «buenos»? Asumo que la mayoría de los lectores de este libro caen en esta categoría, o de lo contrario no estarían leyendo un libro acerca de cómo criar a la manera de Dios.

En primer lugar, la situación ideal...

Buenos padres con buenos hijos

Esto es lo que todas las familias cristianas esperan y oran que suceda. Mamá y papá creen y confían en Dios, e intentarán practicar la buena paternidad tal como la de los principios GUÍAS. Otra vez, encontramos ejemplos de ello en la Escritura. En Lucas conocemos al sacerdote Zacarías y a su esposa, Elisabet, quienes eran «justos delante de Dios, y andaban irreprensibles en todos los mandamientos y ordenanzas del Señor» (Lucas 1.6). Aunque Elisabet era estéril, Dios decidió darle un hijo, Juan el Bautista (Lucas 1.7–25, 57–80). Juan fue predecesor de Jesús, que dijo de él: «Entre los que nacen de mujer no se ha levantado otro mayor que Juan el Bautista; pero el más pequeño en el reino de los cielos, mayor es que él» (Mateo 11.11).

Otro ejemplo del Nuevo Testamento es el protegido de Pablo, Timoteo, cuya madre, Eunice, y su abuela, Loida, lo criaron de modo que confiara en Dios (2 Timoteo 1.5; 3.14–15).

La asombrosa verdad acerca de los buenos padres con hijos buenos, y los padres malos con hijos buenos, es que los primeros normalmente facilitan que los hijos elijan lo bueno, ya que han esbozado una imagen de cómo es eso en su propia vida. Pero en cualquier caso, los hijos finalmente toman su buena decisión por sí mismos.

Aunque nos gocemos con los padres santos cuyos hijos también eligen el camino de Dios, a mí me gustaría advertirles a estos padres algunos obstáculos.

A menudo escucho a padres buenos que tienen hijos buenos, que están tristes. Un hombre de Dios de mi congregación me habló acerca de su hijo, diciendo: «Ah, mi corazón se quebranta por él». Yo le pregunté: «¿Por qué?». Este papá respondió: «Él no tiene devocionales constantes». Entonces le pregunté: «¿Él le honra?». «Ah, sí», respondió él. «¿Él conoce a Cristo?». «Ah, sí, él conoce al Señor».

Mi amigo tenía un estándar, y debido a que su hijo no estaba viviendo de acuerdo con ese estándar completamente, estaba desilusionado con su paternidad y con su hijo. El perfeccionismo puede ser una carga pesada, especialmente para los padres buenos que tienen buenos hijos, pero que aun así no son perfectos. ¿Es usted culpable de asfixiar los errores de sus hijos y de pasar por alto las cosas buenas? Cuide de no causar que sus hijos buenos pierdan la esperanza.

Otro obstáculo para un padre perfeccionista, o incluso para el *buen* padre, es ser demasiado recto. Si, por la gracia de Dios, nuestros hijos están sirviendo al Señor y no están desafiando su dirección espiritual, es demasiado fácil asumir que el resultado se debe a su buena paternidad. Pero recuerde que la Escritura no apoya esta conclusión. Además, darse una palmadita en la espalda puede ser una acción prematura y puede también separarlo de sus hermanas y hermanos en el Señor que están batallando con hijos menos dóciles. Incluso los buenos comentarios tales como los siguientes pueden amontonar culpabilidad en otros padres buenos: «Esa chica resultó bien, porque ella tuvo súper papás que la educaron en casa y la cuidaron de las tentaciones que enfrentan los chicos de su edad». O: «Él está ahora en el ministerio, porque su padre y su abuelo eran predicadores. Él viene de una gran familia».

O qué hay de esta persona que me escribió: el buen padre es «la excepción y no la regla. Yo de verdad creo que comienza en la casa y he visto cuando los hijos se desvían, la raíz subyacente generalmente está en el corazón del hogar, cuando hay una ausencia de alguna fibra moral».

Hay cierto elemento de verdad en cada una de esas afirmaciones, pero ¿qué hay de los niños que se rebelaron a pesar de tener padres que les enseñaron en casa y que los protegieron de las tentaciones? ¿O de la familia de generaciones de predicadores cuyos hijos no solamente no entraron en el ministerio, sino que también se alejaron de la fe?

No podemos tener ambos. Si nos adherimos a la noción de que los hijos de padres buenos están destinados a la santidad, entonces debemos creer también que los hijos con padres malos no tienen esperanza de una mejor vida. Pero resulta desmoralizador para los niños de padres malos si no tienen libertad de compensarlo y perseguir una mejor dirección, sino solamente pueden imitar lo malo. Estos hijos podrían afirmar: «¡Dios es injusto!». Resulta desmoralizador de igual manera para los padres buenos cuando sus hijos se rebelan contra la fe, ya que sus hijos deben imitar su santidad, no contrarrestar las cosas de Dios. Estos padres podrían afirmar: «¡Dios es injusto!». Muchos padres terminan en una crisis de fe al basar su teología en estas verdades a medias que no están apoyadas en la Escritura.

Porque no nos atrevemos a contarnos ni a compararnos con algunos que se alaban a sí mismos; pero ellos, midiéndose a sí mismos por sí mismos, y comparándose consigo mismos, no son juiciosos.
—2 Corintios 10.12

Posiblemente se identifique con esta mamá, que fue suficientemente audaz como para decir lo que muchos de nosotros deseamos expresar a veces:

A la comunidad cristiana le gusta la comparación. Hay una expectativa de tener hijos perfectos que nos obedecen y aman a Jesús. Si no lo hacen, es un fracaso de nuestra parte. Somos un defectuoso modelo a seguir y un padre defectuoso. En cuanto a mí, me siento juzgada por los padres cuyos hijos *aman* la iglesia y están apasionados por Jesús. A mis hijos no les encanta la iglesia. Yo me siento peor, porque he estado en el ministerio durante mucho tiempo y mis hijos no son como «los demás niños del ministerio». Tengo en lo profundo un guion de condenación interna con el que estoy luchando.

Buenos padres con hijos malos

A este grupo final es al que deseo darle un ánimo especial. Mis archivos están llenos de ejemplos de padres buenos que tienen hijos que se volvieron «malos», o al menos tomaron malas decisiones en desacuerdo con el deseo de Cristo. Aquí hay algunos:

- Un amigo mío, cristiano comprometido, fue y todavía es un gran papá. Pero sus dos hijos adultos se divorciaron, causando muchos problemas familiares que casi los agobiaban emocionalmente a él y a su esposa.

- Otra familia que conozco tenía dos hijos que se alejaron de la fe aunque ambos padres llevaban una vida devota y humilde. Ellos amaban profundamente a sus hijos, pero estos rechazaron su fe.

- Un hijo adulto escribió para contarme que su adicción a la pornografía volteó de cabeza su matrimonio, el cual casi terminaba en un divorcio. Sin embargo, él había crecido en un hogar cristiano con padres santos que eran líderes cristianos influyentes.

- Y me llegan incontables historias acerca de familias con varios hijos, en las que uno se aleja de la iglesia y se vuelve adicto al alcohol o a alguna droga, mientras que sus hermanos se unen a estudios bíblicos, oran con sus padres y aman a Jesús.

Escucho a todos estos padres alto y claro, y puedo decir partes de sus historias para explicar algo, posiblemente el asunto más importante de todo este libro. Ellos ilustran vívidamente la elección que todos tenemos al criar a nuestros hijos desde la cuna hasta la adultez: ¿me enfocaré en los *resultados*, constantemente estando al borde del «¿Qué sucedió?»? ¿O me enfocaré en el plan de juego y el *proceso*, desempeñándome tan bien como pueda para criar a la manera de Dios y confiando en Él para el resultado final? Esta no es una decisión sin importancia, y tampoco podemos hacerla solamente una vez. Se da una y otra vez.

Pero el peso que cargan los buenos padres cuando sus hijos son rebeldes es pesado. Todos conocemos familias en las que sucede esto. Posiblemente esté sucediendo en la suya, y es a usted a quien deseo darle un aliento especial. Algunas personas de la iglesia temen que si decimos que los padres no son absolutamente responsables de sus hijos malos, estamos soltando de la responsabilidad a estos padres. Pero, ¿los padres de los niños «malos» necesariamente son malos? Cuando culpamos a padres inocentes provocamos que algunos de ellos se sientan traicionados por Dios en cuanto a que Él no hizo lo que ellos sintieron que Él «prometió» (Proverbios 22.6) hacer en sus hijos, ya que fueron buenos padres.

Una vez más, veamos qué dice la Biblia.

Un profundo ejemplo de un buen padre cuyos hijos se volvieron malos fue el profeta Samuel. La Escritura nos dice que cuando era anciano, Samuel eligió a sus hijos, Joel y Abías, como jueces de Israel. Samuel debió haber tenido algún tipo de idea de que sus hijos adultos iban a desarrollarse bien en esta posición importante, pero, ay, «no anduvieron los hijos por los caminos de su padre, antes se volvieron tras la avaricia, dejándose sobornar y pervirtiendo el derecho» (1 Samuel 8.3).[3]

A la luz de la crianza santa de Samuel, y de la vida ministerial al llamar a los israelitas a arrepentirse y a seguir a Dios, parece asombroso que sus dos hijos eligieran caminos fraudulentos. Pero cuando recordamos que *todos* nacimos como pecadores con libre albedrío, no es tan asombroso después de todo. Como exclamó el profeta Miqueas: «Porque el hijo deshonra al padre, la hija se levanta contra la madre [...] y los enemigos del hombre son los de su casa» (Miqueas 7.6).

Considere también la historia del hijo pródigo (Lucas 15.11–32). La mayoría de los padres cristianos conocen bien la parábola. Los dos hijos de la historia son lo que podríamos llamar inadaptados. El hijo menor ejemplifica el extremo del libertinaje; el hijo mayor es un ejemplo excelente de la autojustificación y la falta de perdón. ¿Qué iglesia le pediría a este papá que les enseñara cómo ser padre a la manera de Dios? No obstante, Jesús usó a este padre para demostrar el carácter de Dios el Padre, nuestro ejemplo. No importa cómo se sintiera este padre en cualquier momento de la historia, Jesús no dijo una sola cosa mala acerca de él. Todos los padres que están intentando lo mejor que pueden amar a Dios y a sus hijos necesitan estudiar la parábola para ver lo que Dios valora de los padres. Si sus hijos no son perfectos, si sus hijos son definitivamente rebeldes, usted no necesita avergonzarse inexorablemente, sino en cambio intentar mantener un ambiente amoroso, un ambiente que pueda permitir que un hijo rebelde regrese a casa sin temor a la vergüenza y el rechazo.

Cuando sentimos un desánimo incapacitante por causa de las elecciones pecaminosas y los resultados de nuestros hijos, no debemos permitir que eso nos disuada permanentemente de criar a la manera de Dios: aplicar los principios GUÍAS como para Él. He visto tales familias años después, y estos mismos hijos rebeldes están sirviendo a Cristo en maneras grandiosas. ¡Dios siempre está obrando!

No descanse hasta conseguirlo, a pesar del respeto o la obediencia de sus hijos. Este es el Ciclo Gratificante de la Familia: el amor de un padre como para Cristo, a pesar del hijo. Usted no puede controlar el resultado, pero hay algo que puede controlar completamente. Veremos eso en el siguiente capítulo.

15

Mi respuesta es mi
responsabilidad

Una cosa es comprender que debemos evitar la trampa de los resultados. Podemos estar de acuerdo en que no tenemos el control del resultado final de nuestros hijos. De manera que la pregunta se vuelve en:

¿Qué *puedo* controlar?

La respuesta obvia es a mí, específicamente mis acciones y mis reacciones hacia mis hijos. En nuestras conferencias de Amor y Respeto, Sarah explica que esto es tan profundo como simple, cuando le pregunta a la audiencia: «¿Por qué deberíamos esperar que nuestros hijos nos obedezcan cuando nosotros no estamos obedeciendo a Dios?».

Esta desafiante pregunta contrasta directamente con la hipocresía de la conocida frase: «Haz como digo, no como hago». Si deseamos que Dios honre nuestros esfuerzos para criar con los principios GUÍAS, «hacer lo que parece mejor» (Hebreos 12.10), entonces debemos honrarle. Solamente cuando confiamos en que «lo que mejor parece» será lo mejor que podamos hacer en dada circunstancia, porque confiamos en Él para obtener sabiduría y dirección.

Los tres ciclos de criar con Amor y Respeto nos invitan a hacer otra pregunta básica a medida que avanzamos a través de nuestras tareas típicas de crianza en un día cualquiera:

¿Quién es responsable de lo que está sucediendo?

Cuando entre en el Ciclo Alienante de la Familia, ¿culparé a mi hijo por cometer el error de no sentirse amado y por reaccionar irrespetuosamente? ¿O me enfocaré en mi parte de la locura y comenzaré a reaccionar en maneras más amorosas? ¿Le entregaré todo el poder a mi hijo o creeré que Dios me ha colocado en una posición de ser capaz de ejercer una mayor influencia?

Todos los padres deben escuchar la pregunta del Señor: «¿Por qué [...] has honrado a tus hijos más que a mí». Y ahí es donde entra en juego un famoso dicho bíblico, y se trata de la paternidad: «Yo honraré a los que me honran» (1 Samuel 2.29, 30).

En lo que concierne al Ciclo Energizante de la Familia, ¿exigiré que mi hijo sea respetuoso con el fin de motivarme a amar, o esperaré ser más amoroso con el fin de influir en el respeto de mi hijo?

En lo que se refiere al Ciclo Gratificante de la Familia, ¿explotaré de ira si mi hijo no me muestra respeto como para el Señor, o me enfocaré en mostrarle amor a mi hijo como para el Señor?

Nosotros podemos forzar y convencer a nuestros hijos a conformarse a nuestras reglas, pero solamente ellos decidirán sus propias actitudes. Por lo tanto, de manera real, nos enfocaremos en controlar nuestras propias actitudes, acciones o reacciones. Esto no es para decir que criemos pasivamente. Todavía debemos tener el control. Un padre que no lo tiene no está criando, sino simplemente intentando sobrevivir.

Por ejemplo, a medida que instruimos y disciplinamos, esperamos obediencia. Nosotros le enseñamos a nuestro hijo a decir: «Gracias», cuando se le da un regalo o algún otro favor; a la vez, conocemos las limitaciones. Solamente podemos instar al agradecimiento, no forzarlo. Si el niño se niega a decir: «Gracias», podemos asignar una disciplina lógica, pero no podemos decir: «*Estarás* agradecido, ¡te lo exijo!». Solamente podemos establecer el ejemplo de ser agradecidos y orar que el niño desarrolle sentimientos genuinos de gratitud.

Las madres jóvenes deben «ser sensatas» (Tito 2.4–5, NVI). Su respuesta es su responsabilidad.

Cuando hablo de «tener el control», la primera persona de la que debo tenerlo es... de mí. Mi respuesta es mi responsabilidad. A medida que creemos un ambiente de amor y tomemos la responsabilidad de nuestras respuestas y reacciones, eso incrementa nuestra credibilidad. Nuestros hijos siempre nos están observando, y ellos pueden reconocer la hipocresía desde temprana edad. Si deseamos que nuestros hijos tomen decisiones sinceras que vayan de acuerdo con lo que estamos intentando enseñarles, la mejor combinación posible es ser amorosos y tener control a la vez, modelando el comportamiento que deseamos que ellos emulen. Por ejemplo, si nosotros les gritamos a nuestros hijos que dejen de gritar, simplemente significa que hemos perdido nuestro control emocional y nuestros hijos lo saben. Usted puede tener la razón pero ¡estar equivocado al gritar con todo su ser!

Mantener el equilibrio emocional mientras se tiene el control significa mantener un delicado equilibrio entre forzar el cumplimiento y ganárselo. Usted posiblemente detenga los comentarios o el comportamiento irrespetuoso de un niño con palabras o acciones duras, pero perderá su voluntad y cualquier oportunidad de una influencia real y creíble. Mi padre me hizo obedecer en

Presumiblemente casados y con una familia «los jóvenes» deben «ser sensatos» (Tito 2.6, NVI). Su respuesta es su responsabilidad.

cierto nivel con sus quejidos y gritos; pero en lo profundo, me cerré a él. Él perdió mi voluntad, y mi madre lo pudo ver. Esta fue una gran razón por la que ella hizo que me marchara de casa en la adolescencia y asistiera a la escuela militar, a más de trescientos kilómetros.

Mi respuesta —buena o mala— es mi responsabilidad

La frase «mi respuesta es mi responsabilidad» tiene un tono intrigante. Cuando la utilizo en una conferencia, la gente asiente y escucha. Pero, ¿a qué me refiero exactamente? Lo explico al señalar que mi hijo no me *hace* ser como soy, sino que *revela* cómo soy. Por lo tanto, cuando mi respuesta es pecaminosa, debo aceptar que este es mi problema. No debo culpar a mi hijo por mi respuesta negativa. Debo vivir con ella e intentar cambiar. Y, si tengo una respuesta amorosa, haciendo lo mejor que puedo para criar a la manera de Dios, y mi hijo continúa siendo irrespetuoso, debo vivir con eso y orar por paciencia. En conclusión, mi respuesta *es* mi responsabilidad.

Los padres me dicen a menudo: «Pero mi hijo me hace reaccionar y responder en maneras poco amorosas... ¡él puede ser un monstruo!». Lo entiendo, de verdad. Pero un hijo desagradable o irrespetuoso no nos hace ni nos provoca a ser poco amorosos. Al contrario, el niño *revela nuestra decisión de ser poco amorosos.*

Usando una analogía, un grano de arena en el ojo humano produce una irritación, luego una infección y, si no se cuida, la pérdida de la visión. Ese mismo grano de arena en una ostra, primero conduce a la irritación, luego a la solidificación y luego a la perla. Esto nos lleva a la pregunta: ¿causó la arena los resultados en el ojo o en la ostra? No. La arena es un irritante que revela las propiedades internas del ojo humano o de la ostra. Si ese no es el caso, la siguiente vez que se le meta arena en el ojo, cuidado, puede surgir una perla.

Nuestros hijos pueden ser irritantes, y pueden revelar nuestras propiedades internas como persona y como padre.

¿Eso significa que los hijos son completamente inocentes al marcar el tono de la familia? Desde luego que no. Los hijos son seres morales y espirituales que toman sus propias decisiones y nos afectan emocionalmente, pero eso no significa que su mal comportamiento *provoque* el nuestro. Ser buenos padres es nuestra *decisión*. Tener una buena relación padre e hijo es un esfuerzo cooperativo, y no todos los hijos cooperan. Ahí es donde los principios GUÍAS pueden entrar al rescate.

GUÍAS, la mejor manera de «criar como para Cristo»

Cuando reaccionamos en maneras pecaminosas e inmaduras, no solamente nos volvemos menos efectivos al impactar en los resultados de nuestros hijos; terminamos desobedeciendo los mandamientos de Dios para nosotros y luego experimentamos culpabilidad, derrota y desánimo. Por otro lado, cuando nos enfocamos en aplicar los principios GUÍAS, somos más congruentes. Tenemos un plan de acción y permanecemos más tranquilos, calmados y compuestos. Criar como para Cristo a pesar de la respuesta del hijo se vuelve un proceso más gratificante y nos otorga poder.

Nosotros somos como el padre de una parábola que Jesús relató acerca de un hombre que tenía dos hijos: «¿Qué les parece? —continuó Jesús—. Había un hombre que tenía dos hijos. Se dirigió al primero y le pidió: "Hijo, ve a trabajar hoy en el viñedo." "No quiero", contestó, pero después se arrepintió y fue. Luego el padre se dirigió al otro hijo y le pidió lo mismo. Éste contestó: "Sí, señor"; pero no fue. ¿Cuál de los dos hizo lo que su padre quería? El primero —contestaron ellos» (Mateo 21.28–31, NVI).

Jesús continuó hablando para explicar algo profundo acerca de quién entraría en el reino, pero yo veo una aplicación secundaria aquí para los padres. Un hijo dijo que no, pero más tarde obedeció. El otro hijo había dicho sí, pero más tarde desobedeció. Mi hijo Jonathan era como el primer hijo. Él discutía conmigo o no estaba de acuerdo, porque no deseaba hacer nada a mis espaldas. Otros hijos son como el segundo: le siguen la corriente a sus padres mientras están en su presencia, pero más tarde descubrimos que no hicieron lo que les pedimos. Este tipo de hijo es bueno al crear coartadas y sonreír en una manera que nos hace ser más tolerantes de lo que deberíamos con su desobediencia.

En conclusión, si tiene un hijo que se resiste, no sea tan rápido para concluir que usted es un fracaso; si tiene un hijo que cumple, no piense que usted es un completo y eterno éxito.

Los padres deben posponer los juicios absolutos acerca de la efectividad de su paternidad. Un hijo desafiante de catorce años puede volverse obediente a los dieciocho. Un niño obediente de ocho años puede volverse desobediente a los dieciséis. Sí, debemos lidiar con la desobediencia. La paternidad no termina. Sin embargo, siempre hacemos lo que sabemos por seguro: aplicar los principios GUÍAS. Dar apropiadamente. Comprender con empatía. Instruir claramente. Disciplinar con justicia. Animar positivamente. Y suplicar con fidelidad. Si aplicamos los principios GUÍAS «como mejor parece» cada día, con el tiempo nuestros hijos responderán más respetuosamente. Es mucho más probable que nuestros hijos nos vean como «genuinos». Este tipo de ejemplo motiva. Tal autenticidad gana el día más que nada.

¿Qué hay acerca de lidiar con mi ira?

¿Utilizar los principios GUÍAS significa que nunca debemos enojarnos? Cuando hablamos acerca de controlar nuestras acciones y reacciones,

¿eso significa que solamente podemos tener reacciones positivas y no reacciones negativas? La Biblia describe la abundancia de palabras que captan las emociones amorales e involuntarias: sentimientos tales como la angustia, el dolor, la tristeza, la aflicción, la desesperación y la miseria. (¿Y necesito decir que los hijos nos producen un gozo increíble?) Las emociones involuntarias no constituyen pecado. Lea los Salmos. Como padres, por ejemplo, nos sentiremos tristes y molestos cuando nuestros hijos roban, mienten o engañan. Esto es normal. Ser un padre amoroso no significa que usted sea un robot.

Muchos creyentes están familiarizados con Efesios 4.26: «Airaos, pero no pequéis». En otras palabras, hay un lugar para la indignación paternal. Cuando un chico de dieciséis años le miente a su maestro por no haber hecho la tarea, por «enfermedad» y falsifica la firma de alguno de sus padres para responder por su mentira, el padre debe enfadarse. El padre o la madre pueden decir: «Estoy extremadamente molesto por lo que has decidido hacer. Necesito tiempo para tranquilizarme, y cuando lo haga, tú recibirás las consecuencias de tu decisión insensata».

> *Los padres no son androides. Ellos sienten un amplio rango de emociones. «El hijo sabio es la alegría de su padre; el hijo necio es el pesar de su madre»* (Proverbios 10.1, NVI).

Con emociones amorales o involuntarias, los padres deben intentar no cruzar la línea de lo correcto. Es por ello que la Escritura nos dice: «Airaos, pero no pequéis». Al enfadarse, el padre puede llenarse de rabia. Efesios 4.26 continúa diciendo: «No se ponga el sol sobre vuestro enojo». El asunto es no dejar que los sentimientos de enfado permanezcan y se enconen.

Autocontrol no significa que dejemos de expresar los sentimientos erróneos. Expresamos lo que estamos sintiendo, pero controlamos la expresión. Necesitamos manifestar esos sentimientos en una manera que no tengamos remordimiento acerca de cómo lo comunicamos.

¿Cómo sabemos si cruzamos la línea hacia una reacción pecaminosa? Normalmente la consecuencia habla lo suficientemente claro acerca de cuál es la línea. Si no estamos seguros, buscar consejo de personas santas y sabias puede ayudarnos a aclararlo. Además, nuestros hijos pueden ciertamente decírnoslo cuando vemos su espíritu aplastado y su temor.

Una madre respondió a mi enseñanza acerca de la ira al escribir:

> No hay manera de que no me enoje, me ponga triste y más con esta niña. Sin embargo, esto me hace saber que los sentimientos iniciales están bien [...] lo que hago con esos sentimientos es lo que le importa a Dios y a mi hija. Me encanta pensar que Dios ve y me recompensará cuando amo a esta niña que a veces es difícil de amar e irrespetuosa. Eso me da esperanza, porque ciertamente ella no lo aprecia cuando lo hago.

Posiblemente usted se identifique con esta madre. Ella debe esperar. Todos debemos hacerlo. Ser padres —especialmente controlar nuestros sentimientos— es una maratón, no una carrera corta de gran velocidad.

¿Qué hay acerca de la ira y el diablo?

Observe que Pablo nos dice que nos enfademos, pero no pequemos, él dice: «Ni den cabida al diablo» (Efesios 4.27, nvi). ¿Alguna vez se enoja tanto que dice o hace cosas que simplemente no van con usted? ¿Luego comenta: «No sé qué me sucedió. No era yo. No tengo idea de lo que me poseyó»? A estas ocasiones se refería el comediante Flip Wilson cuando dijo: «¡El diablo me dijo que lo hiciera!». Pablo dice en el versículo 26 que no dejemos que el sol se ponga sobre nuestro enojo. ¿Por qué? Porque el diablo puede aprovecharse de nuestro enfado prolongado.

Satanás nos engaña al intensificar nuestras emociones de ira, al punto en que de pronto ya no somos nosotros mismos. Aunque él no nos posee, él nos oprime. En tales momentos en la familia, nosotros lo resistimos al ser lentos para la ira (Santiago 1.19), y al terminar la ira antes de que el sol se ponga (Efesios 4.26). Si no, él tiene un punto de apoyo y conspira contra nosotros al engañarnos con más locura emocional. (Observe que Efesios 6.11, 16 sigue a 6.4.) No debemos tomar a la ligera la idea del diablo, como si fuera un personaje imaginario con mallas rojas y una horqueta. La Biblia declara que él «como león rugiente, anda alrededor buscando a quien devorar» (1 Pedro 5.8).

Todos los padres deben reconocer la seriedad de esta enseñanza. Cuando yo tenía dieciocho años y había sido cristiano durante dos años, me encontraba en casa para el verano, antes de mi primer año de universidad, cuando mi papá estalló en rabia por algo. En lugar de eludirlo como lo hacía usualmente, me volteé y le dije: «¿Quién tiene control de ti ahora? ¿Es el diablo?».

Mi papá inmediatamente se tranquilizó y dijo: «Sí, creo eso».

Yo no lo dije irrespetuosamente. Lo dije con una preocupación por lo que estaba observando en él. Parecía algo demoniaco. Lo había visto muchas veces antes, pero nunca había dicho tal comentario. En esa ocasión, me sentí como si fuera un adulto joven hablándole a otro adulto. Dichosamente, él recibió bien mi pregunta y dejó su ira, lo cual me asombró. Se tranquilizó y se marchó. En cuestión de meses, mi papá recibió a Cristo.

Me doy cuenta que tras puertas cerradas, muchas familias encuentran este tipo de cosas. Debemos encontrar a alguien a quien señalar; debemos mirar dentro de nosotros mismos. Si algo así está tomando lugar en nuestra alma, necesitamos darnos cuenta de que este es un momento crucial para hacer un verdadero ajuste. Sus hijos no le están enfadando. Usted está decidiendo enfadarse y el enemigo de su alma busca «incrementar» su ira prolongada. Esto no es solamente asunto de paternidad; es su batalla espiritual. Esto se trata acerca de su ira y de los poderes de las tinieblas (Efesios 6.10–12).

Me gozo al recibir cartas como esta, de una madre que estaba consciente del peligro de la ira y estaba clamando al Señor:

> Yo no tenía idea de con qué estaba lidiando cuando mi hijo de diecisiete años nos recogió del aeropuerto el domingo luego del seminario de Amor y Respeto. Me encontraba celestialmente convencida de cuán irrespetuosa había sido todos esos años [...] con mis hijos. Yo tengo dos, uno de diecinueve y otro de diecisiete, respectivamente [...] Mi esposo y yo somos «iracólicos» [adictos a la ira] en regeneración, y basta decir que mis hijos son producto de ese campo de batalla. Cuando me subí en el coche de mi hijo, vi que no lo había limpiado como se lo había ordenado cuando me llevó al aeropuerto [...] Bueno, me puse iracunda. Mi esposo estaba en el asiento delantero con mi hijo y me pidió que por favor me detuviera, en una manera muy amorosa y tranquila. Yo repliqué en voz baja, pero lo suficientemente fuerte para que ambos pudieran escucharme por sobre la radio, y continué mi diatriba incesablemente.

Ella continúa diciendo que luego de llegar a casa, esta no estaba limpia y eso llevó a continuar la caliente discusión. Su esposo le pidió amablemente que se marchara a su habitación. Ella continuó:

> El seminario había sido mi idea, ¿y qué estaba haciendo? Yo me fui de la habitación y prácticamente me arrastré hacia mi alcoba con vergüenza y dolor [...] Dije: «Señor, soy injusta e irrazonable, ya no deseo actuar así [...] no puedo hacerlo, no puedo ser respetuosa con mi esposo y mis hijos». Pero Dios es justo y santo, y Él puede hacerlo por mí si yo lo hago como para Él [...] Así que me quedé sola con mi hijo, que aun se negaba a limpiar la casa [...] Él se molestó y estaba arrojando cosas [...] Miré a mi hijo a los ojos y me dije: «Señor,

¿cómo voy a respetar a mi hijo y aun así mantenerme firme sin temerle, llorar o enfadarme?». Una asombrosa paz me invadió, así como una firmeza que no había sentido antes. Mi hijo hizo una rabieta que se sintió como de diez minutos y continuaba arrojando cosas [...] Yo persistí callada, respetuosa y tranquilamente, diciéndole que necesitaba limpiar todo el desastre [...] Él limpió todo [...] Dios hizo algo maravilloso ese día, me mostró la esperanza frente a la adversidad [...] ¡Mientras me encontraba escribiendo esto, mi hijo de diecinueve años me llamó de la universidad para decirme que me ama! Él n-u-n-c-a hace eso, por lo tanto, ¡Dios me está dando un bocado delicioso de amor!

Controlar la ira no significa ceder

Vimos anteriormente que cuando los padres se fijan en el mal comportamiento de sus hijos (el resultado) y no se enfocan en sus propias acciones, olvidarán su plan de acción con los principios GUÍAS y caerán en reacciones enfadados. Pero al advertir contra la ira descontrolada, no estoy respaldando la pasividad ni la indulgencia de los padres.

Aprendí de un hijo adulto que dijo que lo que más lo desilusionaba de sus padres era que cedieron con sus convicciones espirituales. Debido a que él se rebeló en la adolescencia, ellos se rindieron y cedieron. Para tener algo de paz, lo dejaron hacer algo que todos sabían que estaba mal. Ahora mira en retrospectiva con un gran dolor y desilusión por ello. No solamente le venció la culpabilidad, sino que sintió que hizo que sus padres cedieran ante sus convicciones, pero su concesión le causó a él cuestionarse si ellos realmente creían. Su concesión socavó su fe. Él pensó: *si mamá y papá no se mantienen fuertes, entonces posiblemente estas no sean convicciones por las que valga la pena vivir. Posiblemente lo que ellos me dijeron no es verdad. Al tratar de* «lanzarle un puntapié», él había esperado inconscientemente que fuera firme. En vez de eso, cedió.

Algunas veces el padre puede ceder, cuando es una cuestión de gusto y opinión; pero cuando algo es claramente una violación a la verdad bíblica, ser pasivo o «razonable» solamente compromete a Cristo.

Cuando abordo la importancia de que los padres controlen sus acciones y reacciones, por favor comprenda que no estoy intentando meternos a todos en un molde de perfeccionismo. Podemos empezar el día pensando en la perfección, pero alistar a tres niños para la escuela puede ser como arrear gatos callejeros. Luego, colocarlos en el asiento trasero de un coche es como poner tres gatos en un saco de papas: los chillidos y los gritos pueden ser ensordecedores. Ningún padre controla a los niños y permanece perfectamente calmado, tranquilo y compuesto las veinticuatro horas del día, los siete días de la semana. ¡Las cosas de niños suceden!

Por lo tanto, aceptémoslo. Todos seríamos padres perfectos si no fuera por nuestros hijos. Lamentablemente, la misericordia y la gracia de Dios siempre están al pie de nuestros fracasos. Parafraseando Proverbios 24.16: «Un padre justo cae siete veces, y siete veces se levanta». Levántese. No se rinda. Rebote. Comience de nuevo. Dese una oportunidad y continúe utilizando los principios GUÍAS para ser padres a la manera de Dios. A la larga, no podemos controlar el resultado; eso depende de nuestros hijos y de la voluntad soberana de Dios. Pero podemos controlar nuestras reacciones y crear momentos importantes entre nosotros y nuestros hijos, el tipo de momentos que forjan un legado positivo. Todos estamos construyendo un tipo de legado. Examinaremos lo que eso significa cuando concluyamos este libro acerca de la paternidad con amor y respeto en su familia.

Conclusión

¿Qué tipo de legado dejará usted?

L egado. ¿Qué deseamos dejarles a nuestros hijos? Una pregunta apropiada para concluir este libro.

Algunos anhelamos que nuestros hijos recuerden y sientan que los amamos, y yo creo que si aplicamos los principios que se presentaron en este libro, la mayoría de nosotros tendremos hijos que testifiquen ante nuestros ataúdes: «Mis padres me amaron, y me amaron bien».

¿Ante nuestros ataúdes?

Sí.

Uno de los mejores principios con el cual vivir es: «Comenzar con el final en mente». Más allá de las prácticas de negocios, esto se aplica a la vida. Al saber que moriremos, trabajaremos detrás de la muerte. Esto nos da una perspectiva para hoy. La muerte nunca debe ser mórbida, sino motivadora. De hecho, obtenemos sabiduría al preguntar: «¿Cómo estoy viviendo hoy a la luz de mi muerte?». Esta pregunta debe flotar en algún lugar de nuestro cerebro. Necesitamos mantener un registro activo titulado «Día del funeral». Saber que nuestra vida llega a un fin debe dirigir nuestra paternidad.

Yo recibo correos electrónicos de personas que me recuerdan que hay que mantener el final en mente. Eso siempre me motiva. Un amigo y esposo escribió:

Este día hace un año que Diane, mi querida esposa durante veintiocho años, y madre de mis hijas, fue llevada al cielo, dejando la tierra con una fuerte sensación de dignidad y gracia, luego de lidiar con un largo episodio de cáncer [...] Aunque extrañamos la presencia física de Diane, en este año pasado nos dimos cuenta del fuerte legado de amor que nos dejó [...] Creo que este es un tributo a Diane y a cuán bien nos preparó, y el legado de su amor para nosotros que permanece.

Una esposa me escribió acerca de su esposo fallecido:

El Señor sujetó su corazón. Él fue un hombre transformado después de eso. Sí, todavía teníamos algunos puentes que cruzar, pero los cruzamos juntos. Tuvimos un matrimonio hermoso. Crecíamos cada día y el Señor obraba en nuestra vida. Estábamos implementando Amor y Respeto [...] El Señor llamó a mi querido esposo a casa hace casi dieciséis meses, luego de una corta enfermedad. Yo estaba sentada a su lado cuando dio su último aliento y pasó a los brazos del Señor, que lo estaba esperando. Él les dejó a nuestros hijos (tenemos cinco), a nuestros nietos, a nuestros bisnietos y a mí un asombroso legado. No conozco ni nunca conoceré a nadie que haya amado al Señor más que mi esposo.

Estas de verdad son historias de legados.

Tristemente, algunos de nosotros les damos mucha importancia a las cosas pequeñas y sudamos por ellas. Lo urgente reemplaza lo importante. Estamos demasiado ansiosos y fijados en las cosas temporales que al final no importan; y finalmente lo que importa, lo pasamos por alto. Yo le digo a la gente en nuestras conferencias: «Ilumínense. Van a morir». Se oyen risas fuertes entre la audiencia. La gente lo capta, porque a menudo es verdad. Pero pocos de nosotros deseamos perder nuestro privilegio de ser padres. ¿Quién desea avergonzarse al final por la manera en que crió a sus hijos y llevó su vida? ¿Quién desea ser un alma que reaccionó a lo trivial e ignoró lo atemporal?

Un padre me escribió de Australia luego de leer lo que dije acerca de dejar un legado: «Entonces, ¡bum! Llegué a la oración al final del libro acerca del legado negativo que les dejamos a nuestros hijos ¡si continuamos equivocándonos! Fue como si pudiera sentir que un misil me atravesara». Así que determinó hacer las cosas bien.

Esta idea del legado nos pone un gran peso a la mayoría. Una pareja escribió: «Disfrutamos el viaje de mudarnos del Ciclo Alienante al motivante Ciclo Energizante, y ahora creemos en Dios para que el Ciclo Gratificante se convierta en parte de nuestra relación. Estamos eternamente agradecidos a medida que les dejamos un legado a nuestros hijos y nietos».

Este es el legado que les dejamos a nuestros hijos, basado en los principios GUÍAS:

- Ellos se sentirán cuidados, porque les dimos con amor.
- Ellos sentirán que se les tiene empatía, porque comprendimos con amor.
- Ellos se sentirán equipados, porque instruimos con amor.
- Ellos sentirán autocontrol, porque disciplinamos con amor.
- Ellos se sentirán valientes, porque animamos con valor.
- Ellos se sentirán guiados divinamente, porque suplicamos con amor.

Vivir ejemplos de un legado poderoso

Un hijo adulto escribió acerca de su padre, recordando que se fue a bancarrota un año antes de jubilarse. Era socio de una correduría. Perdió todo y entró a la jubilación casi sin dinero. Le siguió una cirugía de cataratas sin éxito y se quedó parcialmente ciego. Desarrolló angina y, más tarde, Alzheimer; falleció a los setenta y siete años. La fe de su padre «nunca flaqueó» a través de todos esos reveses. Aunque soportó muchos sufrimientos parecidos a los de Job, la duda del amor de Dios por él ni siquiera le cruzó por la mente. El hijo dijo para concluir: «¿Cómo me afectó todo eso? Déjeme explicarlo de este modo: con este tipo de ejemplo, es muy difícil pensar en hacer cosas malas cuando los tiempos se ponen difíciles».

Esto se llama el legado que se deja en el alma de un hijo.

Conozco a un hombre que tiene cuatro hijos. A medida que crecían, ellos se sentaban en la mesa luego de ir a la iglesia, y escuchaban a su papá expresar cómo Dios le había hablado a su corazón. Ellos veían a un papá, que tuvo un padre que se suicidó y que le dejó una increíble herida en su interior, sin embargo él le permitió a Dios que lo sanara. Ellos vieron a un papá que deseaba confiar más en Dios. A un papá que deseaba aprender lo que la Biblia le decía acerca de los problemas de la vida. Vieron a un papá que se reunía con otros hombres y hablaba de Cristo. A un hombre que oraba en la mesa con su corazón. Observaron a un hombre que se enojaba de verdad con ellos, pero luego regresaba con la cabeza inclinada y buscaba perdón. Vieron a un hombre conforme con su salario. Vieron a un hombre que estaba ahí con ellos. A un hombre que amaba a su esposa. A un hombre con una lista de oración. Un hombre que deseaba ser usado por Dios en la vida de otras personas. Ellos vieron a un hombre que era enseñable. ¿Adivine quién ama a Dios además de papá?

Esto se llama un legado que se deja en el alma de los hijos.

¿Hay algo más grande?

De hecho, debemos decir que hay algo diferente, posiblemente no mejor. No todos los hijos heredarán nuestro legado. Ellos tomarán una senda distinta. Entonces ¿en dónde nos deja eso?

Sarah les cuenta a las audiencias en nuestras conferencias de Amor y Respeto: «Esto se trata de mí». Cuando dice tal afirmación, todos se ven confundidos: *¿acaba de decir lo que creo que dijo? ¿Dijo que necesitamos ser narcisistas?*

Sarah continúa: «Sí, esto realmente se trata acerca de mí. En el juicio, el Señor me preguntará: "¿Confiaste en mí y me obedeciste? ¿Me amaste y me veneraste en tu matrimonio y tu familia?"».

Ella lo aclara luego: «Esto se trata de seguir al Señor, sin importar las respuestas de los demás».

> *Esto no se trata de sus hijos, sino ¡de usted! Recuerde que cuando Él venga «sacará a la luz nuestros secretos más oscuros y revelará nuestras intenciones más íntimas. Entonces Dios le dará a cada uno el reconocimiento que le corresponda»*
> *(1 Corintios 4.5, NVI).*

Sarah y yo hemos hecho una oración más que cualquier otra: «Enséñanos de tal modo a contar nuestros días, que traigamos al corazón sabiduría» (Salmos 90.12). Yo sé que cuando he orado esto, he imaginado el final de mis días, parado frente al Señor. Me pregunto en mi corazón: *¿le presentaré un corazón que fue sabio hasta el final? ¿Terminaré con fidelidad? ¿Habré hecho lo que Dios me llamó a hacer como padre y como persona?* Aunque me duela pensar en que mis hijos no hagan estas preguntas, al final me doy cuenta de que eso es entre Jesús y yo.

Con esperanza, escucharé:

- «Amaste bien a tus hijos, haciéndolo por confianza y obediencia a mí, y a partir de un amor y una reverencia a mí, aunque ellos caminaran en una senda distinta».
- «Continuaste dando con un corazón generoso, incluso cuando tus hijos fueron malagradecidos».

- «Intentaste comprender continuamente a partir de un corazón empático, incluso cuando tus hijos afirmaron que no comprendías o que no te importaba».

- «Instruiste fielmente con mi sabiduría cuando tus hijos no fueron enseñables y fueron olvidadizos».

- «Disciplinaste congruente y justamente, incluso cuando tus tercos hijos continuaron resistiéndose mes tras mes y año tras año».

- «Alentaste repetidamente sus talentos y dones, incluso cuando ellos no tenían confianza y deseaban rendirse frente a los reveses».

- «Diariamente suplicaste delante de mí, incluso cuando parecía que mi presencia no se mostraba en su vida como tú lo esperabas, y ellos tomaban decisiones contrarias a mis propósitos».

- «Lo hiciste bien, ¡padre bueno y fiel!».

Este es el legado con el que Dios planea que usted se vaya. Esto se trata acerca de lo que usted fue, no de aquello en que se convirtieron sus hijos, aunque eso sea importante. Como hemos dicho ya, nosotros solamente podemos controlar nuestras acciones y reacciones, no los resultados de nuestros hijos.

Esto se trata de usted, ¡no de sus hijos! «Y cada uno será recompensado [por Dios] por su propio arduo trabajo» (1 Corintios 3.8, NTV).

Esto se trata de *usted*, no de sus hijos.

¿Le ha iluminado Dios al respecto? El legado más grande que puede dejarles a sus hijos es lo que usted fue como seguidor de Cristo. Lo que sus hijos hagan con eso es decisión de ellos.

Por lo tanto, mantenemos en mente nuestro final. Nos damos cuenta de que al criar a nuestros hijos, Dios nos está criando a nosotros. Así funciona eso en la forma de los principios GUÍAS, durante el proceso de paternidad y en la vida en general:

¿Muestro un corazón agradecido con lo que Dios
me da?

¿Puedo lidiar con la ira y la locura porque creo y siento que
Dios comprende mis preocupaciones?

¿Estoy siempre dispuesto a la instrucción de Dios en todo
tipo de contexto y situación?

¿Acepto la disciplina amorosa de Dios, sin quejarme de que
Él es malo e injusto?

¿He utilizado mis talentos para la gloria de Dios porque
siento que Él me anima a dar pasos de fe?

¿Creo que Jesús y el Espíritu Santo están intercediendo por
mí, haciendo que todas las cosas obren para mi bien?

Si mi respuesta básica a estas preguntas es sí, entonces comprendo
que esto se trata acerca de Jesús y yo.

Sarah experimentó esto en una manera difícil, cuando batalló con
el cáncer de seno. Por eso escribió en su diario:

Cuando me enfrenté con el diagnóstico de cáncer, me di cuenta de
que era una oportunidad única en la vida. ¿Reflejaría a Cristo
durante ese tiempo de sufrimiento? Yo afirmaba conocerlo. ¿Hacían,
mi rostro y mis palabras, que alguien lo deseara? ¿Le alabaría y le
agradecería a Dios a pesar del resultado? Sentí como si Dios estuviera diciendo que deseaba que aquellos que estaban mirando vieran
Su poder, Su amor inagotable y Su fidelidad.

Ahora, Sarah ya no tiene cáncer y continúa trabajando y testifican-
do en nuestra vida. Su historia es la misma de todos. En un nivel o en
otro, esto se trata de mí: si soy lo que Dios me llama a ser y no importa
cuánta gente haya a mi alrededor, incluso mis hijos.

Este es el verdadero legado, aquel que veremos desde el cielo con
el Señor de señores y Rey de reyes.

Después de que Jonathan y yo habláramos largo y tendido un día acerca de «ser padres como para Cristo», me envió un poema de C. T. Studd (1860–1931), el cual encaja con el concepto de legado.

Solo una vida[1]

Dos finas líneas escuché una vez,
Viajando por el difícil camino de la vida;
Trayendo convicción a mi corazón,
Que de mi vida no se marchará;
Solo una vida que pronto pasará,
Solo lo que se hace por Cristo durará.

Solo una vida, solo unos breves años,
Cada uno con pesares, esperanzas y temores;
Cada uno con días que debo cumplir,
Viviendo para mí o para su voluntad;
Solamente una vida que pronto pasará,
Solo lo que se haga por Cristo durará.

Dame, Padre, un profundo propósito,
En gozo o en dolor tu palabra guardaré;
Fiel y verdadero cual sea la batalla,
Agradándote en mi vida diaria;
Solamente una vida que pronto pasará,
Solo lo que se haga por Cristo durará.

Solo una vida, sí, una sola,
Ahora diré: «Tu voluntad haré»,
Y cuando el llamado escuche al fin,

Yo sé que diré: «La pena valió»;
Solo una vida que pronto pasará
¡Solo lo que se haga por Cristo durará!

Comience de nuevo con el final en mente. Solo la paternidad que se hace como para Cristo durará. En verdad, todo esto se trata acerca de usted y del legado que le deje a su familia.

Apéndice A

Los objetivos de Amor y Respeto para nuestra familia

Para enseñarles amor y respeto a sus hijos, imprima o escriba los cinco principios que se proporcionan en la parte inferior, y péguelos en uno o varios lugares importantes de su casa. Lo que se sugiere decirles a los niños más pequeños o más grandes son solamente eso, sugerencias. Adáptelas o desarrolle sus propios comentarios de acuerdo con las edades y las necesidades específicas de sus hijos.

Los objetivos de Amor y Respeto para nuestra familia

- Nos tratamos mutuamente con respeto, incluso cuando alguien haga algo que no es respetable.
- Cuando nos tratan injusta o irrespetuosamente, debemos decirlo en una manera respetuosa.

- Los hijos deben obedecer, honrar y respetar a sus padres.
- Los padres siempre aman a sus hijos, aunque sean irrespetuosos.
- «Nosotros deseamos ser una familia de Amor y Respeto».

Nosotros nos tratamos con respeto, aunque alguien haga algo que no sea respetable.

A los niños más pequeños, dígales: «Dios dice que debemos amarnos mutuamente, también desea que nos respetemos mutuamente. Incluso cuando tu hermano haga algo malo, intenta amarle y respetarle».

A los hijos mayores les decimos: «Es fácil respetar a los demás cuando están haciendo todo lo que nos gusta, pero ¿qué si son malos e injustos? Aun así Dios desea que les amemos y respetemos incondicionalmente. Eso significa que ellos no tienen que ganarse nuestro respeto; nosotros lo damos aunque ellos no lo merezcan».

Cuando nos tratan injusta o irrespetuosamente, debemos decirlo en una manera respetuosa.

Con los pequeños, colóquese a la altura de la vista y diga suavemente: «Cuando te estés sintiendo frustrada con tu hermana, necesitas acercarte a mí y utilizar palabras respetuosas acerca de cómo te sientes. Y te ayudaré. ¿Entiendes?».

A un hijo más grande: «Decirle "tonta" a tu hermana obviamente es falta de respeto. Mamá y papá no hablan así, y estamos seguros de que tú en realidad no deseas hablar así tampoco. ¿Estás de acuerdo?».

Los hijos deben obedecer, honrar y respetar a sus padres.

Colóquese a la altura de la vista de los niños más pequeños y diga: «La Biblia dice: "Hijos, obedeced en el Señor a vuestros padres, porque esto es justo. Honra a tu padre y a tu madre" [Efesios 6.1–2]. Cuando alguien te hace enojar, te sientes tentado a ser grosero y a no escucharnos. Dios te está pidiendo que nos obedezcas aunque pienses que no comprendemos o que estamos siendo injustos. Nosotros siempre intentaremos comprender y ser justos. Nosotros tenemos tu mejor interés en mente».

A los hijos más grandes: «Cuando la Palabra de Dios dice: "Hijos, obedezcan a sus padres [...] honra a tu padre y a tu madre", no quiere decir que tú seas solamente un esclavo sin derechos. Dios llama a los padres a ser amorosos y justos, y algunas veces es difícil saber exactamente quién o qué está bien. Por ejemplo, nosotros siempre necesitamos el lado de la historia de tu hermano, así como la tuya, y no dejaremos de recordarte lo que Jesús desea que todos hagamos, tal como "Amarnos unos a otros"».

Cuando usted cree que su hijo puede comprender, hable acerca de que obedecer y honrar a los padres es el primer mandamiento con promesa: «Para que te vaya bien y disfrutes de una larga vida en la tierra» (Efesios 6.3, NVI). Diga algo como: «En realidad es muy simple: cuando tú nos obedeces, eso nos muestra respeto. Cuando lo haces, las cosas normalmente marchan muy bien para ti. Cuando eres desobediente y haces cosas a nuestra espalda, las cosas no marchan muy bien, y tenemos que disciplinarte. ¿Cuál te gusta más?».

Los padres siempre aman a sus hijos, incluso cuando ellos sean irrespetuosos.

Dígale al hijo más pequeño: «Dios también tiene un mandamiento para papi y mami de siempre amarte, sin importar lo que suceda. Nosotros siempre te amaremos; no hay nada que puedas hacer que nos haga dejar de amarte. Pero eso no significa que siempre estemos felices contigo y que tú no estés siempre feliz con nosotros. Algunas veces nos enojamos, como tú. Pero eso no significa que debamos continuar estando enojados o que digamos cosas groseras. Si lo hacemos, debemos disculparnos y tú también. No importa lo que suceda, deseamos que recuerdes que te amamos con todo nuestro corazón».

A los hijos más grandes, enfatíceles que aunque usted les ame, eso no significa que todo marche como ellos desean, y tampoco obtendrán todo lo que deseen. Diga algo como: «Mamá y papá deben decidir lo mejor, y ese es un trabajo difícil. Algunas veces tenemos que decir no, porque creemos que es lo más amoroso que podemos hacer por ti. Cuando nos sentimos tristes o nos lamentamos por ti, recuerda que somos tus padres, y que siempre estamos contigo. No somos perfectos, pero nos interesa. Tú significas todo para nosotros».

«Nosotros deseamos ser una familia de Amor y Respeto».
Dígales a los hijos más pequeños: «Nuestro amor y respeto mutuo le importa a Dios más que a nosotros. Cuando te amamos a ti, y tú nos respetas y nos obedeces, Dios está feliz, y nosotros también».

Dígales a los hijos más grandes: «No importa cuán difícil sea a veces, estamos comprometidos a ser firmes y constantes con estas asombrosas verdades, y esperamos que nos ayudes. Creemos que es muy importante, porque es como Jesús desea que nos tratemos mutuamente. Cuando te miramos o te hablamos, es como si pudiéramos imaginarnos viendo a Jesús detrás de ti. Al amarte estamos amando a Jesús. Lo mismo sucede contigo. Cuando intentas mostrarnos respeto, imagina que puedes ver a Jesús detrás de nosotros. Cuando nos respetas, estás respetándole y amándole a Él. Recuerda que cuando nos obedeces, estás agradando a Jesús. La Biblia dice: "Hijos, obedezcan a sus padres en todo, porque esto agrada al Señor" [Colosenses 3.20]».

«Sí, habrá veces en que no logremos amarte a la perfección, y tú no lograrás respetarnos perfectamente, pero Jesús desea que regresemos y lo intentemos de nuevo. Él nos perdona, por lo que nosotros debemos perdonarnos mutuamente».

Apéndice B

Lista de control para practicar el Amor y el Respeto en su paternidad

Cuando se trata de los tres ciclos:

1. Cuando entro en el Ciclo Alienante de la Familia...

   a. ¿Culparé a mi hijo por sentir erróneamente falta de amor y por reaccionar irrespetuosamente?

   b. ¿O me enfocaré en mi parte del Ciclo Alienante de la Familia y dejaré de sentirme irrespetado, y comenzaré a reaccionar en maneras amorosas?

2. Cuando se trata del Ciclo Energizante de la Familia...

   a. ¿Exigiré que mi hijo sea respetuoso con el fin de motivarme a ser amoroso?

   b. ¿O me exigiré ser amoroso para influir en las respuestas respetuosas de mi hijo?

3. Con respecto al Ciclo Gratificante de la Familia...

   a. ¿Esperaré que mi hijo me muestre respeto como para el Señor?

b. ¿O me enfocaré en mostrarle amor a mi hijo como para el Señor?

Cuando las cosas enloquezcan un poco

1. ¿Parece mi hijo irrespetuoso porque dije o hice algo antes que sintiera como falta de amor?

2. ¿Necesito asegurarle a mi hijo mi amor y no ofenderme frente a lo que se siente irrespetuoso?

Mi hijo está reaccionando negativamente en maneras que se sienten irrespetuosas, porque...

1. ¿Tiene necesidades físicas insatisfechas y yo necesito dar para satisfacerlas?

2. ¿Tiene necesidades emocionales no satisfechas y yo necesito comprender y tener empatía?

3. ¿Se siente ignorante y yo necesito instruirle?

4. ¿Le falta autocontrol y yo necesito disciplinarle para ayudarle a ser más autodisciplinado?

5. ¿Tiene temor de enfrentar al mundo y yo necesito animarle?

6. ¿Está bajo ataque espiritual y yo necesito suplicar (u orar) por él?

¿Amo a mi hijo con equilibrio?

1. En cuanto a dar para satisfacer sus necesidades y sus deseos...

   a. ¿Damos muy poco, mostrando un patrón de ignorancia en cuanto a sus necesidades?

   b. ¿Damos demasiado, mostrando un patrón de indulgencia con sus deseos?

2. En cuanto a comprender para que no provoquemos ni exasperemos...

   a. ¿Comprendemos muy poco, no sintiendo empatía y esperando demasiado?

b. ¿Comprendemos demasiado, psicoanalizando y sintiendo autocompasión?

3. En cuanto a instruir para que el niño conozca y aplique la sabiduría de Dios...

   a. ¿Instruimos muy poco, reteniendo la verdad de Dios que les ayudaría y les dirigiría?

   b. ¿Instruimos demasiado, predicando y moralizando mucho, lo cual los asfixia?

4. En cuanto a disciplinar para que el niño aprenda a corregir las elecciones dolorosas...

   a. ¿Disciplinamos demasiado poco, mostrando un patrón de permisividad?

   b. ¿Disciplinamos demasiado, mostrando un patrón de autoritarismo?

5. En cuanto a animar para que un hijo desarrolle los dones dados por Dios en el mundo...

   a. ¿Animamos muy poco, siendo pesimistas, críticos y juiciosos?

   b. ¿Animamos mucho, siendo superficiales, poco realistas y falsos?

6. En cuanto a suplicar para que el niño experimente el toque y la verdad de Dios...

   a. ¿Oramos muy poco, sin pedirle a Dios que obre en nuestros hijos?

   b. ¿Oramos demasiado, sustituyendo la paternidad valiente por la oración?

¿Estoy dependiendo de Dios para hacer lo que no puedo?

1. Cuando doy, ¿oro que Dios ayude a mi hijo (y a mí) a tener *un corazón agradecido*?

2. Cuando comprendo, ¿oro que Dios ayude a mi hijo (y a mí) a tener *un corazón tranquilo y sereno*?

3. Cuando instruyo, ¿oro que Dios ayude a mi hijo (y a mí) a tener *un espíritu enseñable*?

4. Cuando disciplino, ¿oro que Dios ayude a mi hijo (y a mí) a *sentir un verdadero arrepentimiento*?

5. Cuando animo, ¿oro que Dios ayude a mi hijo (y a mí) a *tener valor*?

6. Cuando suplico, ¿oro que Dios ayude a mi hijo (y a mí) a *tener un corazón confiado y obediente*?

Notas

Primera parte: El Ciclo Alienante de la Familia

1. Los apóstoles se refirieron a los creyentes como «hijos amados» (1 Corintios 4.14; Efesios 5.1; 1 Juan 3.2). La palabra griega para el vocablo «amados» es *agapetos*. Dios amó a sus hijos, estableciendo su afecto en ellos. Pero esta metáfora de «hijos amados» no solamente se aplica al pueblo de Dios, sino que surge de la realidad del ágape —un amor incondicional— que sienten los padres por sus hijos. Los hijos son objetos del amor de los padres. Ellos son amados. El niño no se gana tal amor. *Agapetos* es el derecho de nacimiento. Tal *agapetos* se observa entre un padre y su bebé de brazos, a lo cual Pablo se refiere en 1 Tesalonicenses 2.7–8. Los hijos necesitan ese amor y Dios diseñó a los padres para que lo proporcionaran.

Capítulo 2: Detener el Ciclo Alienante de la Familia, parte I: decodificar

1. En Colosenses 3.21, el texto griego habla de exasperar o amargar al hijo. La NVI, por ejemplo, traduce el versículo: «Padres, no exasperen a sus hijos, no sea que se desanimen». En mis observaciones, los hijos desanimados que han perdido la esperanza, normalmente se exasperan más de lo que se amargan, aunque un hijo amargado finalmente se rinda derrotado.

2. Algunos comentarios insinúan que Colosenses 3.21 y Efesios 6.4 son pasajes con referencia cruzada, que significan esencialmente lo mismo. Sin embargo, Colosenses 3.21 utiliza dos palabras griegas que no se encuentran en Efesios 6.4; y Efesios 6.4 utiliza una palabra griega que no

se encuentra en Colosenses 3.21. En Colosenses 3.21, Pablo utilizó la palabra *athumeo*, la cual significa «desalentar o perder la esperanza». En otras palabras, los padres pueden hacer que sus hijos se desanimen, se rindan o pierdan la esperanza. Efesios 6.4 no dice nada acerca de la pérdida de esperanza en un hijo. Además, Pablo utilizó la palabra griega *parorgizo* en Efesios 6.4, pero no en Colosenses 3.21, y utilizó la palabra griega *erethizo* en Colosenses 3.21, pero no en Efesios 6.4. *Parorgizo* es una palabra compuesta que viene de *eretho*, la cual significa «encender a ira», pero también transmite más simplemente la idea de «encendido, encender o exasperar». Cuando comparamos *parorgizo* y *erethizo*, ¿hay una distinción sin diferencia? Si no hay diferencia, podemos decir, como muchos, que los dos pasajes significan lo mismo: los hijos pueden ser provocados o exasperados al punto de la ira, lo cual los conduce al punto del desánimo y la pérdida de la esperanza. Diríamos entonces que Colosenses 3.21 expande la idea de Efesios 6.4, la cual implica desánimo. Por otro lado, Pablo podría estar describiendo dos tipos de hijos: el hijo enfadado/amargado (Efesios 6.4) y el hijo desanimado/derrotado (Colosenses 3.21). Por lo tanto, psicológicamente estaríamos lidiando con un hijo con los hombros caídos. El primer hijo explota de ira, mientras que el segundo se desmoraliza derrotado. El padre injusto enciende la indignación justa en el primer hijo, que grita irritado: «¡No puedes tratarme de esta forma!»; mientras que el padre injusto establece un patrón que el segundo hijo no puede alcanzar, y el niño colapsa derrotado, murmurando: «No puedo hacerlo... No puedo hacerlo». En un nivel extremo, uno patea la pared en un acto de ira y casi parece un homicida; el otro cae al suelo llorando y casi parece suicidarse. ¿En dónde nos deja eso entonces? Efesios 6.4 remarca que un padre no debe provocar a su hijo al punto de que explote de ira. Colosenses 3.21 resalta que un padre no debe exasperar a un hijo al punto en que se desmoralice y pierda la esperanza.

Capítulo 3: Detener el Ciclo Alienante de la Familia, parte II: desactivar

1. Reuní historias de la gente durante cuarenta años. Esta es una de ellas. En esta ocasión hice una serie acerca de ser padre y le pedí a la congregación que me enviara historias. Numeré esas historias, pero quité los nombres para proteger a los inocentes. No obstante, o perdí la lista de los nombres o la guardé en alguna unidad de almacenamiento que donde se encontrará en el futuro. A pesar de ello, esta historia tenía asignado el número 72, pero no

tenía nombre. Por lo tanto, me disculpo con este papá por no ponerme en contacto con él. Si usted lee esto y es el papá, por favor, hágamelo saber. Si usted es la fuente, por favor, perdóneme y permítame corregir mi error. En la ira, recuerde la misericordia.

Capítulo 4: Dar: no muy poco, no demasiado

1. Para comprender la historia completa acerca de cómo es que el favoritismo de Jacob con José causó muchos problemas y dolores de cabeza en la familia, lea Génesis 37—50. Dios protegió a José luego de ser vendido como esclavo y finalmente se reconcilió con sus hermanos.

Capítulo 5: Comprender: póngase en el lugar de ellos

1. Por ejemplo, Rebeca, la esposa de Isaac, amaba a su hijo Jacob más que a su hermano gemelo Esaú, por lo que su favoritismo y desilusión por parte de Jacob causaron mucha agitación en la familia. Esaú se frustró tanto que habría matado a Jacob si no hubiera escapado y permanecido lejos durante tantos años. Para leer la historia completa, vea Génesis 25.19—33.20.

2. La Nueva Versión Internacional en Hebreos 4.15 utiliza la palabra «compadecerse» para el vocablo griego *sumpatheo*, lo que ciertamente se acerca a lo que siente el Señor por nosotros. Esa palabra griega significa «tener un sentimiento mutuo por alguien, conmiserar, tener compasión por». Se usa de maneras diferentes en otros pasajes de la Biblia, pero a menudo la idea de la empatía —comprender y compartir los sentimientos y pensamientos de otro— se transmite, como aquí en Hebreos 4.15. Vea también la Nueva Traducción Viviente: «Nuestro Sumo Sacerdote comprende nuestras debilidades...», y la vívida paráfrasis de Eugene Peterson en la versión en inglés, *The Message*: «Nosotros no tenemos un sacerdote que esté fuera de la realidad. Él ha estado en la debilidad y la prueba, lo experimentó todo, todo menos el pecado».

Capítulo 6: Instruir: no demasiado... pero suficientes «cosas como esa»

1. Obviamente, nuestro objetivo principal debería ser que nuestros hijos vengan a la fe en Cristo, pero tristemente este no es siempre el caso. El grupo de investigaciones Barna encuestó a un grupo de padres cristianos y encontró que la primera cosa que ellos deseaban para sus hijos no era

la salvación, sino una «buena educación». Una relación con Cristo se encontraba en el tercer puesto de la lista. Ver Barna Group, «Parents Describe How They Raise Their Children», 28 febrero 2005, http://www.barna.org/barna-update/article/5-barna-update/184 -parents-describe-how-they-raise-their-children?q=salvation+children+good+education+parents.

2. «Money for the Preacher», http://www.christian-jokes.org/jokes95.html, autor desconocido.

3. Este ha sido ampliamente impreso y atribuido a Twain, pero nunca se ha encontrado en sus obras, aunque varios grupos de Twain y el personal de los Diarios de Twain lo han buscado. Ver más en Quote Investigator, «When I Was a Boy of Fourteen, My Father Was So Ignorant», 10 octubre 2010, http://quoteinvestigator.com/2010/10/10/twain-father/.

4. Para leer un artículo informativo y revelador acerca de cómo se desarrolla el cerebro típico de un adolescente, ver: «Adolescent angst: 5 facts about the teen brain», http://www.foxnews.com/health/2012/07 /09/adolescent-angst-5-facts-about-teen-brain/. A medida que los adolescentes crecen, el sistema límbico (el asiento emocional del cerebro) está bajo un control mayor de la corteza cerebral prefrontal, la zona detrás de la frente, asociada con la planeación, el control del impulso y un pensamiento más ordenado.

Capítulo 7: Disciplinar: confrontar, corregir, consolar

1. En Internet hay muchas ideas para realizar y utilizar tablas de recompensas para reglas familiares de obediencia. Seguramente encontrará algo que se adapte a las edades y las etapas de sus hijos. Solo escriba en el buscador: «Tablas de recompensas para niños».

2. El trabajo en equipo entre padres es primordial para educar a sus hijos. Ver el capítulo 10: «Trabajo en equipo».

Capítulo 8: Animar: equiparlos para el éxito sin desanimarse

1. Ver Nick Charles, CNN/SI, «By George: Brett Honored the Game with Respect», 22 julio 1999, http://sportsillustrated.cnn.com/baseball/mlb/news/1999/07/22/pageone_brett.

2. Margie M. Lewis y Greg Lewis, *Padres heridos* (Miami: Vida, 2011), pp. 100–101.

3. Fuente desconocida. He usado esta historia en los sermones durante varios años.

4. Dr. Ross Campbell, *Si amas a tu hijo* (Nashville: Grupo Nelson, 1992), p. 82.

Capítulo 9: Suplicar: orar... confiando en que Dios nos escucha y les habla

1. Observe, también, que luego de que Pablo instruyera a los hijos y a los padres en Efesios 6.1–4, instó a los creyentes a que «Oren en el Espíritu en todo momento, con peticiones y ruegos» (Efesios 6.18, NVI). En toda la vida, y en especial al criar, necesitamos buscar a Dios con súplica.

2. Yo llevé a cabo mi investigación de la escuela de posgrado en la Universidad del Estado de Michigan, como parte de mi disertación de doctorado: «A Descriptive Analysis of Strong Evangelical Fathers» (Un análisis descriptivo de padres evangélicos fuertes). Un propósito primordial de la búsqueda era investigar el estilo de paternidad de los padres fuertes preseleccionados, como lo percibían los padres, las esposas y sus hijos adultos mismos. El estudio se llevó a cabo a partir de la cercana participación, constancia, conciencia y alimentación a sus hijos. Las áreas estudiadas incluían el tiempo de compromiso con los niños, la participación en la disciplina, la participación en la educación, la interacción marital, trato de la crisis, mostrar afecto, ejemplificar, la provisión económica, el desarrollo espiritual, permitir la libertad de expresión y conocer a su hijo. El perfil que emergió del estudio mostró que los padres fuertes están conscientes del desarrollo de sus hijos, constantes al lidiar con sus hijos y en lo relacionado con ellos, receptores atentos y solícitos, buenos modelos de madurez, capaces de lidiar con la crisis de manera erudita y positiva, y capaces de proveer económicamente.

3. Al buscar el permiso para citarla, me puse en contacto con ella ocho años después de que me enviara un correo electrónico. Ella comentó: «A modo de actualización, él ahora tiene dieciocho años, está a punto de irse a la universidad para estudiar música (¡servimos a un Dios poderoso!) y ha continuado creciendo en su relación con Jesús. Tiene un gran don para dirigirnos a Él justo cuando lo necesitamos. Gracias por su ministerio. Ha tenido un profundo impacto en la manera en que crie a mis dos hijos».

4. Cuando Mueller comenzó a construir estos orfanatos, tenía dos chelines (cincuenta centavos de dólar) en su bolsillo. Cuando murió en 1898, había cinco edificios inmensos hechos de granito sólido, que acogían a dos mil huérfanos a quienes jamás les faltaba la comida diaria, porque el

Señor siempre proveyó. Ver J. Gilchrist Lawson, *Las experiencias más profundas de cristianos famosos* (San Antonio, TX: Casa Evangélica, 1911).

Capítulo 10: Trabajo en equipo: cómo colocar a sus hijos en primer lugar

1. El divorcio se justifica bíblicamente por causa de un adulterio habitual y una deserción permanente (Mateo 19.9; 1 Corintios 7.15), pero es absolutamente el último recurso. Los ministerios de Amor y Respeto se fundaron sobre la misión de ayudar a esposos y a esposas a salvar su matrimonio al satisfacer las necesidades mutuas básicas: las de ella de amor y las de él de respeto, y está dedicado a ello.

2. Observe que Efesios 5.33, el versículo representativo de la Conexión de Amor y Respeto, afirma que el esposo debe amar «a su esposa como a sí mismo, y que la esposa respete a su esposo» (NVI). Pasajes más adelante, Pablo continúa dándoles a los padres el mandamiento de Dios (y por consecuencia a las madres también): «Y ustedes, padres, no hagan enojar a sus hijos, sino críenlos según la disciplina e instrucción del Señor» (Efesios 6.4, NVI). Yo no creo que fuera accidente que Pablo lidiara primero con el matrimonio, luego con los padres al establecer los principios de la vida cristiana.

3. No somos salvos por buenas obras. La salvación está disponible a través de la gracia de Dios, su don gratuito para aquellos que creen (Efesios 2.8–9). Una vez que somos salvos podemos hacer buenas obras para glorificar a Dios, pero no evadimos regresar al comportamiento pecaminoso, el cual todos llevamos a cabo.

4. Datos de una encuesta profesional publicados en *Solo para mujeres* (Miami: Unilit, 2005), de Shaunti Feldhahn. Encuesta realizada para Shaunti Feldhahn por Decision Analyst y tabulada por Analytic Focus.

5. El amor incondicional por la esposa y el respeto incondicional por el esposo son necesidades vitales. A muchas mujeres se les dificulta respetar a los hombres que no se han «ganado» su respeto. Incondicional significa eso. Un hombre no se gana el respeto incondicional de su esposa, tal como una esposa no tiene que ganarse el amor de su esposo. Ambos se dan gratuitamente en obediencia y devoción a Dios. Para saber más acerca del amor y respeto incondicionales, vaya a www.loveandrespect.com/unconditionallove (sitio web en inglés).

6. Ver «Conclusión: El rosa y el azul pueden formar el púrpura de Dios» en Emerson Eggerichs, *Amor y Respeto* (Nashville: Grupo Nelson, 2010), pp. 293ss.

Capítulo 11: Paternidad rosa y azul

1. «Entre treinta mil genes que hay en el genoma humano, la variación de menos del 1% entre los sexos resulta pequeña. Pero esa diferencia de porcentaje influye en cualquier pequeña célula de nuestro cuerpo, desde los nervios que registran placer y sufrimiento, hasta las neuronas que transmiten percepción, pensamientos, sentimientos y emociones», Louann Brizendine, *El cerebro femenino* (Barcelona: RBA, 2007), introducción, versión digital.

2. «Los hombres y las mujeres reaccionan a diferentes tipos de estrés. Las chicas comienzan a reaccionar más ante presiones en las relaciones y los chicos ante desafíos a su autoridad. El conflicto en la relación es lo que enloquece el sistema de estrés de una chica adolescente. Ella necesita que la gente la aprecie y necesita estar socialmente conectada; un chico adolescente necesita ser respetado» (Brizendine, *The Female Brain* (Nueva York: Broadway Books, 2006), pp. 34–35 [*El cerebro femenino* (Barcelona: RBA, 2007)]).

3. Shaunti Feldhahn, *For Parents Only* (Sisters, OR: Multnomah, 2007), p. 136 [*Solo para padres* (Miami: Unilit, 2009)].

4. Brizendine, *Female Brain*, pp. 24, 29.

5. Ibíd., p. 8.

6. Ibíd., pp. 15–18.

7. Es importante comprender las diferencias entre azul y rosa, pero ¿qué hay de las diferencias entre azul y azul, y rosa y rosa? Los padres y los hijos tienen sus propios desafíos de lenguaje y comunicación, como las madres y las hijas.

Capítulo 13: Porque Él nos ama pese a lo que suceda... nosotros los amamos sin importar lo que suceda

1. Debido a que Salmos 127 fue escrito por el rey Salomón, él aparentemente se estaba refiriendo a la nación de Israel y el templo que construyó bajo petición de Dios (1 Reyes 5.1—6.14). Otro significado para la palabra *casa* en hebreo es «un hogar o una familia». Muchos comentaristas creen que un fuerte significado secundario de *casa* en este salmo tiene relación con la familia, porque se resalta a los hijos en los versículos 3–5. Para

otros versículos donde la palabra hebrea *bah'-yith* se refiere a la familia de la persona, ver 1 Crónicas 13.14; 2 Crónicas 21.13; Zacarías 12.12.

2. Debido a que enseñamos en conferencias en todo el país, continuamente interactúo con personas, a menudo madres, que me dicen que si su hijo «no merece respeto, yo no debo darle mi respeto [...] esto solo le quita la responsabilidad y exige que yo rinda mi autoridad paternal». Mi respuesta es: «¡No en absoluto! Nosotros estamos hablando acerca de confrontar respetuosamente y disciplinar el mal comportamiento con todo el peso de la autoridad, sea chico o chica. El don incondicional que le damos a nuestro hijo pequeño o adolescente es una actitud respetuosa cuando se corrige la desobediencia». Los padres que comprenden cómo es que Cristo los ama y los honra incondicionalmente, pero aun así los disciplina como es necesario, pueden aprender a confrontar a sus hijos amorosa y respetuosamente. Pero continuar mostrándole a un niño —especialmente a un hijo— que debe ganarse nuestra actitud respetuosa es justificar nuestro desdén y perder su corazón. Esto no se trata acerca de que un niño pequeño o un adolescente se ganen nuestro comportamiento honorable, sino acerca de ser honorables a pesar de su comportamiento. Se trata acerca de lo que mostramos, no de lo que merecemos. Por lo tanto, leemos en la Escritura la ley espiritual de que debemos mostrar una actitud respetuosa a quienes no lo merecen. «Con todo respeto [...] no sólo si son bondadosos y razonables, sino también si son crueles» (1 Pedro 2.18, NTV). La mayoría ve el amor incondicional en la Biblia (Mateo 5.46), pero pasan por alto la enseñanza del respeto incondicional (Romanos 12.10; 1 Pedro 2.17). (Ver el capítulo 7 y los cuatro pasos en «Disciplinar», página 96.)

Capítulo 14: Cuidado con la «trampa de los resultados»

1. Algunas de las investigaciones más significativas que se han llevado a cabo acerca de los niños como seres morales y espirituales es la de Dr. Robert Coles de Harvard, quien pasó treinta años estudiando la vida moral de los niños. De acuerdo con Scott London, Coles, autor de *La inteligencia moral del niño y del adolescente* (Barcelona: Kairos, 1998), «siente que nadie de su campo de la psiquiatría infantil, o de campos relacionados, ha apreciado por completo la capacidad de incluso relacionarse con los niños pequeños para proponer preguntas acerca del significado de la "importancia moral" de la vida». Ver «A Way of Seeing: The Work of Robert Coles», www.scottlondon.com/articles/coles.html.

2. Mi padre más tarde se acercó a Cristo en mi primer año de Wheaton College. El Señor amó y perdonó a mi papá, así como mi madre, mi hermana y yo también lo hicimos. Mi papá cambió. Él dejó aquellos pecados de años anteriores. Murió sabiendo que estaría con Cristo. De hecho, antes de la cirugía que resultó sin éxito y se llevó su vida, yo le pregunté: «Si la cirugía no resulta exitosa, ¿estás listo para morir?». Él asintió. Papá conocía al Señor y tenía su paz. Fue perdonado.

3. El profeta Jeremías colocó a Samuel junto a Moisés en estatura (Jeremías 15.1); no obstante, sus hijos optaron por el orgullo como su credo.

Conclusión: ¿Qué tipo de legado dejará usted?

1. Con respecto al poema «Solo una vida», Andrew L. Bowker, junto con WEC Publications, la cual es parte de WEC International, fundada por C. T. Studd, comentó: «Creemos que el poema que usted citó es de C. T. Studd, aunque no se encuentra en *Quaint Rhymes of a Quondam Cricketer*, la cual es una colección de tales piezas, y no hemos podido rastrear ninguna otra fuente. C. T. Studd escribió una gran cantidad de materiales y produjo muchos folletos y librillos a medida que desafiaba en particular a los jóvenes cristianos de su día a sacrificar todo por Jesús. Es posible que haya sido uno de ellos...».

Acerca del autor

El doctor Emerson Eggerichs es experto en relaciones entre hombre y mujer, es conocido internacionalmente. Autor de varias obras, entre las que se encuentran el libro de mayor ventas a nivel nacional, *Amor y Respeto,* que ha vendido más de un millón y medio de copias. Emerson y su esposa, Sarah, presentan la conferencia de Amor y Respeto tanto en vivo como en video ante miles de personas cada año. Han tenido el honor de hablar a grupos tales como la NFL, la PGA, los miembros del Congreso y el ejército de Estados Unidos.

Antes de iniciar su ministerio, Dr. Eggerichs fue pastor principal de Trinity Church de Lasing, Michigan, durante diecinueve años. Cursó estudios de posgrado de la Universidad de Wheaton y el Seminario Dubuque, y tiene un doctorado en ecología infantil y familiar de la Universidad Estatal de Michigan. Casados desde 1973, Emerson y Sarah viven en Grand Rapids, Michigan, y tienen tres hijos adultos. Él es el fundador y presidente de los Ministerios de Amor y Respeto.

de parte de DR. EMERSON EGGERICHS

Cada día con
AMOR Y
RESPETO

Devociones buenas para él, encantadoras para ella

DR. EMERSON
EGGERICHS

ISBN: 9781602557369

EL LENGUAJE DE
AMOR Y
RESPETO

DESCIFRA EL CÓDIGO DE LA
COMUNICACIÓN CON TU CÓNYUGE

DR. EMERSON
EGGERICHS

AUTOR DEL ÉXITO DE LIBRERÍA Amor y respeto

ISBN: 9781602553798